"新格局·新经济·新金融"文库
丹东市经济学会项目（项目编号 DJ20170008）

产业金融：产业成长的融资效率研究

田娟娟　著

中国财经出版传媒集团
中国财政经济出版社

图书在版编目（CIP）数据

产业金融：产业成长的融资效率研究／田娟娟著．
——北京：中国财政经济出版社，2019.3
（"新格局·新经济·新金融"文库）
ISBN 978-7-5095-8596-2

Ⅰ．①产… Ⅱ．①田… Ⅲ．①产业发展－金融－研究－中国 Ⅳ．①F832

中国版本图书馆 CIP 数据核字（2018）第 249798 号

责任编辑：郁东敏　　　　责任印制：刘春年
封面设计：孙俪铭

中国财政经济出版社 出版

URL：http：//www.cfeph.cn
E-mail：cfeph@cfemg.cn

（版权所有　翻印必究）

社址：北京市海淀区阜成路甲28号　邮政编码：100142
营销中心电话：010-88191537
中煤（北京）印务有限公司印装　各地新华书店经销
710×1000毫米　16开　16.75印张　230 000字
2019年11月第1版　2019年11月北京第1次印刷
定价：68.00元
ISBN 978-7-5095-8596-2
（图书出现印装问题，本社负责调换）
本社质量投诉电话：010-88190744
打击盗版举报热线：010-88191661　QQ：2242791300

序言

在当前世界经济复苏不确定性增多、国内经济运行下行压力加大的背景下，促进中国产业经济的快速发展是经济新常态下的战略选择。在这一过程中，金融手段是推动产业经济发展的重要力量。金融如何与产业有效结合、为产业发展提供金融支持并提升产业价值链是其中的核心问题。产业金融是近年来提出的新概念，国内外学术界对产业金融的定义并不统一，结合中国实际的相关理论问题仍存在很多值得深入研究的地方，尤其是针对某一具体产业与金融的关系、两者相互结合的路径，以及产业融资体系的基本构成等重要问题，还缺乏认识。本书紧密结合我国近年来产业结构升级与金融改革的大背景，力图从理论高度探讨产业成长与金融的相互关系、两者结合的路径和现实障碍，并充分考虑产业差异、行业差异等因素，对我国现代农业、汽车产业、战略性新兴产业、文化产业在发展过程中的融资问题进行全面而深入的剖析，并从产业经济视角，对我国金融产业化的运行效率进行探讨。通过本书的研究，不仅可以为我国产业金融的发展提供理论佐证，同时对解决相关产业的融资困境提供实践参考。

本书在逻辑体系上由两部分构成——产业金融的理论探讨和具体产业融资效率的评价分析。其中，第1章、第2章、第3章循序渐进的研究了产业成长、产业金融、产业融资效率的逻辑关系，第4章、第5章、第6章、第7章、第8章遵循"为什么产业成长需要资金供给——资金从哪些渠道流入产业——产业的融资效率如何——如何提升和改进"的四段式逻辑框架，选择传统产业（现代农业和汽车产业）和新兴产业（文化产业和战略性新兴产业）的典型代表，对这些产业的融资问题进行了理论和实证分析，并将金融业作为产业的重要成员，分析了我国金融产业化的存在问题及运行效率。全书按照从理论到实际的研究主线，力求做到理论逻辑性和现实可操作性的有机结合。关于产业金融研究的资料并不少见，但系统的、理论与实证有机结合的著作仍寥寥无几。当然，由于本人学术水平的有限，错误和不当之处在所难免，诚恳地欢迎同行专家和读者批评指正，并提出宝贵的意见。

本书是辽宁省社会科学规划基金项目"政府引导基金助推辽宁战略性新兴产业发展问题研究"（L16BJY034）、博士科研启动基金项目"辽宁省战略性新兴产业成长的融资问题研究"（2016BS003）的研究成果。在本书出版之际，感谢辽东学院科研处、辽东学院经济学院对本书的出版给予的大力支持，并感谢中国财政经济出版社的编辑，他们严谨认真的工作态度和高质量的工作效率，给我留下了深刻的印象。还要感谢许多同行以及我的家人对我在本书出版过程中给予的帮助，我把这本书奉献给所有给予我支持和帮助的人。

田娟娟

2018 年 9 月

目录

第1章　产业成长的理论探讨与现实判断 …………………………………… 1
  1.1　产业成长的理论探讨 ………………………………………………… 3
    1.1.1　企业成长理论 …………………………………………………… 3
    1.1.2　产业演化理论 …………………………………………………… 4
    1.1.3　产业生命周期理论 ……………………………………………… 7
  1.2　产业成长的现实判断 ………………………………………………… 10
    1.2.1　产业成长的内涵与阐释 ………………………………………… 10
    1.2.2　传统产业成长与转型升级 ……………………………………… 12
    1.2.3　新兴产业成长及动力机制 ……………………………………… 15

第2章　产业金融——产业成长的动力 …………………………………… 19
  2.1　产业金融的现实背景 ………………………………………………… 21
    2.1.1　理解金融的本质——服务于实体经济 ………………………… 21
    2.1.2　产业金融的价值——弥补传统金融的不足 …………………… 22
  2.2　理解产业金融的内涵 ………………………………………………… 24
    2.2.1　产业金融的理念 ………………………………………………… 24
    2.2.2　产业金融与传统金融的区别 …………………………………… 25
    2.2.3　产业金融的实现途径 …………………………………………… 26
    2.2.4　产业资本进入金融领域的动因 ………………………………… 30
  2.3　产业金融与产融结合 ………………………………………………… 32
    2.3.1　产融结合的内涵 ………………………………………………… 32
    2.3.2　产业金融与产融结合的概念辨析 ……………………………… 33

2.3.3　产融结合的研究概况 ··· 34
　　　2.3.4　国外产融结合的发展及经验 ·· 38
　　　2.3.5　我国产融结合的发展 ·· 42
　2.4　产业链金融 ··· 44
　　　2.4.1　从企业金融（零售）到产业链金融（批发） ··············· 44
　　　2.4.2　产业链金融的内涵与模式 ·· 46
　　　2.4.3　产业链金融的发展动力 ··· 48
　　　2.4.4　关于我国发展产业链金融的探讨 ··································· 50

第3章　产业融资效率评价及方法 ·· 53
　3.1　产业融资效率的内涵与范畴 ·· 55
　3.2　产业融资效率的评价要素 ··· 58
　　　3.2.1　融资效率的外部影响因素 ·· 58
　　　3.2.2　融资效率的内部影响因素 ·· 59
　3.3　产业融资效率的评价方法 ··· 61
　　　3.3.1　融资效率的模糊综合评价方法 ····································· 61
　　　3.3.2　融资效率的 DEA 评价方法 ··· 67

第4章　现代农业融资分析及效率评价 ·· 73
　4.1　现代农业的发展特征 ··· 75
　　　4.1.1　规模化、专业化趋势明显 ·· 75
　　　4.1.2　绿色农业发展空间广阔 ··· 76
　　　4.1.3　农业科技化、信息化程度不断提高 ······························ 77
　　　4.1.4　现代农业产业化程度不断提高 ····································· 78
　4.2　我国现代农业发展的制约因素 ··· 78
　　　4.2.1　农业规模化、产业化程度不足 ····································· 79
　　　4.2.2　农业科技应用不充分 ·· 81
　　　4.2.3　农业生产的风险隐患高 ··· 82

4.3 金融支持我国现代农业发展的着力点 …………………………… 83
4.3.1 理解现代农业金融的内涵 ………………………………… 83
4.3.2 现代农业金融的发展重点 ………………………………… 85
4.4 中国农业金融体系的现状分析 …………………………………… 87
4.4.1 中国农业金融体系的概况 ………………………………… 87
4.4.2 中国农业金融体系存在的主要问题 ……………………… 91
4.5 现代农业融资效率的实证分析 …………………………………… 98
4.5.1 研究对象 …………………………………………………… 98
4.5.2 实证结果分析 ……………………………………………… 100
4.6 发展我国现代农业及融资效率提升建议 ………………………… 102
4.6.1 进一步加大对农业领域的资金支持力度 ………………… 102
4.6.2 推进农业金融产品和服务的不断创新 …………………… 103

第5章 汽车产业融资分析及效率评价 ……………………………… 105
5.1 汽车产业成长及动力分析 ………………………………………… 107
5.1.1 汽车产业在国民经济发展中的作用 ……………………… 107
5.1.2 我国汽车产业的成长态势及发展特征 …………………… 112
5.1.3 我国汽车产业的发展契机 ………………………………… 116
5.2 汽车批发金融与效率分析 ………………………………………… 118
5.2.1 汽车经销商的融资需求分析 ……………………………… 118
5.2.2 汽车经销商的融资模式选择 ……………………………… 120
5.2.3 汽车经销商融资效率分析 ………………………………… 121
5.3 汽车消费金融与效率分析 ………………………………………… 125
5.3.1 汽车消费金融服务主体分析 ……………………………… 125
5.3.2 汽车消费金融市场发展潜力分析 ………………………… 128
5.3.3 汽车消费金融风险分析 …………………………………… 129
5.4 汽车融资租赁与效率分析 ………………………………………… 130
5.4.1 服务主体分析 ……………………………………………… 130

　　　　5.4.2　商业模式分析 …………………………………………… 131
　　　　5.4.3　我国汽车融资租赁的发展制约因素 …………………… 134
　　5.5　二手车金融与效率分析 ……………………………………………… 136
　　　　5.5.1　二手车市场的发展为二手车金融提供发展契机 ……… 136
　　　　5.5.2　二手车金融市场格局分析 ……………………………… 137
　　　　5.5.3　二手车金融发展的制约因素 …………………………… 138
　　5.6　我国汽车金融的发展建议 …………………………………………… 139
　　　　5.6.1　推动汽车产业的转型和升级 …………………………… 139
　　　　5.6.2　降低汽车金融参与主体的资金成本 …………………… 140
　　　　5.6.3　规范并创新汽车金融市场的发展 ……………………… 141

第6章　战略性新兴产业融资分析及效率评价 ……………………………… 143
　　6.1　战略性新兴产业成长的态势及特征 ………………………………… 145
　　　　6.1.1　战略性新兴产业成长历程 ……………………………… 145
　　　　6.1.2　我国战略性新兴产业的成长态势及特征 ……………… 146
　　6.2　战略性新兴产业的融资需求分析 …………………………………… 153
　　　　6.2.1　初创期 …………………………………………………… 154
　　　　6.2.2　发展期 …………………………………………………… 154
　　　　6.2.3　成熟期 …………………………………………………… 154
　　　　6.2.4　持续期 …………………………………………………… 155
　　6.3　战略性新兴产业的融资渠道分析 …………………………………… 157
　　　　6.3.1　战略性新兴产业的政策性融资 ………………………… 157
　　　　6.3.2　战略性新兴产业的股权融资 …………………………… 160
　　　　6.3.3　战略性新兴产业的商业性信贷融资 …………………… 170
　　6.4　战略性新兴产业融资效率的实证分析 ……………………………… 174
　　　　6.4.1　样本的选取与指标说明 ………………………………… 174
　　　　6.4.2　战略性新兴产业融资效率的评价 ……………………… 177
　　6.5　战略性新兴产业融资效率的提升建议 ……………………………… 184

  6.5.1 优化政策性融资体系 184
  6.5.2 提升间接融资的科技创新功能和风险补偿机制 186
  6.5.3 推进多层次资本市场建设、提高产业直接融资比重 189

第 7 章 文化产业融资分析及效率评价 193
 7.1 文化产业的内涵与发展 195
  7.1.1 文化产业的内涵 195
  7.1.2 文化产业相关概念的辨析 196
  7.1.3 我国文化产业的成长性分析 197
 7.2 文化产业的融资需求分析 204
  7.2.1 文化产业的资金需求特征 204
  7.2.2 金融支持对文化产业发展的必要性 204
 7.3 文化产业的融资效率分析 207
  7.3.1 信贷融资 207
  7.3.2 资本市场股权融资 210
 7.4 金融助力文化产业成长的建议 218
  7.4.1 逐步完善多元化的文化产业融资体系 218
  7.4.2 银行信贷产品和服务的创新仍是主体 218
  7.4.3 金融助力文化企业"走出去" 219

第 8 章 金融产业化及效率分析 221
 8.1 金融为什么要产业化 223
  8.1.1 深化金融改革的迫切需要 223
  8.1.2 金融产业化的作用 226
 8.2 我国金融产业化的发展现状 227
  8.2.1 金融产业化水平 227
  8.2.2 金融产业结构 228
  8.2.3 产业聚集与金融中心 231

8.3 金融产业化的发展建议 …………………………………………… 234
    8.3.1 建立明晰的金融产权关系 ………………………………… 234
    8.3.2 培育多元化金融产业主体，构建合理的金融产业结构 … 235
    8.3.3 强化金融产业的有效监管，创造良好的金融产业环境 … 235
8.4 金融效率专题——多层次资本市场背景下新三板的融资效率 … 236
    8.4.1 多层次资本市场的重要成员——新三板 ………………… 236
    8.4.2 新三板市场与沪深交易所市场的比较 …………………… 238
    8.4.3 提升新三板市场融资效率的建议 ………………………… 247

参考文献 ……………………………………………………………… 250

第1章

产业成长的理论探讨与现实判断

1.1 产业成长的理论探讨

1.1.1 企业成长理论

约翰霍普金斯大学教授安蒂思·彭罗斯于1959年出版的《企业成长理论》一书提出的企业成长理论对产业成长提供了很好的借鉴[①]。书中讨论的一个深刻问题就是是否存在着内在的力量既促进企业的增长又必然限制着企业增长的速度？彭罗斯通过建构企业资源——企业能力——企业成长的分析框架，揭示了企业成长的内在动力。本书同时指出，企业是一个管理组织，也是人力、物力资源的集合，企业内部的资源是企业成长的动力。

彭罗斯认为，工业企业的基本经济职能是为了向国民经济提供产品和服务，依照在企业内部形成和执行的计划来利用生产性资源。企业内部经济活动和市场上的经济活动的实质区别在于，前者是在一个行政组织内部进行的，而后者不是。因此，企业被定义为一个行政管理框架并限定边界的资源集合。理解这个概念的关键之处是对生产性资源和生产性服务的区分。根据彭罗斯的论点，资源本身从来不可能是生产过程的"投入品"，投入品只可能是资源所带来的服务。同样的，资源当被用于不同目的或不同方式，并与不同类型或数量的其他资源相组合时，会产生出不同的服务。因此，资源和服务之间的重要区别在于，组成一组潜在服务的资源可以在涉及其使用的条件下被定义，而服务却不能在这个条件下被定义。"服务"这个词本身就意味着一

---

① （英）彭罗斯（Penrose, E. T.）著，赵晓译. 企业成长理论 [M]. 上海人民出版社，2007.

种功能、一个活动。当资源被结合在企业行政管理的框架之下，对生产性资源的使用就会产生生产性服务，而生产性服务发挥作用的过程则推动知识的增加。这个逻辑是理解彭罗斯企业动态增长理论的关键。

彭罗斯的企业成长理论认为，资源在促进企业成长过程中起着至关重要的作用。企业的目的在于通过它的管理有效利用资源而盈利。为了增长和繁荣，相对于国内国际的现实和潜在的竞争者而言，企业需要拥有那些稀有的、独特的和持续的竞争优势。通过升级这些优势而创造成长，也是一种进化过程。因此，企业内部的资源，包括能力、知识是企业成长的前提与基础。对于企业来说，通过内部资源的整合来积极推进科技创新的开发和转化是十分必要的。

1.1.2 产业演化理论

产业演化是指产业自身在其萌生、成长、成熟、衰退的各个发展阶段上，内部组织形态的变化、更替，直至出现新的主导组织形态的过程。产业演化一般包含宏观层面的产业结构演化和微观层面的产业组织演化。产业演化的过程始终伴随着产业成长，在产业结构演化和产业组织演化的过程中产业不断成长壮大。产业成长与产业演化密不可分。一方面，产业结构和产业组织状态反映了产业的成长状况；另一方面，产业成长的阶段和特性决定了产业演进。

产业结构演化是研究经济增长的必要条件之一。国内外学者对产业结构的变动规律进行了大量研究，总结出了产业结构变动的许多理论依据。英国经济学家配第和克拉克通过研究，先后发现随着全社会人均国民收入的提高，就业人口首先由第一产业向第二产业转移；当人均国民收入水平有了进一步提高时，就业人口便大量向第三产业转移。早在17世纪，配第就第一次发现了世界各国国民收入水平的差异及其形成的不同经济发展阶段，其关键在于产业结构的不同。他通过进一步考察后得出结论：比起农业来，工业的收入多；而商业的收入又比工业多，即工业比农业、服务业比工业的附加值高。后来，克拉克重新发现并第一次研究了产业结构的演进趋势，得出了产业结构演进的规律性结论。① 库兹涅茨在继承配第和克拉克等人研究成果的基础上，仔细挖掘了各国的历史资料，并利用现代经济统计方法，对产业结构变动与经济发展的关系进行了比较彻底的考察。他依据人均国内生产总值份额基准，考察了总产值变动和就业人口结构变动的规律，揭示了产业结构变动的总方向，从而进一步证明了配第—克拉克定律。他发现的这种变动规律，即产业结构的变动受人均国民收入变动的影响，被称为库兹涅茨人均收入影响理论。② 罗斯托通过长期研究首先提出了主导产业及其扩散理论和经济成长阶段理论。他认为，无论在任何时期，甚至在一个已经成熟并继续成长的经济体中，经济增长之所以能够保持，是为数不多的主导部门迅速扩大的结果，而且这种扩大又产生了具有重要意义的对其他产业部门的作用，即产生了主导产业的扩散效应，包括回顾效应、旁侧效应和前向效应。他还根据科技和生产力发展水平，将经济成长的过程划分为五个阶段：一是传统社会，包括牛顿之前的整个世界。当时不存在现代科技，生产力水平低下。二是为"起飞"创造前提的阶段。此时，近代科技开始在工农业中发挥作用，占人口75%以上的劳动力逐渐从农业转移到工业、交通、商业和服务业，投资率的提高明显超过人口增长的水平。三是"起飞"阶段。相当于产业革命时期，积累率在国民收入中所占的比重由5%增加到10%以上，由一种或几种经济主导部门带动国民经济的增长。四是向成熟挺进阶段。这时已经把一系列现代科技有效应用于大部分资源，投资率达到10%~20%。由于技术不断进步和新兴工业的迅速发展，经济结构也发生了变化。五是高额大众消费阶段。此时的工业已经高度发达，主导部门已经转移到耐用消费品和服务业部门。后来，他又于1971年出版了《政治与

---

① 于刃刚. 配第-克拉克定理评述 [J]. 经济学动态，1996 (8).
② 王小刚，鲁荣东. 库兹涅茨产业结构理论的缺陷与工业化发展阶段的判断 [J]. 经济体制改革，2012 (3).

成长阶段》一书,在上述五个阶段基础上又增加了一个"追求生活质量"的阶段。他认为,在这个阶段主导部门已经不再是耐用消费品工业,而是为提高生活质量的产业,包括教育、保健、医疗、社会福利、文娱、旅游等部门。①

产业组织演化主要是对产业内部即企业群体的动态变化进行分析和描述,是产业演进的微观层面。经济学中的组织概念是由英国著名经济学家马歇尔首先提出的。马歇尔在其1890年出版的《经济学原理》一书中,把组织列为一种能够强化知识作用的新的生产要素,其内容包括企业内部组织、同一产业中各种企业间的组织、不同产业的组织形态以及政府组织等。相对而言,产业组织包含了同一产业中企业间的组织和市场关系。这种市场关系包括交易关系、行为关系、资源占用关系和利益关系,由此对产业组织研究主要以竞争和垄断及规模经济的关系和矛盾为基本线索,对企业之间的这种现实市场关系进行具体描述和说明。产业组织演化一般指产业成长过程中产业内部企业数量的变化(企业的进入与退出)、企业规模分布以及企业间相互关系的动态变化过程,因此与企业的成长和演化密切相关。

20 世纪 60 年代末期系统的产业组织演化理论开始建立并发展起来。其核心思想认为,有机系统的演化或者进化是在开放条件下进行的,演化的方向是由吸引子诱使的,但最终的路线是涨落决定的。在系统演化过程中,系统要不断与外界进行物质、能量和信息的交换(Haken,1984)。产业成长实际上也是产业组织演化的过程。产业内也存在着其内在的单元——企业之间的竞争协作关系。产业正是在通过市场需求、技术创新、各要素投入以及政策扶持得到成长演化的。② 简而言之,产业组织演化是基于竞争与协同的自

---

① 张瑞芹. 罗斯托经济发展理论的本质追问与当代困境——由"中等收入陷阱"引发的思考 [J]. 河北学刊,2016 (5)

② 谢雄标,严良. 产业演化研究述评 [J]. 中国地质大学学报(社会科学版),2009 (6):97 - 102.

组织机制和基于环境适宜的他组织机制的共同作用。

1.1.3 产业生命周期理论

产业生命周期理论是产业演化理论中有关整个产业从产生到成熟再到衰退的变化过程中，产业内厂商数量、竞争程度、产品创新等动态变化的理论，是现代产业组织学的重要分支之一。

1966 年 Vernon 提出了产品生命周期理论，随后 William J. Abernathy 和 James M. Utterback 等以产品的主导设计为主线将产品的发展划分成流动、过度和确定三个阶段，进一步发展了产品生命周期理论。在此基础之上，1982 年，Gort 和 Klepper 通过对 46 个产品最多长达 73 年的时间序列数据进行分析，按产业中的厂商数目进行划分，建立了产业经济学意义上第一个产业生命周期模型。[①]

其后许多学者从不同角度对产业生命周期进行了深入研究，主要集中在以下几个方面：一是从实证的角度来考察产业生命周期曲线的形态；二是考察产业生命周期不同阶段，企业的进入、退出以及进入壁垒和退出壁垒等；三是分析推动产业生命周期演化的动力；四是研究如何根据产业生命周期来制定相应的产业政策。

由于产业的生命周期构成了企业外部环境的重要因素，因此产业生命周期理论自诞生之日起就受到经济学和管理学研究者的极大兴趣。迈克·波特（1997）在《竞争战略》一书中论述了新兴产业、成熟产业和衰退产业中企业的竞争战略。已有的研究成果中，从战略的角度研究产业生命周期主要集中在产业生命周期的阶段性变化对企业战略决策的影响，以及生命周期不同阶段如导入期、成长期、成熟期可供企业选择的战略决策。

产业生命周期是每个产业都要经历的一个由成长到衰退的演变过程，是

[①] 姚建华，陈莉鋆. 产业生命周期理论的发展评述 [J]. 广东农工商职业技术学院学报，2009 (2).

指从产业出现到完全退出社会经济活动所经历的时间。一般分为形成期、成长期、成熟期和衰退期（蜕变期）四个阶段（如图1-1所示）。

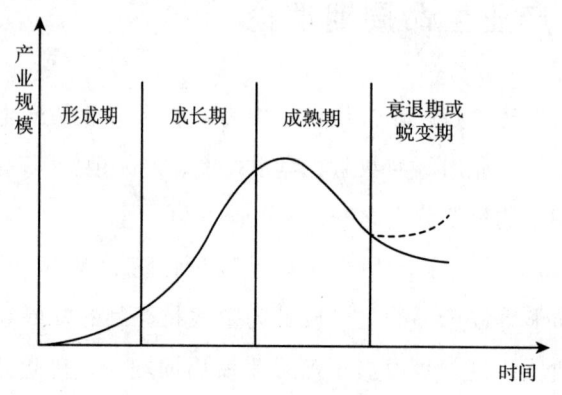

图1-1　产业生命周期演进阶段

（1）形成期（也叫初创期）

在这一阶段，由于新产业刚刚诞生或初建不久，而只有为数不多的创业公司投资于这个新兴的产业，由于初创阶段行业的创立投资和产品的研究、开发费用较高，而产品市场需求狭小（因为大众对其尚缺乏了解），销售收入较低，因此这些创业公司可能不但没有盈利，反而普遍亏损；同时，较高的产品成本和价格与较小的市场需求还使这些创业公司面临很大的投资风险。另外，在该阶段，企业还可能因财务困难而引发破产的危险，这一时期的市场增长率较高，需求增长较快，技术变动较大，产业中各行业的用户主要致力于开辟新用户、占领市场，但此时技术上有很大的不确定性，在产品、市场、服务等策略上有很大的余地，对行业特点、行业竞争状况、用户特点等方面的信息掌握不多，企业进入壁垒较低。在初创阶段后期，随着行业生产技术的提高、生产成本的降低和市场需求的扩大，新行业便逐步由高风险低收益的初创期转向高风险高收益的成长期。

（2）成长期

在这一个时期，拥有一定市场营销和财务力量的企业逐渐主导市场，这些企业往往是较大的企业，其资本结构比较稳定，因而它们开始定期支付股利并扩大经营。在成长阶段，新产业的产品经过广泛宣传和消费者的试用，逐渐以其自身的特点赢得了大众的欢迎或偏好，市场需求开始上升，新产业也随之繁荣起来。与市场需求变化相适应，供给方面相应出现了一系列变化。由于市场前景良好，投资于新产业的厂商大量增加，产品也逐步从单一、低质、高价向多样、优质和低价方向发展，因而新行业出现了生产厂商和产品相互竞争的局面。这一时期的特点是市场增长率很高，需求高速增长，技术渐趋定型，产业特点、产业竞争状况及用户特点已比较明朗，企业进入壁垒提高，产品品种及竞争者数量增多。这一时期企业的利润虽然增长很快，但所面临的竞争风险也非常大，破产率与合并率相当高。在成长阶段的后期，由于产业中生产厂商与产品竞争优胜劣汰规律的作用，市场上生产厂商的数量在大幅度下降之后便稳定下来。由于市场需求基本饱和，产品的销售增长率减慢，迅速赚取利润的机会减少，整个行业开始进入稳定期。

（3）成熟期

产业的成熟阶段是一个相对较长的时期。在这一时期里，在竞争中生存下来的少数大厂商垄断了整个行业的市场，每个厂商都占有一定比例的市场份额。由于彼此势均力敌，市场份额比例发生变化的程度较小。厂商与产品之间的竞争手段逐渐从价格手段转向各种非价格手段，如提高质量，改善性能和加强售后维修服务等。产业的利润由于一定程度的垄断达到了很高的水平，而风险却因市场比例比较稳定、新企业难以打入成熟期市场而较低，其原因是市场已被原有大企业比例分割，产品的价格比较低。因而，新企业往往会由于创业投资无法很快得到补偿或产品的销路不畅，资金周转困难而倒闭或转产。这一时期的特征表现为市场增长率不高，需求增长率不高，技术上已经成熟，行业特点、行业竞争状况及用户特点非常清楚和稳定，买方市场形成，行业盈利能力下降，新产品和产品的新用途开发更为困难，行业进入壁垒较高。

（4）衰退期

这一时期出现在较长的稳定阶段后。由于新产品和大量替代品出现，原产业的市场需求开始逐渐减少,产品的销售量也开始下降,某些厂商开始向其他更有利可图的产业转移资金,因而原产业出现了厂商数目减少,利润下降的萧条景象。至此,整个产业便进入了生命周期的最后阶段。在衰退阶段里,厂商的数目逐步减少,市场逐渐萎缩,利润率停滞或不断下降。当正常利润无法维持或现有投资折旧完毕后,整个产业便逐渐解体了。

1.2 产业成长的现实判断

1.2.1 产业成长的内涵与阐释

产业为什么会成长？对待这一问题可以通过产业的成长历程探寻答案。任何一个产业自出现之日开始,都会经历从无到有、从小到大的过程。在这个过程中,其表现为产业的内在单元（企业）在数量、投入产出、市场占有率方面的不断增加。从资源流动来看,其表现为资源要素在产业的流入和流出,因此可以把产业成长理解为社会资本、劳动力和技术等资源要素从产业外部转移到产业内部的过程。简单地说,产业成长是在其具备资源要素前提下,通过成长动力而动态演化后的结果。产业成长体现为单个产业从弱小到强大、从不成熟到成熟的生命演化过程。产业成长内在地包括三个方面的变化：产业规模、产业技术和产业组织。产业成长是从正面积极的角度来研究产业的发展周期。产业成长的基本规律是从低附加值向高附加值发展,从高耗能高污染向低耗能低污染发展,从粗放型向集约型发展。从整体上看,产业成长也是产业结构优化、产业规模扩大、产业技术发展、产业层次提升、产业组织完善以及产业模式转变的过程。

从学术界来看,不同学者对产业成长的内涵有不同的理解。美国学者波特（1990）认为,从理论本质来看,产业成长就是当人力资本和物力资本相对于劳动力以及其他资源而言更加充裕时，国家在资本和技术密集型产业中发展具有比较优势的产业。① Gereffi（1999）认为，产业成长就是一个企业或者经济体提升其迈向更具有获利能力的资本或者技术密集型经济领域的能力的过程。② W. W. 罗斯托（1990）在论述"动态生产理论"时，提出主导产业部门的更替引发经济增长的阶段性变化，影响主导产业成长的因素有技术、企业家、需求及政府的决策。扬（Young，1995）和乔根森（Jorgenson，1995）所进行的增长核算分析认为，相比于资本积累而言，技术进步并非增长的主要源头。琼斯（Jones，1995）指出，在过去半个世纪科学家和工程师的数量上升很快，但人均产出或生产力增长却没有上升。国内关于产业成长概念的界定分为两个方面：一是从产业系统运动论，认为产业的成长是产业规模、结构、质量等方面的变化。③ 于尚艳（2005）指出，金融产业的成长既表现为一种量的增长，量的增长就是金融资源存量与流量相对规模的扩展；也表现为一种质的发展，质的发展就是在注重技术进步、科学管理和人力资本全面开发的前提下，由金融体制变革带来金融产业本身结构升级优化，提高导向经济要素空间配置的效率。④ 赵玉林、徐娟娟（2009）认为，产业成长外在地表现为从弱小到强大、从不成熟到成熟。内在的规则包括两个方面的变化：产业规模的扩大和产业技术的提高。产业规模的变化显示了产业在数量变化上的特征；产业技术的变化是产业成长中质的改变，是引领产业从低级向高级发展以及决定产业成长速度的根本因素。⑤ 尹明（2011）认为，

---

① ［美］迈克尔.波特，李明轩、邱如美译．国家竞争优势［M］华夏出版社，2002年版：2.

② Gereffi G. International Trade and Industrial Upgrading in the Apparel Commodity Chain［J］. Journal of International Eonomic，1999（48），37－70.

③ 汪翠翠．关于价值链理论与产业成长的文献综述［J］.赤峰学院学报（自然科学版），2014（6）：96－98.

④ 于尚艳．金融产业的形成条件及成长因素分析［J］.东北师大学报（哲学社会科学版），2015（2）：48－52.

⑤ 赵玉林，徐娟娟．创新诱导主导性高技术产业成长的路径分析［J］.科学学与科学技术管理，2009（9）：123－129.

产业成长过程既包括产业在量上的扩张，也包含产业在质方面的改进。产业成长过程非常重要，它是决定产业经过这一阶段后更加高级还是被竞争排斥掉的关键环节。产业成长从纵向时间的维度来看伴随有生命周期；从横向空间的扩张伴随有产业涉及区域的延伸、退出与转移。二是将产业成长看作是经历产业生命周期的一个过程和环节。[①] 向吉英（2007）指出，产业成长指单个产业经历其生命周期的一种过程，外在地表现为从弱小到强大、从不成熟到成熟；内在地则包括三个方面的变化：产业规模、产业技术和产业组织。[②] 陈心宇（2008）认为，产业成长是指单个产业经历其生命周期的一种过程，即其演化历程，或者说是一个产业在国民经济中所存在的延续过程。产业成长包括时空的运动、内在与外在表现、质与量等方面的演化。[③]

1.2.2　传统产业成长与转型升级

传统产业在国民经济发展中占据着重要的地位，其作用不仅奠定了一国经济发展的坚实基础，更是未来长期可持续发展的基础力量。传统产业基础雄厚且稳固，产业链条较为完善，是构建现代产业体系主体框架的重要成员。在产业转型升级、发展现代产业过程中，一些地区片面地视传统产业尤其是劳动密集型产业为低技术夕阳产业或落后产业而不当排斥，出现了传统产业"无用论"、片面抛弃或转移传统产业、一味追求崇拜高新技术产业或新兴产业和产业结构高级化，大有彻底放弃或完全转移劳动密集型传统产业的盲目冒进之势。这是不可取的。必须承认的是，现代产业的发展必须依托于传统产业的基础，而且往往是脱胎于传统产业的基础之上。

现代产业的发展必须依托于传统产业的基础，而且往往是脱胎于传统产

---

① 尹明. 汽车产业成长影响变量的实证研究 [D]. 吉林大学, 2011.
② 向吉英. 产业成长及其阶段特征——基于"s"形曲线的分析 [J]. 学术论坛, 2007（05）：83-86.
③ 陈心宇. 产业成长的动力机制与产业成长模式 [J]. 太原理工大学学报, 2008（09）：27-29.

业的基础之上。现代产业虽然技术含量和附加值都较高，代表了产业发展方向，但发展现代产业不等于完全放弃传统产业。传统产业改造和转型升级，也绝不是放弃传统产业。在传统产业体系内，除了有低水平生产技术外，也有先进生产技术、高附加值环节。例如，纺织服装是传统产业，但前期高端设计是其高附加值环节。而且，有些低技术传统产业通过改造提升，推动产业链条向"微笑曲线"高附加值的两端延伸，使传统产业不再"传统"，在现代产业体系中仍能发挥重要作用。普通种植业是传统农业，而基于生物技术的种植业及规模化、机械化、集约化、市场化、社会化的种植业则是现代农业。反过来，高新技术产业也有劳动密集型加工环节，如组装加工环节普遍被认为是高技术行业的低附加值环节。而且，强大的传统产业是发展高新技术产业和战略新兴产业等现代产业的基础和前提。当劳动密集型产业发展尚不充分时强行布局现代产业，实质上就是超越发展阶段的"拔苗助长"，就会在实践中出现"产业空洞化"现象。大力发展实体经济，传统产业不能丢。去产能、去库存，淘汰的是落后过剩产能，不是淘汰传统产业。

从发展历史看，产业生命力在于不断优化升级，与时俱进。因此，传统产业的升级优化是许多企业通过整合、嫁接、改造、转型，形成新的竞争优势而实现的。产业同产品、技术一样，也有明显的生命周期，但其本身不会消亡。新和旧是相对的，现在看起来的新兴产业会随着时间推移而逐渐沦为一般的传统产业。任何产业都会经历萌芽兴起、快速成长、逐渐成熟、慢慢衰落而演变为传统产业的过程，但这些产业并没有最终消亡。经过技术、设备、生产流程和运营模式等方面的改造提升，传统产业再次被赋予新的活力，不是简单延长其衰退时期，而是形成一个新的生命周期，甚至形成新的新兴产业。零售和服装行业是所谓的"传统产业"，但2016年西班牙零售业巨头ZARA创始人超越比尔·盖茨成为新的全球首富，服装巨头优衣库老板也一跃成为日本首富。因此，没有落后的产业，只有落后的技术和产品。传统产业不会消失，不是过时或过剩产业、落后生产力的代名词，不能轻易放弃，关键是转型升级。

加快传统产业的优化和升级，必须通过加快新旧动能转换不断推进。这一过程离不开技术改造和创新。传统产业作为转型升级主战场，关键要重视技术改造和创新，尤其是加快实施以信息化、自动化、智能化、供应链管理为重点的技术改造，强化以核心基础零部件（元器件）、关键基础材料、先进基础工艺、产业技术基础为内容的"四基"建设，注重利用新技术、新工艺、新装备和网络技术实现机器换人、流程创新、产品创新和模式转变，充分利用生产性服务，塑造传统产业增长新优势，打造传统产业可持续竞争力。传统优势制造业通过加强关键技术和先进工艺的高端化改造、结构调整及相关流程、产品、模式创新，做强总部、研发、设计、营销和产业链整合工作，将有力促进传统企业从全球价值链低端制造环节向"微笑曲线"两端高附加值的研发、设计、销售及售后服务环节延伸拓展，或实现全产业链发展，拓展传统产业生产发展的新空间和价值增值的新路径，让传统产业的核心得以在新技术背景下焕发新的活力，提升产业竞争力，实现"凤凰涅槃"而改造升级或转化为现代产业。这将是传统产业尤其是传统制造业升级为现代产业的主要路径。

在传统产业的优化和升级过程中，淘汰落后产能及无望企业十分必要。传统产业虽然是现代产业发展的基础，对经济增长也功不可没，但如果片面固守传统产业，一味追求产量效益，牺牲资源与环境取胜，就会在国际经济竞争中始终缺乏话语权，始终处于世界产业分工低端环节和国际打工者地位，未来经济发展后劲将无以为继。传统产业发展到今天，已产生诸多瓶颈，改造转型迫在眉睫。但对于一些落后产能及转型转移无望的传统企业要坚决淘汰，为优势产业、新兴产业发展腾出空间和资源。从我国实际来看，以钢铁、水泥、电解铝、平板玻璃等行业为重点，市场机制、经济手段、法治办法相结合，加大政策引导力度，完善企业退出机制，依法关停能耗、环保、安全技术达不到标准和相关产品质量达不到强制性标准及使用落后产能设备（或工艺）等不符合产业政策要求的企业，坚决淘汰落后产能及转型转移无望产业，使资源、能源、环境、质量、安全标准切实得到改善，产业结构持续优化升级。

1.2.3 新兴产业成长及动力机制

波特（1990）将新兴产业定义为新建立或重新形成的产业，其出现原因包括技术创新、相对成本结构的改变、新的消费需求的出现，或其他经济和社会变化将某个新产品或新服务提高到一种潜在可行的商业机会水平。[①] 与传统产业相比，新兴产业的最大特点是，产业主体尽管具有发展潜力，但并未形成市场规模。在发展过程中存在着很多不确定性。具体表现为：消费者对新产品没有消费经验；消费者的个人偏好无从得知；关于产品是什么以及怎样被使用还没有在业界达成共识；技术体系各组成部分是否起作用和如何发生交互效应尚存在疑问；竞争存在不确定性等。

一般而言，产业成长的原因来自于其成长动力，包括内源动力和外源动力。在市场经济条件下，产业成长的内源动力是产业内在单元对利润的追求，产业内部不同企业之间通过竞争和协作，使产业在内源动力的推动下不断成长，不断优胜劣汰、推陈出新。例如，高科技产业无论是在政策上还是资源上都是得天独厚的。在这种优势背景下，大量的新兴科技型企业不断涌现，它们之间内在的生存、发展渴求，通过不断科技创新成为高科技产业成长的内源动力。而这种内源动力最终还是要通过外源动力的延伸才能得以转化。从产业外部来看，推动其成长的外源动力主要包括市场需求、技术创新、政策环境和产业整合等关键要素，这些要素会伴随内源动力，不断推动产业的发展，实现产业整个生命周期的演进。当然，产业成长的外源动力和内源动力并不是彼此割裂的，彼此之间可相互转化，这体现了产业成长要素之间的协同关系。产业正是通过市场需求、技术创新、政策环境以及产业整合得到

[①] [美]迈克尔.波特，李明轩、邱如美译．国家竞争优势[M] 华夏出版社，2002年版：574.

成长演化的。不同产业成长要素的作用又有所差异，新兴产业的成长动力来自于以下四个方面：

第一，市场需求是新兴产业成长的拉动力。虽然产业的产出取决于产业的投入，但是仅仅依靠产业投入，并不能实现产业的高速发展，实现这一目标的关键因素就是产业的市场需求。任何事物的发展都应遵循"物竞天择，适者生存"的法则，新兴产业也不例外。从古到今，能够在激烈的市场竞争中不断成长、成熟的产业，都是通过不断调整适应市场需求。对于任何产业来说，市场需求决定着产业产出的导向。市场需要什么，企业就应该生产什么，这迎合了市场经济的发展规律。从世界范围来看，一些新兴产业能够最终成为战略性产业正是在市场需求拉动下的创新而形成的，韩国手机产业的发展就是最好的例证之一。① 一些产业在兴起之初，处于起步阶段，市场占有量很小，未来发展的不确定性很高。企业会通过对未来市场需求状况的预测及消费者偏好的变动，判断市场的潜在需求，决定新产品的研发，以抢占未来市场份额。这个过程一般会存在较大的市场风险，持续时间也较长。随着市场需求的不断提升，企业会加大生产投入力度以满足市场需求，整个产业也会迅速占领市场，并形成关联性强、附加值高的产业，这些产业对国家的经济运行产生了巨大影响，推动了经济结构的转型和综合国力的提升。因此，市场需求在新兴产业成长过程中起到了非常重要的作用。市场需求不仅会使厂商获得丰厚的利润，还会在客观上促进产业的成长。新兴产业必须与科技创新相结合，只有这样才能实现科技引领社会发展。总之，新兴产业的

---

① 市场需求拉动产业迅速发展的典型案例是韩国手机产业的迅速成长。韩国手机产业的迅速发展不仅仅体现在市场规模的不断扩大，更重要的是韩国手机市场的快速动态变化，这些变化是通过消费者需求端——消费者偏好的多样性以及试验性用户的作用而实现的。韩国手机制造商在新产品推出后，首先在本土市场上销售，通过本国市场的验证之后，加强了韩国手机企业的竞争力，然后再将其手机出口至国外，从而在国际市场获得竞争力。另外，韩国的移动电信运营商会大量购买本土企业生产的手机，然后再以较低的价格卖给国内的最终消费者，用电信服务利润来补贴手机的价格，这种手机生产商和运营商之间的强大的联系使得韩国本土手机生产商达到了一个较高的技术能力（Whang 和 Hobday，2011）。

发展需要市场有效需求的强力拉动。

第二，技术创新是新兴产业成长的支撑力。技术创新是产业创新中最重要的部分。一个产业的成长过程也是技术创新的过程，如果技术创新停止，就预示着这个产业的消亡。技术的转化是建立在产业基础上，只有通过产业规模扩张、生产能力提高，才能将新技术转化为现实的物质财富，也就是说技术创新的平台只有产业成长才能实现。而产业成长的支撑必须依靠技术创新，否则产业规模的扩张只能是数量上的增加，并不能实现产业升级，因此这种意义上的产业扩张并不能算作产业成长。例如，在近几十年，随着计算机技术和信息技术的不断创新，计算机产业和信息产业的成长十分迅速。新兴产业的科技性特征决定了其创新速度呈现出加速的趋势。技术创新是实现新兴产业市场需求的提前，随着技术创新的推广和应用，新兴产业的市场空间将不断被拓宽。例如，随着光纤传感器的发明，这种技术将会被大量应用于石油和天然气、航天航空、生物医学中，其产业的市场发展空间也非常巨大。3D 打印技术的推广也不仅仅会局限于信息技术产业，它将延伸至生物医疗、新能源、节能环保、汽车以及教育等多个领域。总之，自主创新能够直接提升产业竞争力，新兴产业应在充分结合内需的基础上实现技术突破和产业化发展。

第三，产业政策是新兴产业成长的推动力。产业政策是政府引导产业发展的重要手段，是为了实现一定经济和社会目标而提出的各种对产业的干预手段，通过产业政策，力图引导产业朝向预期的方向发展，因此产业政策也是产业成长的宏观环境。在市场经济运行中，产业政策具有导向作用。任何产业在发展之初，大多是没有竞争优势的弱势产业。在产业的成长过程中，政府的角色很关键。通过产业政策对某些产业进行必要的培育和扶持，能够促使其快速发展。例如，日本就是政策引导产业迅速成长的典型案例。二战后的日本国民经济濒临崩溃的边缘，物价飞涨，债台高筑，国内资本奇缺，财务危机迭起。此时，市场经济很难在资源配置中发挥有效的作用。在这种特殊的历史背景下，日本政府通过积极干预石油化工、钢铁业等主导产业，通过采取多项保护措施和扶持政策，使支离破碎的国民经济快速增长与起飞，并逐步进入发达国家的阵营。日本的经验表明，战略性产业的成长需要相关政策的扶持和引导。因此，产业政策对产业成长能够起到积极的推动作用，对新兴产业进行必要的扶持和培育，是促使其快速发展的重要条件。

第四，产业整合能推动新兴产业成长的质变。产业整合是指产业的集群化、规模化发展，这也是现代产业发展重要趋势。如果说前面三个要素能够帮助产业完成量变过程，那么产业的整合会推动产业完成由数量型向质量型、由同质化竞争向差异化发展转变。产业整合包括产业内部单元（企业）的并购、产业集群与产业链等形式，它们是引领产业规模化发展的重要途径。产业整合可以提高产业效率和专业化，加强创新和技术进步，从而更好地推动产业经济发展。新兴产业的培育和发展，需要大量资金投入和人才队伍作支撑，这就决定了在产业发展初期，必须走集群化、规模化的发展道路，把有限资源聚集在重点产业和重点领域，发挥出最大效用。通过打造产业集群等方式发展新兴产业，可以使新兴产业所蕴含的创新动力和自我升级动力得到充分释放。

| 第2章 |

产业金融——产业成长的动力

2.1 产业金融的现实背景

2.1.1 理解金融的本质——服务于实体经济

产业金融的兴起，是人们对 2008 年美国次贷危机的反思之一。始于华尔街的次贷危机暴露了美国金融与实体经济严重脱节的缺陷，再次警示金融创新的边界以及国民经济发展必须立足于实体经济的客观现实。这场金融危机让人们认识到金融对于产业重要性，并意识到必须对二者的关系重新思考。由美国次贷危机引发的金融风暴冲击力强大、席卷全球。这次全球金融危机是有史以来规模最大、破坏最强、危害最久的严重危机，其对经济的长期负面影响超过历史上任何一次。这场国际金融危机所带来的一个重要启示，就是必须处理好实体经济和虚拟经济的关系，以虚拟经济的健康发展促进实体经济的发展。产业金融理念和思想的提出，在一定程度上也是由全球金融危机所引发的深刻反思。这场金融危机正是由于金融工具和金融产品的过度创新，造成金融业和产业的严重脱节，同时也造成金融业务和实体经济的严重脱节。

金融是服务业，它的服务对象就是经济。因此，产业金融可以被理解为金融服务的对象是产业经济、实体经济。那么什么是实体经济？这一概念并没有严谨的学术解释。如果追溯根源的话，在古典经济学中，往往把实体经济归属为企业和家庭的总和。次贷危机爆发以来，这一概念才被人们广为关注。实体经济可以理解为使一国经济得以持续稳定运行的核心部门，并且与大多数企业的健康运作以及居民生活福利密切相关，具体泛指为物质精神提供产品和服务的生产、流通的经济活动，如农业、工业、交通业、建筑业等物质生产与服务的行业，教育、文化、艺术、体育等精神生产与服务的行业。和实体经济对应的是虚拟经济。什么是虚拟经济？虚拟经济依托于货币和信用，简单地说以钱生钱的活动。举个例子，银行为企业提供贷款而获得利息，这算虚拟经济；企业在贷款的帮助下增加了产值，这算实体经济。可见，虚拟经济可以起到优化资源配置、促进实体经济发展的作用，是必不可少的。但虚拟经济必须是适度发展，如果过度的话，就会产生负面影响。如果虚拟经济过度膨胀、超过了实体经济发展的话，就会导致经济泡沫的形成。2008年的金融危机正是虚拟经济在金融业的伴随下过度膨胀而发生的。

通过对2008年全球金融危机的反思，强调了金融不能脱离实体经济的重要性。从表面来看，似乎解决这一问题并不难，无非是避免金融创新的过度，不能失去与实体部门的联系，但是该命题与我国复杂的实际经济实情相结合，难免会产生混淆，难以把握其核心所在。金融应服务于实体经济，并不是一个崭新的话题。如果从金融业存在的必要性和意义来讲，就是提高资金的配置效率，促进实体经济发展。2008年后，欧美国家在救市过程中纷纷加大金融监管，出台限制金融创新的政策。在中国，金融工作由此也变得更加谨慎稳重。党的十八大以来，我国进一步深化金融体制改革，健全促进宏观经济稳定，支持实体经济发展的现代金融体系，牢牢把握金融服务实体经济的本质要求，大幅提升金融业配置资源和服务实体经济的能力。总之，金融必须回归其本源——为实体经济服务。如何促使金融服务于实体经济，这就是产业金融要研究的问题。

2.1.2　产业金融的价值——弥补传统金融的不足

在对金融危机的反思中，产业金融的价值凸显出来。既然金融的本质要服务于实体经济、产业经济，为什么又多此一举的提出"产业金融"？原因在于现有的金融手段，无法满足实体经济发展的全部金融需求，产业金融就是一种补充，寻找新的金融形式为经济发展服务。有哪些金融需求无法被满足呢？最急需解决的有两种金融需求。

一是已知而难以满足的金融需求，即企业在生产、经营、销售过程中，由于金融领域问题而影响其发展的需求。现行的金融机构与市场体系为什么明明知道这些企业的金融需求却无法提供金融服务？比如，小微企业融资。近年来，"双创"热潮在我国各地如火如荼，也由此产生了许多小微企业。小微企业数量大、增长快，已经成为驱动经济发展的重要动力。国际中小微企业理事会的数据显示，在全世界范围内，中小微企业占企业总数的90%，提供的就业岗位占所有就业岗位数的60%~70%，且创造了50%的GDP。但是，全球有2亿~2.45亿家企业面临着融资困难，而这些企业中，超过90%为中小微企业。

小微企业融资难问题，与其融资特点是分不开的。小微企业做生意的机会经常是说来就来，说走就走，所以小微企业对资金的需求是有短、频、急这样一些特征。小微企业通常来讲没有非常完整的财务管控体系，也不一定有管控的财务总监。传统的银行经营方式决定了它对小微企业提供充分的服务是非常困难的。小微企业客户少、多、散杂这样的特点，导致银行做小微企业成本过高；而银行对小微企业真实经营状况的理解存在局限性，导致了银行服务小微企业的各种风险成本会比较高。

产业金融是解决小微企业融资难问题的有效手段之一。针对小微企业建立中小银行体系，或者发展产业集群——将小企业聚合成大产业，或者发展产业链融资——从个体变为整体。从这一点来看，产业金融是一种集群化的发展模式，因此被称为产业金融，而非实体金融。

二是未知而难以预见的金融新需求——新兴产业的金融需求。为何现行的金融体系不能感知新兴实体经济的新需求？是金融业组织结构上有问题，还是激励上有缺陷？并不是现有的金融体系能力不行，而在于谁都不知道这些未知的新兴产业，哪些会发展成为未来的重要产业，哪些会在发展过程中被淘汰、消失。对于这种不确定的、虚无的产业，显然不是现行金融体系所能服务的。不过，这一部分虚无的产业却实实在在地存在于许多企业家、创新者、研究者的心中。比如3D打印在20世纪70年代可能只是一个概念，而现在已是一个客观存在的行业。通过3D打印技术，可以将人们脑海中任何一个想法转化成现实。比如说可以打印一辆车、一栋房子、一只胳膊，甚至一块猪肉。无论想到什么，只要用3D软件做出来，输入3D打印机就可以变梦想为现实。3D技术的推广，最受用的就是某些模具、零件的制作，以前都是由机床完成，不仅耗费时间，不合适就要推倒从来，而3D打印机可一次成型整体样件，精确度极高，仅靠设计师就能自行操作，大大缩短研发周期和成本。如何将这些新兴的创意变为现实的高科技产业，需要金融手段推动它们的发展，这件事就需要产业金融来做，将这些科技成果"资本化"，通过运用政府财政投入、企业研发和产业化投入、创业风险投资、银行信贷投入、资本市场融资和科技基金等手段，从而建立有利于产业自主创新的现代金融体系。

综合以上分析，可以归纳出，产业金融的理念和思想的提出，是人们对全球金融危机深刻反思的结论之一。金融必须服务于产业，如果金融脱离产业自我发展，虚拟膨胀，必将造成金融危机。产业金融是对现有金融手段的完善，它要满足更多产业的金融需求。只有金融与产业要相互融合，彼此促进发展，才能创造更多的新价值。

2.2 理解产业金融的内涵

2.2.1 产业金融的理念

金融要服务于实体经济，由此产业金融的基础就是产业，金融发展要以产业发展为基础，充分发挥金融业务在产业资金融通方面的作用。在产业的发展中，经济体的金融需求是什么，如何实现这些需求，如何解决产业发展中金融问题，从而实现产业和金融之间相互融合的一种新的金融形态。产业金融是一门全新的学科，主要研究产业与金融如何相互融合，互动发展，共创价值。产融结合，产业为主、金融为辅，产融一体化是大势所趋。发展产业金融，将为产业经济的发展提供强大动力。它是在现代金融体系趋向综合化的过程中出现的依托并能够有效促进特定产业发展的金融活动总称。产业发展对资金的需求犹如人体对血液的要求，金融在提供资金来源方面起到了决定性的作用。产业是基础平台，金融起到催化剂和倍增剂的作用，金融与产业互动创造新的价值，大大加快了财富累积。从资本的角度做产业，产业的财富放大效应会迅速增加；而金融只有与产业融合才能产生放大效用，产生更大的价值。因此，产业金融是产业和金融之间相互融合的一种新的金融业态。[①]

还要强调两点：第一，产业金融的概念不是创新，虚拟经济必须依托于实体经济，金融必须服务实体经济，这是客观规律。第二，产业金融是一个动态的概念，要随着时代的发展不断创新，因为产业的发展环境是不断变化的。产业金融只有紧跟产业发展的快速变化，才能更好地辅助企业把握市场机遇，破解实体经济融资难等一系列问题。

2.2.2 产业金融与传统金融的区别

产业金融与传统金融最大的区别在于研究视角不同，传统的金融研究都是从金融的供给方——金融体系的角度出发的，研究金融体系的构成、金融市场的运行以及金融机构的经营等问题；而产业金融则是从金融的需求方——企业来展开研究。由此产业金融必须要先搞清楚：企业需要什么样的金融服务？

[①] 李斌，韦传勇. 基于产融结合视角的产业金融发展模式研究 [J]. 河北金融，2012（2）.

传统的金融业务主要包括商业性金融和政策性金融两种。前者的主体是商业银行、证券公司、保险公司、信托公司等商业性金融机构；后者的主体则是由政府出资设立的政策性金融机构，如政策性银行等。产业金融的出现，打破了传统的金融格局，使金融领域悄然发生着变化。尤其是进入21世纪以来，我国的产业主体特别是以央企为主的大型企业集团进军金融业，并以投资公司、财务公司等形式整合和管理旗下的金融资产。例如海尔金融集团、宝钢产融结合、上汽集团的产业链金融等等。这样做的最大好处在于，产业主体是最了解自身金融需求的。对产业发展来说，产融结合改变了企业的资金管理模式，促进了经济结构的转型，对金融业来说，增加了金融主体的数量，丰富了金融市场的内涵，改变了传统金融格局中商业性金融和政策性金融的二元主体结构，实现了产业和金融互相融合发展的理念。

2.2.3 产业金融的实现途径

在产业金融中，核心问题之一是研究金融如何放大产业？综合来看，产业金融主要通过以下四个途径来实现产业与金融的融合：将资源转化为资本，将资产转化为资本，将知识产权转化为资本以及将未来价值转化为资本。

（1）将资源转化为资本

这里的资源主要是指自然状态的资源，特别是稀缺资源。稀缺自然资源主要包括土地、矿产、生态、环境等，允许这些资源要素在合理的交易机制下进行转换和转移，实现资源市场化及优化配置。金融市场的功能就是对稀缺资源的配置，利用资本市场的高效率，对资源进行合理分配利用，有利于资源的价值发现和价值最大化，有利于重点产业的快速发展。房地产金融和环境金融就是资源资本化的典型。

在房地产金融中，土地与环境资源是房地产的关键性投入要素。随着人类社会的发展，土地与环境资源的稀缺程度日益提高，通过金融的配置将这些稀缺的资源应用到有利于人类可持续发展的产业上，比如说降低对高耗能产业的金融支持，从而使这些稀缺资源发挥最大的经济价值。房地产在中国规模巨大、影响巨大，土地收入已成为中央政府和各地政府税收的重要来源。房地产业作为一个资金密集型行业，对金融有很强的依赖性。与房地产相联系的房地产金融是指在房地产开发、建设、经营、流通和消费过程中，通过货币流通和信用渠道所进行的筹资、融资及相关金融服务的一系列金融活动的总称。如房地产信贷、房地产信托、房地产典当、房地产债券、房地产保险、房地产融资租赁、房地产股票、房地产投资信托基金、住房抵押贷款证券化、住房公积金制度等。

环境金融是以环境保护的融资为研究对象的，金融业根据环境产业的需求而进行的金融创新。主要研究如何使用多样化的金融工具来保护环境、保护生物多样性。环境金融旨在形成有利于节约资源、减少环境污染的金融发展模式；更强调金融业关注生产过程和人类生活中的污染问题，为环境产业发展提供相应的金融服务和产品，促进环境产业的发展。到目前为止，金融业在解决全球气候所起到的作用总结下来主要包括绿色融资和碳金融。以绿色融资为例。环保产业是在国民经济结构中，以防治环境污染、改善生态环境、保护自然资源为目的而进行的技术产品开发、商业流通、资源利用、信息服务、工程承包等活动的总称。它在美国称为"环境产业"，在日本称为"生态产业"或"生态商务"。虽然环保产业已成为产业基金投资的热点领域之一，但由于投资周期长，收效慢，科技含量、各项指标要求、环境要求高等特点，环保的投融资问题这一瓶颈仍有待破解。环保企业以外源式融资为主要途径，比如环保企业上市、争取政策性融资扶持等等，环保产业是典型的政策驱动型产业。国际经验表明，当治理污染投入占 GDP 的比例达到 1%～1.5%时，才能基本控制环境污染；占比达到 2%～3%时，才能改善环境质量，而从目前我国环保财政支出占 GDP 的比重来看并没有达到这一要求。目前，我国在环境金融方面尚属于起步阶段，未来提升空间巨大。

（2）将资产转化为资本

将资产转化为资本的含义是将资产视作可交易的商品，通过资产要素在资本市场上的交易、转换和转移，为企业带来资本增值效益。产业金融就是将企业资产放入金融市场，以资本的形式流动起来。资产资本化使资产从静态的实物化资产转变为动态、价值化的资本。资产资本化包括两个方面：一是企业的资金资产；二是实物资产。资金资产资本化使得资金从沉淀状态脱离出来参与流动，资金只有在流动中才能增值。资产资本化的典型是汽车金融和物流金融。

汽车产业是世界制造业中的第一大产业，在国民经济中占有重要的地位。统计资料分析表明，一个国家的经济发展程度和汽车的普及率是紧密的正相关关系。同时，汽车产业的联动效应十分巨大，它影响钢铁、机械、电子、橡胶、贸易产业的发展，也与交通、金融、保险、能源等行业密切相关。广义汽车金融主要是指在汽车的生产、流通、购买与消费环节中融通资金的金融活动。狭义汽车金融服务通常是指汽车销售过程中对消费者或经销商所提供的融资及其他金融服务，包括对经销商的展厅建设和设备贷款、库存融资和对用户的消费信贷、融资租赁、保险等。汽车金融服务是汽车产业价值链上最具价值和最有活力的一环，其发展对汽车业和汽车消费有着巨大的推动作用。随着大环境的变化，中国汽车产业从上游到下游都面临着调整，整条产业链踏上转型升级之路。因此，如何满足汽车产业升级过程中的金融需求是关键所在。

现代物流业是服务业的重要组成部分，是我国经济发展的重要产业和新的经济增长点。近年来，我国物流业实现了快速增长，但仍面临总体发展水平不高、发展方式粗放、流通效率较低、流通成本高企、基础设施和技术落后等诸多问题。物流金融是为物流产业提供资金融通、结算、保险等服务的金融业务，它伴随着物流产业的发展而产生。物流和金融的紧密融合能有力支持社会商品的流通，促使流通体制改革顺利进行。在物流金融中涉及三个主体：物流企业、客户和金融机构。国外物流金融服务的推动者更多是金融机构，而国内金融物流服务的推动者主要是第三方物流公司。金融物流服务是伴随着现代第三方物流企业而生，在金融物流服务中，现代第三方物流企业业务更加复杂,除了要提供现代物流服务外,还要跟金融机构合作一起提供部分金融服务。国内关于金融物流相关领域的研究主要是物资银行、融通仓等方面的探讨,然而这些研究主要是基于传统金融物流服务展开的,未能从供应链、物流发展的角度探讨相应的金融服务问题。随着经济全球化进程的提速,世界各国在供应链业务上的竞争加剧,中国经济的调整发展以及政策的逐步开放,物流金融不仅逐渐成为中国经济发展的必要,而且正在形成巨大的市场需求。未来,我国物流金融市场空间依然巨大。

(3) 将知识产权转化为资本

知识产权主要包括专利(发明、适用新型、外观设计)、版权、商标、商业机密等各种所有权,通过市场机制实现知识产权的资本化。在企业的发展初期由于缺乏资金,企业创始人往往会借助产权市场通过将其知识产权作价入股,以获取外部资金。产权交易市场可以为科技成果融得技术产业化的资金,这种方式对于科技成果拥有企业是非常有利的。技术产权交易市场丰富了资本市场的层次,不仅使技术交易从合同转让进入到资本市场,形成"双轮并进"格局,而且使中小科技企业也能进行市场化融资,挖掘转化为"第一桶金"。

高科技产业是知识产权资本化的产业代表,具体为当代尖端技术(主要指信息技术、生物工程和新材料等领域)生产高技术产品的产业群。产业特点是研究开发投入高,研究开发人员比重大。中小企业融资难是一个全球性的、全行业的难题,而高新技术中小企业融资难问题尤为突出。其中的原因是多方面的,既有金融体制方面的原因,也有企业自身发展不足、信用缺失导致的原因。在我国高科技蓬勃发展之后如雨后春笋般涌现出来的高新技术中小企业良莠不一。同时,该行业特性决定了可实现抵押物不足。如何规避高新技术中小企业的不足并将信贷资金准确投向急需资金的中小企业,实现金融服务与高新技术的有效对接呢?经过20多年的发展,我国科技资源与金融资本的结合日益紧密,各地陆续出台了创业风险投资、科技担保、科技贷款、科技保险、多层次资本市场等政策,促进科技创新型企业的发展。未来,这些针对高科技产业的金融服务和产品依然有较大的改进空间。

（4）将未来价值转化为资本

将未来价值转化为资本就是将在未来才能够实现的价值包括稳定的现金流、预期收入、未来经营权等，使其提前实现交易，通过证券融资和债券融资等手段将其提前转化为资金资产。在交通金融中，交通产业有"投资几年，收益几十年"的特点，未来价值资本化显得相当重要，未来价值挖掘得越多，盈利性越强。现在高速公路建设常用的BOT融资模式，就是未来价值资本化的典型，政府将公路的未来经营权（也即未来收益权）提前出让给投资方，缓解公路建设期的资金压力。针对政府设立的基建项目（如道路、桥梁等），向私人公司招标（外国企业居多），中标公司投资建设，按约定经营一个时期（一般20年以上），期满后返还给政府。这种融资模式的最大好处是可以有效拓宽政府的资金来源渠道，将其他渠道的资金，尤其是民间资金吸纳到基础交通运输建设项目中来，减少政府的资金投入和政府财政支出压力，保证公路交通基础设施的建设质量。

2.2.4 产业资本进入金融领域的动因

大型企业集团投资金融业，通常出于三种目的：一是通过多元化经营来分散风险；二是搭建自己的融资平台；三是谋求战略转型。企业发展到一定阶段后，一般的财力资源往往很难满足企业进一步快速发展的需要。此时，需要将一般的财力资源扩展为金融资源，也就是说将企业拥有的资金、资本、融资体系等资源进行整合。金融资源的整合延伸了价值链，减少企业对外部融资的依赖。选择产业金融发展战略的企业家一般认为产融结合不一定能保证公司的成功，但公司高水准的发展则一定依赖于成功地产融结合。以国家电网为例，国家电网公司由总部和网省公司构成，把分散在各个成员单位内部的金融资源集中起来，在国家电网内部形成一个金融链。对这个链条进行有效整合和管理，既充分利用了内部资源，又降低对外部金融机构的依赖。

在此以公司目前运营中的金融企业之一——财务公司为例简单进行成本与收入分析。假设国家电网公司内部调配资金总量为 1 000 亿元，如以 1 年期银行存贷款利差 3.6%，在这个数据假设前提下，通过财务公司内部调配资金来取代市场行为，理论上每年可以为公司节约 36 亿元的财务费用，相应增加 36 亿元的收益。

  涉足金融领域的企业可以被称作产业金融混合集团——在同一控制权下，在各实体产业以及银行、证券、信托、保险等金融服务业中至少一个行业以上大规模提供服务的由产业公司发展而成的混合经营控股集团。产业金融混合集团的资本基础来源于实体产业的利润积累，采用控股公司的组织形式，其主要资产是不同子公司的股票，经营范围横跨含金融业的多个行业。产业金融混合集团的控股母公司为一个非金融机构的经济实体，不具有金融许可证，但其全资或控股拥有包括银行、证券、信托、保险等一种或多种金融性实体和其他非金融性实体。这些具有独立法人资格的子公司独立对外开展业务，承担相应责任。由于控股关系，子公司的最高决策层及其重大决策都直接或间接受制于控股母公司，子公司的具体经营单元战略服从和服务于产业金融混合集团的发展战略。

  并不是所有的企业都是这样资金雄厚、资源丰富，比如说中小企业，它们如何将产业与金融对接？在产融结合过程中，还有另一个重要的角色——政府。产业金融包括市场主导型和政府主导型。前者强调的是市场在金融资源配置领域是基础，政府只是在这个基础上发挥指导性的作用；而后者则更加强调政府对产业金融的调控作用。如第二次世界大战后的日本和德国，国民经济濒临崩溃的边缘，物价飞涨，债台高筑，国内资本奇缺，财务危机迭起。此时，市场很难在资源配置中发挥有效作用。在这种特殊的社会历史背景下，只有通过政府的积极干预，引导金融中介（尤其是银行中介）将有限的金融资源集中支持几个特定的产业，以实现其快速发展并以此带动其他相关产业的发展，才能修复支离破碎的国民经济并实现经济的快速增长与起飞，在低利率政策引导下，日本商业银行向企业提供了廉价的长期资金来源。当经济发展到一定的阶段，金融资源的稀缺性有所缓解，经济、金融市场不断完善，政府在产业金融中的作用将逐步弱化，市场（尤其是以商业银行为代表的金融机构）将在金融资源配置过程中发挥越来越大的作用。从一些发达国家来看，政府主导型的产业金融运行模式似乎更适合于处于经济起飞阶段的国家，政府主导型的产业金融模式在促使国民经济迅速重建、复兴与起飞方面具有明显的积极作用。

"政产金"合作是产业金融快速发展的有效途径。如果把产业和金融比作双人舞的两位演员，那么政府就是为演员和舞蹈提供服务的剧务。两位演员和剧务这个三人团队的紧密沟通与配合，是实现完美表演的重要保证。同样，在经济发展的大舞台上，政府创造平台使环境产业、金融这两个主体紧密合作，是助推产业金融快速发展的有效途径。对于中小企业来说，无法像大企业一样靠自己去进行"产融结合"，他们需要政府来搭建平台整合资源，产业金融是解决中小企业融资问题的必由之路。

2.3　产业金融与产融结合

2.3.1　产融结合的内涵

产融结合，即产业资本和金融资本的结合，指两者以股权关系为纽带，通过参股、控股和人事参与等方式而进行的结合。产融结合是产业资本发展到一定程度，寻求经营多元化、资本虚拟化，从而提升资本运营效率的一种趋势。发达国家市场经济发展的实践表明，产业资本和金融资本必然会有一个融合的过程，这是社会资源达到最有效配置的客观要求。这种融合，宏观上有利于优化国家金融政策的调控效果，微观层面有利于产业资本的快速流动，提高资本配置的效率。从国际国内经验看，只要风险控制得当，产融结合是企业实现跨越式发展、迅速做大做强的一个重要途径。从目前来看，产业资本与金融资本融合已成为国内外企业不可遏制的世界潮流。

2.3.2 产业金融与产融结合的概念辨析

要分析产融结合，首先要对产业金融和产融结合概念进行探讨，二者有着密切的内在联系，且往往具有概念的相同性，经常被混用。从文献角度来看，产业金融与产融结合是复杂而有趣的研究领域。这两个概念在西方主流经济学文献中并无明确定义，实际上其涵盖的论题在西方文献中却被广泛讨论。与此同时，在国内文献中有大量关于这两个概念的论述，但对其下一个准确定义却也并非易事。有鉴于此，本文首先对两个概念进行初步辨析和界定。

从狭义上看，产业金融与产融结合两个概念的基本内涵更多地指向企业之间的微观行为。顾名思义，产融结合即产业资本与金融资本的结合。具体而言，是指工商企业与金融企业通过互相参股、人事派遣等互相渗透的方式进行稳定、密切的资本合作的行为（王莉等，2010）[①]。这一概念的理论起源可以追溯到马克思政治经济学理论，乃至古典经济学。在亚当·斯密和约翰·穆勒等古典经济学家来看，虽然货币只不过是罩在实物经济表面的一层面纱，但它作为信用媒介，毕竟可以对产业发展起到润滑剂的作用。由此可推论，古典经济学家认为金融资本能够起到优化产业资本配置的积极作用。

马克思对货币金融重要性的认识显然要高于古典经济学家们。他认为，银行信用是产业资本聚集和集中所依赖的主要工具，金融资本对产业资本有着强大的控制力；金融手段的运用，从根本上改善了产业经济的资金循环。于是，产融结合便可以加深产业资本对金融资本的依赖程度，促进特定产业发展的产业金融体系也就逐渐形成。1903 年，拉格法在对美国托拉斯进行分

[①] 王莉，马玲等. 产业资本与金融资本结合的相关理论综述 [J]. 宏观经济研究，2004（6）.

析时，观察产业资本与银行资本不断结合的现象，并提出了金融资本这一概念。随后，列宁沿着马克思的思路，进一步论证了"产业资本与金融资本将会伴随着垄断的形成而进一步地结合"这一论点。现有国内文献对产业金融和产融结合的讨论主要围绕这一基本概念展开，将产业资本与金融资本的结合视为市场经济发展到一定阶段的必然产物，并结合中国经济改革与发展的基本特征进行了大量的分析。

从广义上说，所有为实体产发展服务的融资活动都被称为产业金融或产融结合。沿着这一思路，李杨（1997）[①] 指出，金融与产业的结合也就是从储蓄向投资的转化机制，因而金融储蓄向产业投资转化的一切资本连接方式和手段，如银行发放贷款、企业发行股票等等都是产融结合的具体制度安排和实现途径。他们认为，产融结合关注的主要问题应包括：（1）在为产业服务的过程中，资本市场、金融机构各自所处的位置；（2）工商企业和金融企业之间在资金、资本、人事和其他方面的沟通形式；（3）直接金融和间接金融之间的关系；（4）企业资金来源的结构。由于储蓄与投资是宏观经济中最基础的变量，产业金融又在储蓄—投资转化过程中发挥着桥梁作用，因此，作为一种制度创新的产融结合，对经济增长与波动等宏观现象就会产生根本性影响。在此可以借鉴秘鲁经济学家索托的精彩描述来体会这种根本性影响：货币、存单、股票等金融资产"好像一块冰，所有权制度可让其溶解成水，或加热成蒸汽，使其能够带动涡轮发动机的叶片旋转或者轮船提供动力"。

2.3.3　产融结合的研究概况

国外学者早在 19 世纪中期就开始了对产融结合理论的研究，主要内容可分为古典产融结合理论和现代产融结合理论。马克思借用资本论开始了对资本借贷之间的详细了解深入，奠定了古典产融结合理论的基础，后由一系列的经济学家、政治家以及社会学家对理论进行了更为深入的研究。总而言之，

---

① 李杨. 金融合并浪潮下美国的银行业 [J]. 中国城市金融，1997（5）.

他们的理论都集中于金融资本向产业资本扩张,工商企业是重点研究对象,而对金融业避而不见,研究结果必然存在一定的偏差。经由后来的经济学家对产融结合理论的仔细研究弥补了产融结合理论中的这一空缺,从而形成了新的产融结合理论,也即现代产融结合理论。Gerschenkron Alexander (1962)① 在研究欧洲等国家时对其经验进行了比较和总结,然后在此基础上创立了"后发优势理论"。这一理论研究的结果是当出现经济水平并不高的情况下,发展中国家避免不了要与发达国家在各方面进行竞争,尤其是在工业方面的竞争。反过来,万能银行确实可以为工业部门提供资金支持,提高产业的金融资本,通过产融结合加强竞争力。Timothyw Guuitmane (2002)② 表示,银行在很多方面都是存在竞争关系的,万能银行并非涵盖所有的竞争优势。但当时的德国拥有包括万能银行在内的各种银行的存在,这些银行都避免不了与彼此存在竞争关系。银行之间的竞争优势是促进银行业发展的主要动力,银行之间的竞争是导致银行业从无到有、从混业到分业再到混业发展的直接因素。英国学者CrookC(2008)③ 认为,即使在面对重大金融危机时,银行依然是市场发展的中坚力量,不排除银行可能会在金融危机中出现倒闭的情况,但是银行作为政府和市场导向的媒介,是支撑整个金融体系发展的最重要的元素。

在20世纪90年代末到21世纪的期间,中国经济学界对中国产融结合的发展大思路的探讨形成了一个高峰,各主要学术杂志都出现了这一类型的论文,学术专著也大量涌现。谢杭生(2000)④ 指出,产融结合通过产业机构与金融机构之间的资本结合,加速了资本集中,并强调了我国加强工商企业

---

① Gerschenkron Alexander, Economic Backwardness in Historical Perspective [M]. Harvard University Press, 1962: 302-304.

② Timothyw Guitmane, World Economy in the 20th Century [M]. America: Washington Press, 2002: 35-46.

③ CrookC. Expectations Come Down to Earth, Financial Times November 17, 2008.

④ 谢杭生. 产融结合研究 [M]. 北京: 中国金融出版社, 2000.

与金融业产融结合的必要性、意义以及现实的可行性。郑文平、苟文均（2000）① 对传统产融结合理论进行了分析和筛选。传统产融结合理论认为金融资本是以取得收益和增值为目的而进入金融市场交易且最终进入实际产业部门的那部分权证，例如银行贷款、股票、债券或者抵押贷款的证券化凭证等，但是这些权证是以实际经济或者信用为基础的、对未来收入享有索取权的凭证，具有适应的流动性的特点，以及其由市场机制和竞争机制决定的定价和配置表现出了它具有透明性的特点。新的产融结合理论认为，产融结合是通过信贷联系、资产证券化和相关的人力资本的联系、信息共享等连接在一起。

与西方学者从关注市场失灵而切入产融结合的研究不同，在20世纪90年代初期，中国经济学家是在寻找提高银行业效率的路径过程中，逐步涉及银企关系和产融结合领域的。刘彪、王东京（1992）② 就指出，当时的银企信贷关系不利于维护银行独立的经济利益，建议增加企业融资的比重。刘国光（1995）③ 论证了银企关系中界定各自权益义务边界的重要性。黄强（2002）④ 探讨了我国产融结合的目标模式，并认为双向结合模式应当成为我国产融结合的理想模式，即工商企业可以通过持股等方式将资本运营向银行领域拓展，金融机构也可以用各种方式向工商企业进行资本渗透。吴越、赵守国（2009）⑤ 分析了在以金融危机为背景的前提下，加强产融结合模式的运作对银行业的复苏和企业的发展具有重大的推动作用。

21世纪初的产融结合热潮主要表现为产业资本大规模进军证券、保险、银行等金融业的各个部门，参与其中的既有宝钢、中粮、中国海洋石油总公司等传统行业的特大型国企，也有海尔、联想、方正等新兴非国有企业。银

---

① 郑文平，苟文均. 中国产融结合机制研究 [J]. 经济研究，2000（3）：47.
② 刘彪，王东京. 企业信贷约束软化研究 [J]. 经济研究，1992（11）.
③ 刘国光. 国有商业银行与国有企业协调改革问题 [J]. 经济研究，1995（10）.
④ 黄强. 中国银行业产融结合的目标模式 [J]. 金融理论与实践，2002（10）.
⑤ 吴越，赵守国. 金融危机背景下加强产融结合管理若干思考 [J]. 经济研究导刊，2009（12）.

行向工商企业的资本渗透则相对比较薄弱。近些年来,双向渗透的迹象则更为明显。产业基本继续通过并购等方式大规模、全方位地向金融资本转化、渗透;与此同时,金融资本向产业资本渗透的速度也大大加快,其中非银行金融机构发挥了主导作用。针对近些年来我国产融结合实践中出现的问题,孙源、吴娜(2012)[①]指出,我国许多企业的产融结合只是"看上去很美",实则蕴藏着许多潜在风险。例如企业通过参股和交叉持股的方式控制金融机构的过程存在着过度投资、盲目多元化等扭曲性资本配置行为。李斌、韦传勇(2012)[②]发现,21世纪我国产业金融发展存在着产业金融业务普遍较小、资源过于分散、操作主体定位模糊、资金来源单一、市场化融资能力薄弱、产融结合度低等一系列问题。

通过以上梳理,可以归纳出产业金融与产融结合领域已有文献的若干基本特点,并对今后研究做一点展望。结合国内外已有文献来看,产融结合大致呈现出以下特征:第一,无论是产融结合,还是更广泛意义上的产业金融,其概念在学术界并无统一定义。第二,基于宏观和微观视角开展的不同研究,其思路与侧重点的差异较大。第三,产融结合在我国的研究热度几次起伏,研究有待具体化,应把微观层面作为理论结合事物的重点。此外,量化分析有所不足。中国典型性产业的产融结合案例的研究近年来也迅速增加,但是研究质量还有待提升,在联系实际方面还需要深化。国内产融结合尚处于探索阶段,理论和实践问题均有待深入探讨和解决。

归纳来看,产融结合的理论研究虽然已经有一定的积累,但是整体上还没有形成非常完备的框架体系,并且由于这些理论研究基本上都建立在不同国家的情况分析基础上,所以随着各国现代经济金融体系的不断变化,产融结合理论还没有完全跟上实践的动态发展,急需重构理论框架和研究方法。

[①] 孙源,吴娜.防范产融结合的潜在风险[J].中国社会科学学报,2012(4).
[②] 李斌,韦传勇.基于产融结合视角的产业金融发展模式研究[J].河北金融,2012(2).

2.3.4 国外产融结合的发展及经验

（1）国外产融结合的发展历程

在 19 世纪末 20 世纪初，欧美国家从自由竞争的资本主义逐渐向垄断竞争的资本主义发展，在此基础上出现了产业资本与金融资本的融合。最初，以 JP 摩根为代表的产融结合是一种金融资本垄断后对产业领域单向的渗透和控制。随着产业资本的垄断加剧，出现了双向的资本融合，即相互持股和人事方面的相互渗透。在美国《反垄断法》颁布后，金融资本垄断的势力被削弱，金融资本主导的产融结合时代最终被产业主导的产融结合时代所取代。从世界范围来看，产融结合大体上可以分为"由产到融"及"由融到产"两种形式。由产到融，是产业资本旗下，把部分资本由产业转到金融机构，形成强大的金融核心；而由融到产，是金融资产有意识地控制实业资本，而不是纯粹地入股，去获得平均回报，由融到产都会投长线产业或是巨进巨出的产业。

纵观美、日、德等国的产融结合发展历史，可以将其发展史分为以下三个阶段。

第一阶段是产融结合自由发展时期。早期的商业银行把融资重心放在国内外的经济贸易上，基本上不对工商企业进行融资，一直到 19 世纪的英国才出现了商业银行与工商企业的合作。20 世纪 30 年代以前，产融可以自由结合。一方面，银行通过参股企业或直接通过开办企业的方式进入产业集团；另一方面，企业通过参股、购股银行资本或者自己开办银行向金融行业挺进。这一阶段间接融资与直接融资在市场上混合出现，产融结合的各种方式一时间得到了空前的良好发展，西方政府也任由产业资本与金融资本自由融合。

第二阶段是在 20 世纪 30 年代始到 80 年代之间。这一阶段伊始，全球公认的发达国家美国经历了近十年的经济大萧条，30 年代世界笼罩在全球性经济大萧条当中。在人们心中普遍认为，造成此局面的是垄断以及直接融资与间接融资的混合。所以除欧洲大陆的国家之外，包括美国、日本等国的国家都开始在政策上对产融结合进行限制，开展分业经营。但这一举措并未从根本上打击产融结合，反而通过金融改制创新，为产融结合的发展寻找到了新的思路。

第三阶段是20世纪80年代以后。很多西方国家例如美国，相继出现了通货膨胀以及经济增长停滞不前的局面，在此种背景下，产融结合发挥其效用，通过股权、债券以及人事结合等方式改善当前经济环境。此外，金融市场上也进行了一系列的金融创新和新的发展方向，金融管制也随之松动，从而使产融结合进入一个新的阶段。进入21世纪以来，随着世界经济一体化的发展，产融结合蓬勃发展，其发展模式更是多样化。各行各业都在开始探索产融结合之路，以力求在产融结合的过程中谋求更多的经济利益和企业发展。

（2）国外产融结合的模式

美国主要采用市场主导型模式，也即是金融市场将社会中闲散的资金进行归集，主要的形式是社会大众的储蓄存款，然后将聚拢的资金进行投资。此处金融市场即包含货币市场也包括资本市场，所有的金融中介例如商业银行、投资银行、保险公司等都是积极参与市场活动的组成部分，它们没有超越于其他机构的优势和主导地位。这种模式使得产业集团在发展进程中，其对资金的需求将不依赖于任何某种融资方式，可以通过多种渠道多项技术来获得满足。这种模式从法律上确保了一个公平自由的竞争市场。

此外，美国在法律上严格限制了金融部门和产业部门在产权渗透后业务、人事以及管理上的权限，以免产业部门之间或者金融部门内部出现产业权力的相互渗入而形成垄断，给市场有效发展构成威胁。在市场主导型的模式下，产业部门通过外部金融市场获得了发展所需的各项资金，产业部门和金融部门通过债权债务关系联系在一起。但是银行对于整个企业的控制治理权限并不大。比如，对公司拥有债务权利人是没有公司实质的控制权限，只能固定的获得收益，并且银行也仅仅只能控制信用贷款类的活动。

美国作为以市场主导型产融结合模式存在的代表，是一个高度市场化的国家，一直以来严格遵守宽松自由的产业政策。在产业调整、优化升级的过程中，美国政府尽可能地减少对市场地直接干预。既使出现市场失衡或者急需外力干扰市场以实现产业结构地更好发展时，政府也是间接通过"市场"这双无形的手和一些间接金融工具对市场进行调整，促进产业结构合理化发展。市场主导型产融结合模式主要是能满足市场上的资金供给者直接获得投资企业信息，具有更强的公开性，企业也必须按要求披露相关信息等。市场主导型产融结合模式是最具生命力最成功的产融结合模式，但这种模式的成功也源于美国良好的市场基础。第一，美国的利率形成机制健全，有效规避了因利率波动而导致资产价格波动，由此引起的投资情况波动的状况。第二，有效的金融市场。市场的有效也就意味着能在最短的时间内实现资金和产业之间的最好的配置。第三，市场主导型的存在其基本前提是以坚强的中央银行作为支撑、以好的货币控制为依靠。

而日本采用的则是主办银行制模式。日本的特殊文化经济背景和历史因素决定了日本的产融结合是以银行为主导的。日本从 20 世纪 50 年代实行主办银行制开始到现在，其对银企关系的发展、经济的稳定增长、银行资金的有效运作起到相当大的作用。1994 年日本通产省通过委托富士综合研究院对主办银行制作出相关研究，确定了日本主办银行的定义。这一定义表示，银行与主办银行是几乎合为一体的，银行不是单独提供资金的金融机构。而主办银行是指在给予企业提供一些主要信贷支持的同时，持有企业相对较多的股份，为企业内部的发展管理承担主要的监督职责的银行。主办银行制度从20 世纪 50 年代初实行到如今，为日本企业的发展做出了卓越的贡献。建立在日本主办银行制度下的稳定的银企关系不仅使银行获利，而且保证了日本经济和社会体制的长期稳定。

日本主办银行制度主要的特点表现在，主办银行是企业最大最稳定的贷款来源。主办银行一方面向企业提供各类中短期贷款，同时提供中长期贷款，确保了企业资金来源的稳定。另一方面，主办银行是企业的核心，在提供信贷的基础上，为企业协调内部资金、合理运作资金。此外，主办银行与企业交叉持股，银行派遣经理人员赴企业做董事，并由企业付薪，双方由此建立了长期稳定的合作关系。日本主办银行制度为日本的企业集团和金融机构创造了巨大的价值，带领第二次世界大战后只剩残垣断壁的日本走向了经济强国。主办银行制度实现了日本金融的稳定，实现了日本经济的发展，改善了银行与企业之间信息不对称的状况，防范了企业财务危机的发生以及降低了银行监督客户的成本。

德国的产融结合模式采用的是全能银行制，但是与日本主办银行主导型的产业和金融业融合模式不同。全能银行既能投资非金融行业，又能经营金融业务，从而实现企业和银行的完全融合。德国全能银行模式的产生与日本有异曲同工之处，第二次世界大战后的德国急需重组，在德国政府的大力支持下，德国经济恢复迅速。企业的融资需求直接得到支持，银行大力支持非银行企业的发展，大量持有有价证券或者参股或控股企业。但为保护银行存款人和债权人的权益，德国法律对银行持股比例做出了严格规定。德国政府为保证市场的有效运行，加强了相关金融法律法规的建设，保证金融行业各项活动都受到有效监管。此外，德国的工商企业的治理结构采用双委员会制度，由管理董事会和独立的监事会组成。管理层进行日常的公司治理活动，而监事会则对管理层进行监督管理。德国全能银行制的产融结合模式，配以严格的国家法律监管以及双委员会制的企业管理结构，使德国在战后重建中依靠银行迅速发展起来。

（3）国外产融结合的经验

美国的市场主导型模式以及日本、德国的银行主导型模式都有其独有的背景作为支撑，每个国家的国情不同，所要采纳的产融结合模式也必须因人而异，任何一个国家的产融结合模式的成功都经过了历史的考验。这从不断摸索、不断修正中得来的。中国的国情注定了中国不能走美国、日本、德国的产融结合模式，但可以从它们的成功经历中总结经验，为中国产融结合的长足发展给予启示。

首先，企业的发展必先建立在企业规模的壮大和企业地位的提升上。我国正处在产业优化升级的关键时刻,产业的扩张和转型都需要大量的资金,企业的发展必然伴随着产业集团和金融机构更为紧密的合作。企业规模也会随之扩大,获得竞争优势,金融企业也可为企业带来高于产业资本的利润率,由此产生协同效应。当企业的力量壮大到一定程度后,为了实现飞速的经济、规模等方面的发展,进一步扩大市场占有率,加强竞争优势,选择走产融结合的道路势在必行。其次,放松金融管制。在放松金融管制,建立多元金融体制上,德国充当了表率作用,第二次世界大战后的经济快速发展就是印证。我国政府对于利率和金融市场的管制比较严格,使市场失去了自发性和自主性,不利于金融市场的有效发展,不良的金融市场发展必将最终导致产融结合的夭折。另外,我国金融体系不完善也是政府严格监管市场的原因之一,导致我国国情不能去模仿美国市场主导型的金融体系。产融结合的模式有多种,随着经济的发展和金融体制的改革,中国必将探索出一条适合中国国情的产融结合模式。

2.3.5 我国产融结合的发展

在国内,由于政策规定银行业不能投资实业,银行资本就难以在近期内与产业资本结合,所以目前我国大型集团企业产融结合的发展方式就不能沿着"由融而产"的路径发展,而主要是"由产而融"。因此,现阶段,我国的产融结合多为产业集团从事金融业务,即"产业投资金融"。

我国的产融结合始于20世纪80年代,由于起步较晚而且发展初期受到一定程度的限制,因此采用产融结合商业模式的企业仍然比较少见。1987年5月东风汽车工业财务公司的成立被认为是中国企业开展产融结合的标志性事件;1992年首都钢铁公司发起成立华夏银行,标志着企业集团投资金融的实践正式拉开帷幕。

整体上来说,我国产融结合的发展历程大致可划分为四个阶段:
第一阶段,起步阶段(20世纪80年代后期及90年代初)。政策背景是政府实施发展大型企业集团战略,该阶段共有60多家企业集团建立了属于集团内部的非银行金融机构——财务公司,并利用财务公司涉足信托、租赁和证券等金融领域。该阶段产融结合的主要动因是资本的扩张需求,表现为工商企业参股金融企业的数量逐渐增加。

第二阶段,治理阶段(20世纪90年代中期)。由于大量产业资本进军金融产业导致严重的混乱状况,国家于1994年颁布了《关于向金融机构投资入股的暂行规定》,严格规定了投资金融企业的资质和参股方式,产业资本向金融机构参股热情逐渐低落。该阶段产业投资金融的突出特点是,在国家制度安排不确定、不规范的情况下,工商企业在高额利润的驱动下盲目向金融业渗透,产业投资金融行为缺乏市场规范。

第三阶段,曲折发展阶段(20世纪90年代后期至2003年)。随着资本市场的高速发展,产业投资金融的发展也呈现出势头迅猛的态势。该阶段产业投资金融的主要动因是资本的多元化经营需求,德隆、海尔、新希望等集团都曾借助投资金融得到快速发展。同时,产业投资金融的风险开始涌现,从2003年下半年开始,曾经借助产业投资金融得到快速发展的农凯、德隆、复星等企业集团相继发生严重危机。

第四阶段,蓬勃发展阶段(2004年至今)。在经历了20世纪90年代后期以来的曲折发展后,伴随着资本市场的蓬勃发展,我国产业投资金融掀起了新的热潮,众多企业集团在巩固已有金融产业布局的同时,积极参股、控股、发起成立证券、银行、保险公司等金融机构。

未来产业金融推动全球新工业革命,还需要在如下两大方面做出创新努力:一是加快推广和发展产融合作。产融合作一方面是企业创造协同、提高竞争优势的一个重要手段,产业资本和金融资本的融合可以增加集团的收益、资本积累的速率,能够最大限度地利用社会资源,提高集团竞争优势。另一方面,产融合作还可以降低交易成本。产业发展过程涉及大量外部金融交易活动,包括上市、重组、兼并、收购以及资金贷款,这一系列融资活动都有大量的交易成本,通过产融结合可以降低交易成本。而在互联网信息技术的发展，又带来了一个新的产融合作时代，使得金融与非金融部门的边界进一步模糊，创新型合作模式不断出现，实体产业、金融业、互联网的多层次融合成为新的创新方向。二是在全球大力发展产业链金融。全球金融机构特别是系统重要性银行要以产业链的核心企业为依托，针对产业链的各个环节，设计个性化、标准化的金融服务产品，为整个产业链上的所有企业提供综合解决方案。而在现代互联网+的条件下，运用互联网金融平台做产业链金融就更具优势。其一，相对于传统金融机构，互联网金融的产业链金融对企业客户的包容性更强，覆盖面更广泛。其二，互联网金融在产品设计等方面相对更灵活，可以结合企业的实际业务需求实现灵活的业务操作解决方案。其三，产业链金融的单个资产量相对较大，从平台运营角度讲，获取项目的综合成本降低，且在产业链闭环风控体系内，对风险可以集中把控，违约系数更低，从而能更有效发挥产业链金融在提高产业运行效率方面的支持作用。

2.4 产业链金融

2.4.1 从企业金融（零售）到产业链金融（批发）

对于商业银行而言，由于集团客户通常具有经营规模较大、信用评级较高、财务状况相对优秀等特征，因此该类客户已经成为业务竞争的焦点，由此造成商业银行金融服务供给持续增加而集团客户的金融需求相对有限，供过于求的必然结果是价格下降，体现在商业银行业务发展方面就是业务的利润空间不断收窄。商业银行，其实可以看作是具备国家特许经营的连锁机构，很重要的就是以怎样的方式来卖其产品或服务，简单说就是做零售？还是做批发？链式金融属于批发业务形态的一种，以企业为目标客户群，以贷款类业务为主要产品。

链式金融可以分为两类：供应链金融及产业链金融。在国内，供应链金融发展较早，以深圳发展银行、平安银行为代表。平安银行的供应链金融是围绕着高大上的核心企业来做文章，继而延伸到其上下游企业之间的，链条相对比较长，所涉及的银行具体业务或服务项目也比较多，整体来看，确实很有代表性，也为银行带来较好的业务增长。供应链金融发展到今天，也显露出一些问题。首先，其行业覆盖相对较窄，主要集中在汽车、钢铁、能源、电信、路桥等几个行业，这就成为基本门槛，并非所有银行都能够参与。其次，银行的议价能力正逐渐衰弱，银行的利润空间被挤压，成本或许还会有所提高。最后，供应链金融的业务成本不仅不一定很低，而且风险把握也不一定会很好。如果想真正分散风险，理论上容易，但实际很难做到，不是每家核心企业都愿意完全开放自己的链条数据。可以看出，供应链金融这种模式有门槛，有成本，也有尴尬。

如果是针对中小企业，现有的供应链金融模式运行起来貌似就更加步履维艰了，甚至在部分细分行业里，连基础条件都很难达到。很显然，对于这些企业不能简单采取模式套用的办法，而需要银行从中小企业的融资服务角度出发，结合实际的市场以及行业特点进行适应性的创新，这就是产业链金融。在现实中，大多数的小微企业并不是孤立、零散地存在着，而是处于一定的经营环境中。在实体经济环境中，企业会因行业属性或者产业属性天然地形成聚集形态。针对这些产业集群提供的金融服务可以被称为产业链金融。一般来说，产业链中除核心企业之外，基本上都是中小企业。因此，从某种意义上说，产业链金融就是面向中小企业的金融服务。

在实体经济环境中，企业会因为行业属性，或者产业属性天然的形成聚集形态，而在产业环境中，必然会有龙头企业、领航企业和从属企业的区别，呈金字塔形态分布，这就为产业链融资提供了基础性条件。产业链融资分为几个步骤：首先，把龙头企业或者领航企业聚集起来。这个看似比较难，但实际情况不会太难，简单的办法是把行业协会利用起来，一般行业协会大多是行业中的龙头行业组成的，这不难理解。把龙头企业或者领航企业聚集起来之后，每家从自己的利润中拿出一部分资金，汇集起来形成产业基金。其次，参考基金成员企业的意见，将这笔基金以定向融资的方式，提供给指定属性或者方向且有资金需求的企业。这样的操作类似投行，也类似定向投融资。基金出资企业的财富可以随之增值，可以帮助整个产业增值。相对来说，风险也会小很多。最后，银行或者投融资机构充当操盘手的角色，获取自己的利益。如果将这个流程互联网化，则可以提高效率，降低成本，快速扩大规模，有效监控和管理处置风险。整个模式，换个角度可以理解为：产业链条中财富再分配，资金流转产生增值收益，且通过流转为产业本身提供内在驱动资本的过程。同时，因为同处于一个产业环境中，可以有效降低借款人的道德风险。

产业链金融和传统贷款最主要的区别是对借款主体的资质要求不同。传统金融一般着眼于借贷关系，第一还款人是借款主体。银行或中介机构要做调查，并采取针对措施，例如找担保公司做担保。而产业链金融是基于产业链本身的需求，基于交易的过程控制风险，不需要找一家担保公司，只要把资金流和物流掌控好，就能有效控制风险。

2.4.2　产业链金融的内涵与模式

产业链是指从供应商的原材料获取到最终产品消费之间的每一个环节所涵盖的所有价值创造活动的集合。产业链包含价值链、企业链、供需链和空间链四个维度。产业链金融是指金融机构通过拓展对核心企业的服务，即通过将处于产业核心地位的企业和上下游中小供销商连成一个整体，从原材料采购到制成中间及最终产品，最后由销售网络把产品送到消费者手中这一产业链条，全方位地为链条上的多个企业提供金融服务，从而实现整个产业链不断增值的金融业务模式。

产业链金融服务运行模式是银行以产业链的核心企业为依托，针对产业链的各个环节，设计个性化、标准化的金融服务产品，为整个产业链上的所有企业提供综合解决方案，实现深化银企合作关系，并获取最大收益目标的一种服务模式，即"M+1+N"模式。

其中，"1"代表核心企业，"M""N"代表上下游企业。银行通过对产业链上的"M"或"N"与"1"之间资金的综合分析，在有效规避银行授信风险的前提下，为产业链上的各个企业提供金融服务。

(1)"M"上游企业金融服务

基于上游供应商与核心企业之间的物流关系，以对核心企业的授信为保障，为上游供应商提供授信支持。主要包括采购合同融资、商业发票贴现、预约付款融资、应收账款买断和综合保理等几种操作模式。一方面，能够为上游供应商提供融资支持，确保物流供应的及时顺畅，促进整个产业链的紧密合作；另一方面，能够依托核心企业为供应商解决融资问题，并为核心企业争取更优惠的供货条件。

(2)"1"核心企业金融服务

一般产业链中均存在一个优质的核心企业，银行可以为其提供诸如集团账户管理、投行业务等高附加值产品；同时，通过对核心企业的服务来为其上下游客户群提供金融服务。

(3)"N"下游企业金融服务

从产业链内部来看，产品销售渠道的重要性愈发突出，如果能够协助核心生产企业建立一个强大的销售网络，扩大市场份额，就能够获得大量的中小客户。

产业链金融具备六种典型的运行模式。一是电商生态系统内融资模式。这种模式是下面第二种模式的网络版，是在当前中国电商火热催生的一种新形态。电商平台通过自身掌握的商家大数据提供信用或抵押贷款，具有放贷成本低、风险可控、相对更安全的特点。这种模式典型的代表是阿里巴巴旗下的蚂蚁金融、京东金融，以及宜信与亚马逊合作的商家贷款等。二是经销商、供应商网络融资模式。这种模式利用核心企业的信用引入，对核心企业的多个经销商、供应商提供授信。这是供应链金融最典型的融资模式，目前主要运用在汽车、钢铁等供应链管理较为完善的行业，这些行业内核心企业和供应链成员关系紧密，并有相应的准入和退出制度。这种模式要求核心企业必须有供应链管理意识，对银行授信环节予以配合。三是银行物流合作融资模式。银行与第三方物流公司合作，通过物流监管或信用保证为客户提供授信，合作形式包括物流公司提供自有库监管、在途监管和输出监管等，也有物流公司基于货物控制为客户提供担保的情形。银行借助物流公司的专业能力控制风险，可以通过与物流公司的合作发现并切入客户群，拓展业务空间。四是交易所仓单融资模式。利用交易所的交易规则以及交易所中立的动产监管职能，为交易所成员提供动产质押授信的一种金融服务。该模式包括现货仓单质押融资和未来仓单质押融资两种形式。五是订单融资封闭授信融资模式。这是银行利用物流和资金流的封闭操作，采用预付账款融资和应收账款融资的产品组合，为经销商提供授信的一种金融服务。六是设备制造买方信贷融资模式。根据设备制造生产企业和下游企业签订的买卖合同，由商业银行向下游终端企业或经销商提供授信，用于购买该生产企业设备的一种金融服务。

产业链金融的业务发展模式与传统的商业银行业务发展模式的最大区别在于如下几个方面：首先，产业链金融扩大了服务对象，将金融服务的对象从一个客户扩展到一个集群。这个集群是以核心客户为重心，包含了其上游供应商和下游经销商，是针对核心企业金融服务的深度延展。其次，产业链金融改变了商业银行的盈利模式。将原有点对点的单一路径盈利转换成了单点对多点的复合型盈利模式。商业银行获得利润的来源由原来的核心客户增加到其上下游企业。此外，产业链金融更加有利于金融风险的控制。由于商业银行金融服务对象范围的扩大，而以核心企业为中心的上下游企业由于分工和管理模式存在差异，其对于商业银行的风险管理而言将能够提供更大的便利，商业银行可以根据集群内不同类型企业的风险特征进行风险组合管理。

2.4.3　产业链金融的发展动力

在很多年以前，一些商业银行已经提出了产业链金融，但是至今产业链金融却未能成为商业银行金融服务的主导经营理念，而且产业链金融相关产品的市场占有率也并不高。造成这种现象的主要原因是，商业银行在传统业务发展模式方面仍然有利可图，主动改变经营思路的动力不足。

产业链金融是目前解决中小企业融资需求最好的方式之一。实际上，中小企业业务在保证风险控制和银行收益上很难找到方法，而产业链金融则只需要订单等，不需要抵押、质押和担保，既能控制风险，又能降低成本。首先，产业链金融实际上是结构化融资，把整个产业链作为统筹考虑，这是系统化统筹风险控制，与传统的一对一融资不同。其次，产业链金融是基于贸易的资产支持型融资。很多融资基础，一是贸易背景支持；二是由应收账款、预收账款、存货等流动资产等来盘活融资，还款对象有保证，信息流、资金流和物流等也有控制。

对于产业链中的核心企业来讲，一方面希望尽可能地从产业链企业中得到更多资源和资金支持，在与中小企业的定价和长期谈判中占据优势地位；另一方面也希望保持产业链企业的稳定性，不希望链上企业因为资金链断裂而终止合作。对于中小企业来讲，对核心企业较强依附性使得其在谈判和合作中处于弱势，承担巨大的资金负担，却又因信用等级低无法获得金融机构贷款。因此，产业链企业希望有更多的资金融通机会以维持产业链的顺利运行。实际上，许多全球性产业链对贸易融资的依赖性很大，很多公司中以产品为中心的企业大多采用了产业链管理解决方案。这就是为什么产业链和物流最近十几年迅速发展的一个主要原因。

产业链融资对银企来讲是个双赢的战略，中小企业借助其与核心企业的真实交易可以获得更多资金融通，核心企业则可以从中小企业处获得更多优惠，促进企业间长期战略协同关系的建立，提升整个产业链的竞争能力。金融机构则将核心企业的良好信用能力延伸到产业链的上下游企业，充分利用了核心企业的信贷等级，增加中小企业商业信用，为具有真实贸易背景、具有自偿性的贸易活动提供资金融通，解决了中小企业贷款难的问题，增加了金融机构收入，降低了融资风险，培养了潜在顾客，加强了链上企业对银行的忠诚度。

2.4.4 关于我国发展产业链金融的探讨

(1) 如何看待产业链金融

传统的产业链与企业融资的各个环节息息相关,即对应的是企业经营的采购、生产、销售三个环节。无论企业如何发展,需求如何改变,都不外乎这三个主要环节,与之相对应的企业流动资金占用的三个科目是:预付账款、存货及应收账款。因而,所有针对企业产业链金融服务无外乎是利用这三部分资产作为企业贷款的信用支持,形成预付类融资、存货类融资以及应收类融资三种基础的产业链融资解决方案。在采购阶段,主要是预付。此环节对资金需求的价值和意义就在于,把支付的时点往后挪,加一点杠杆获得撬动采购环节所需资金。如采用基于预付账款融资的产业链融资业务模式,以使"支付现金"的时点尽量向后延迟,从而减少现金流缺口。在日常经营环节即生产环节,因为涉及动产,可以采用基于动产质押的产业链融资业务模式,以弥补"支付现金"至"卖出存货"期间的现金流缺口。而在销售阶段,卖出存货和收到现金有一个应收的时间点,这也是用得比较多的时间段。采用基于应收账款融资的产业链融资业务模式,把这个时间点移到现金流的缺口,以弥补"卖出存货"与"收到现金"期间的现金流缺口。

(2) 作为核心企业,如何给相关的上下游企业提供进一步的服务支持

在产业链金融中,核心企业是产业链"1+N"中的"1",那么它会想,为什么要为"N"做担保,而银行不论在哪个阶段,都希望有一个"1"为"N"做担保,以便一系列的贸易抵押服务都有延伸,那么"1"会进一步想,如果会负债,则没办法争取更多的客户。在这个理论上,有一个问题,无论"1"是谁,它都会很谨慎地做担保的角色,也会给产业链上的公司带来一定的壁垒,那么金融机构能否不看那个"1"。另外,现在一些银行在提供产业链金融服务时,为了留住存款,帮客户做网购的卡,找一个供货商看能否提

前销售一部分货。核心企业在这个交易中收获很大,即如果把一个产业网连起来,通过网络支付,或者利用现行的科学技术,可能在贸易这个产业链上,还有更多的机会。

(3)大数据的基础应用于产业链,探索新的服务模式

目前,绝大多数还是由银行提供金融服务,但肯定还有服务不到的地方。服务触角延伸不到的地方,互联网金融便参与进来,而且现在企业也争相成立银行。这是为什么呢?因为在产业链中,"1"希望能带着"N"发展,在这个闭环中,"1"最了解"N"的情况,因为了解,它们在能把握风险的情况下做一些深入的金融服务。这些服务也许银行在某一天能做,但是一定还有做不到的地方,所以今后对企业的金融服务会更加丰富,因为市场需要各种各样的资金和平台,市场参与各方都会有相对应的服务对象。

产业链金融正成为金融界最具发展潜力的大趋势,在这些趋势中,有一种更具特色的产业链金融模式,那就是基于互联网金融和云计算、大数据时代的在线金融模式。随着银行监管的进一步加剧,产业链金融难以通过银行的渠道获得更大的发展。最典型的就是房地产及房地产工程配套产业,由于国家限制房产政策,银行资金很难直接进入房企。于是利用广大具有多余闲散资金的互联网模式应运而生。基于产业链金融的互联网模式,显然具备以下优势——只针对实体型的核心企业,可以确保投资人消除顾虑,所谓平台有实体,投资无疑虑。所以产业链金融的最佳模式,应当最有可能通过互联网金融平台灵活的募集民间资本,而不大可能通过正常的银行渠道大面积发展。正常渠道耗时过长,手续繁琐,完全不能满足生产生活的及时性需要。互联网金融的产业链模式,充分体现了灵活、变通、创新的金融业本质,而非传统的僵化体制。甚至可以预言,在房产、工程银行资本投放持续压制的情况下,只有基于互联网的产业链金融才是最佳的发展路径。

第3章

产业融资效率评价及方法

3.1 产业融资效率的内涵与范畴

一般而言，企业是否实现价值以及业绩的好坏通过企业整体效率体现出来，而整体效率又包括企业融资效率、投资效率和运营效率。融资可以看作企业资金流转的起点，实现融资过程可以有很多方式，每种方式各有优势，关键在于如何将不同的融资方式有效地组织和运用，评判这一过程好坏的标准就是融资效率。在经济学中对"效率"的解释是产出与投入的比率，或者是收益与成本的比率。对参与经济活动的个体而言，能够实现产出与投入的最优，则可以实现个体效率，此时如果资源能够向充分发挥效率的个体集中时，则称作资源配置是有效率的。资源配置效率是一种整体效率，通常它的验证是通过判断个体是否达到效率而得。企业融资效率则可以看作企业在进行与融资有关的财务活动时，能否实现资金的功能与功效。企业融资的目的在于通过最低的资金成本来获得最优的资金结构和资源配置。如果企业能够实现这一目的的话，则其融资行为或融资方式是有效率的。融资效率包括资金的筹集效率和资金的使用效率。前者注重考查企业从不同融资渠道获得资金的难易程度，包括成本、风险等；后者则侧重如何将筹集的资金创造出最大的效益。

融资效率不仅关系到企业的生产和经营，也体现着整个经济社会的资源配置优劣。理论界的学者对融资效率的相关研究也在不断深入，尤其是对融资效率差异原因的探讨。企业融资效率的理论研究可以追溯至著名的 MM 定理（Modigliani 和 Miller，1958）。该理论认为，在无税情况下，企业融资结构不会影响企业的价值；而在有税情况下，融资结构对企业价值起到决定性的作用。在这一理论的基础上，Myers（1984）[1] 进一步提出了融资次序理

---

[1] Myers. The Capital Structure Puzzle [J]. Journal of Finance，1984，39（3）．

论，指出企业对不同融资方式的选择依据是成本最小化，例如交易成本为零的内源融资是首选，债券融资次之，最后是股权融资，因为其信息约束最为严格，可能会导致企业价值被低估。从近年来的国外文献来看，更多的研究是关于融资模式等因素如何影响融资规模的实证分析。Klapper（2002）[1]以东欧的中小企业为研究对象，对其融资模式进行了剖析，得出新型中小企业所面临的融资约束会影响到企业的长期融资效率和成长。Hogan 等（2005）[2]认为，大部分企业的融资主要依靠外部资源，在债务融资和股权融资二者之中，企业更愿意选择后者，也就是说融资决策会影响融资效率。总之，企业可以通过信贷市场和资本市场的融资转换来缓解融资难的问题，多样化的融资渠道是保证融资效率的必要前提。但是纵观国外理论界，很难找到精确定义"融资效率"的概念，其主要原因在于西方国家的市场经济下资金配置效率是天然而生的，更多的研究是集中于市场整体效率的研究。

从国内来看，随着我国资本市场的发展和深入，企业融资问题开始受到学者们的关注，其中一条分支就是对融资效率的研究。较早研究融资效率相关问题的是曾康霖（1993）[3]、肖冰（1999）[4]等人。其中，最早提出融资效率这一概念的是曾康霖（1993），并对影响融资效率的因素进行深入的分析，其他学者的研究切入点主要从宏观角度制度上的效率研究。肖冰（1999）以资本市场为基础，从融资效率、监控效率、风险防范三个方面对直接融资和间接融资进行比较，并提出三者应该相互促进共同发展，资本市场的资源配置问题才是长久发展目标。进入 21 世纪，国内关于融资效率的研究开始集中于中小企业群体，对这一问题的分析视角开始由宏观转为微观、由定性转为

---

[1] Klapper Virginia, Sulla. Small and Medium Size Enterprise Financing in Eastern Europe [J]. Policy Research Working Paper, 2002.

[2] Hogan, Hutson. Capital Structure in New Technology Based Firms: Evidence from the Irish Software Secto [J]. Global Finance Journal, 2005, 3 (15).

[3] 曾康霖. 怎样看待直接融资与间接融资 [J]. 金融研究, 1993 (10).

[4] 肖冰. 效率分析对我国转轨时期融资方式发展思路的启示 [J]. 财经理论与实践, 1999 (4).

定量。出于对财务数据的可得性，这一群体基本上都是上市公司。朱冰心（2005）[①] 以浙江中小企业为研究对象，通过模糊评价的方法得出研究对象一般遵循内源融资到非正式民间借贷、再到正规金融机构的外源融资次序。伍装（2005）[②] 通过将其与大企业的对比得出，前者的融资效率更低一些，其主要原因在于信息不对称、交易成本等方面。近年来，一些研究开始关注科技型中小企业的融资效率问题，其差异之处在于评价的指标和方法。王新红（2007）[③] 从资金供给的有效性角度研究了高新技术企业的融资效率问题，并提出我国高新技术企业资金供给有效性不足、科技与金融的融合度不高、融资结构不合理等问题是造成融资效率低下的主要原因；同时，在资金运作方面，企业没有将有限的资金合理配置到高新技术的主营业务上，从而缺乏可持续发展的能力。何丽娜（2016）[④] 通过数据包络分析模型评价对我国民营性质的创业板上市公司的工业和信息技术两组样本的融资效率得出，在非效率企业中普遍存在规模收益递增和投入冗余并存的问题，企业有效管理并运用资金才是提高融资效率的关键。曹宇和耿成轩（2016）[⑤] 在灰关联的基础上，以熵值法作为指标赋权，分析得出影响节能环保上市企业融资效率最大的因素是存货周转速度、技术开发力度和债权融资成本。李衍霖、孙海涛（2016）[⑥] 利用 Malmquist 指数研究中关村科技园中小企业集群的融资效率问题，发现集群发展、规模效应下，科技型中小企业的融资效率、技术效率、规模效率在整体上均呈现报酬递增趋势。

---

① 朱冰心. 浙江中小企业融资效率的模糊综合评价和实证分析 [J]. 浙江统计，2005（10）.

② 伍装. 中国中小企业融资效率的灰色关联分析 [J]. 甘肃社会科学，2005（6）.

③ 王新红. 我国高新技术企业融资效率研究 [D]. 西北大学博士，2007.

④ 何丽娜. 我国科技创新型中小企业融资效率研究——基于创业板上市公司的 DEA 分析 [J]. 金融理论与实践，2016（3）.

⑤ 曹宇，耿成轩. 基于灰关联的节能环保产业上市公司融资效率研究 [J]. 合肥工业大学学报（社会科学版），2016（1）.

⑥ 李衍霖，孙海涛. 科技型中小企业集群融资效率研究——以中关村科技园为例 [J]. 财务与金融，2016（2）.

3.2 产业融资效率的评价要素

从资金的供给和需求两个角度来划分,产业融资效率的评价要素由外部要素和内部要素构成。外部要素包括资金供给方的投资偏好和外部约束程度,其中前者又取决于资金市场的成熟度。内部要素是指资金需求者自身的融资能力,即资金的获得与运营能力。如果企业内部的制度或者结构存在缺陷,会降低企业对外部资金的汲取能力,即使是获得了一定数量的外部资金支持,内部制度或结构的不足也会降低企业的融资效率。内部要素包括企业的融资成本、融资结构和资金使用率。以上要素共同影响着产业融资效率,如图3-1所示。

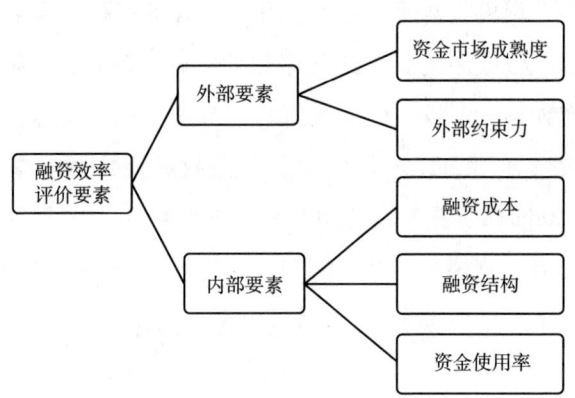

图 3-1 企业融资效率评价要素

3.2.1 融资效率的外部影响因素

(1) 资金市场的成熟度

在成熟的资金市场下,由于资金供给者数量多、资金规模庞大、融资途径丰富，资金需求者容易获得融资满足，企业的融资风险小，融资效率也就高。[①] 与此同时，数量众多的资金供给者出于竞争的目的会增加对资金需求劣势群体（如科技型中小企业）的投资偏好。如果资金市场不成熟，优质的传统企业是资金供给者优先考虑并主要扶持的对象，各方面的政策门槛对中小企业来说会相对较高。从证券市场来看，如果其发展阶段不成熟，层次化不明显，不同行业特性的企业无法通过发行上市进行融资，如果上市公司的数量少，投资者的可选择投资范围就窄，整个市场的价格发现功能就无法实现。

（2）外部约束力

外部约束力会影响融资主体受外界约束的程度，这种约束包括法律上的、规章制度上的和体制上的。政策约束力越大，融入资金的使用附加条件越多，企业的自由度就越低，融资效率也越低。通常，企业的内源融资受政策的约束力相对低，但是大部分企业的成长依赖于外源融资。其中，债务融资会受到银行严格的约束条件制约，一般在贷款协议中都会指定资金的投向，并附加违规的处罚条款，尤其是对于大笔贷款或者经常性贷款，还会受到监督员的日常监督。股权融资会受到证券发行和交易制度的制约，相对债务融资来说，企业的融资自由度较大。如果产业成长能够受到法律制度和财政补贴、税收优惠等政府政策的倾斜，企业的融资效率会有所提升。

3.2.2 融资效率的内部影响因素

（1）融资成本

融资成本是企业对资金的使用代价和费用，也可以将其理解为资本的预

[①] Rajan 和 Zingales（2001）通过研究发现，在资金市场化程度高的地区，企业的外部融资成本差异性低。发达的金融发展水平能够为企业提供充足的资本，为外部投资者提供更多的企业决策信息，降低信息的不对称，提升企业获得外部融资的能力。

期收益率,它是企业在选择资金时重要依据。企业的融资过程可以看作是一个资金使用权转让的过程,这一过程是市场化的交易行为,必然会产生交易费用,企业获得了资金的使用权,就需要付出使用费用。不同的融资方式下,融资成本的构成不同。内源融资看似没有成本,但其自身隐含了再投资的机会成本和税收成本。在股权融资方式下,企业所支付最基本的资金成本是定期向股东支付的股息和红利,但这只是股权融资成本的一部分。影响股权融资的另一项重要资金成本是代理成本,如改制、审计、评估等费用,这些都是股权融资方式所发生的真实成本。在债务融资方式下,企业所付出的资金成本主要是银行信贷发行债券的融资成本。具体包括利息支付和财务困境的潜在损失(如聘请律师费用、评估清算费用等等)。对企业而言,需要考虑到多样化融资方式选择下的融资成本不同这一问题,而融资成本可能不仅仅是显性的,也可能是隐性的(例如,不论是何种融资方式都需要考虑到融资等待的时间成本)。由此,企业在不同融资方式下的融资成本越高,代表资金的使用代价越大,则融资效率越低。

(2)融资结构

企业的融资结构是债务融资和股权融资的比例关系。以银行信贷为主的间接融资和以发行股票为主的直接融资是企业融资的主要方式,二者各有优势、各具特色,对企业融资来说,它们并不是非此即彼的选择,而是互利互助的补充。企业的最优融资结构并不是一个固定的比例关系,因为随着外部市场经济运行和环境以及企业内部经营变化,融资结构是在动态调整的,最优的融资结构应该是通过不断调整使企业的平均融资成本降到最低。一般而言,企业过高的债务融资或者股权融资都会增加运营风险。在这种情况下,即使是处于成熟期的大型企业,融资效率也是不高的。

企业的融资结构关系并不会直接影响企业的融资行为,而是间接通过公司治理结构实现的,也就是说融资结构与公司治理密切相关,而公司治理结构又决定着企业的融资效率。股权融资和债权融资均对企业形成控制权,两者有着不同的控制形式，在公司治理中发挥着不同的作用。

（3）资金使用率

资本市场不仅可以帮助企业筹集资金，而且能够促进金融资源的优化配置，将资金流入到效率高的企业中去。企业通过实际生产的过程将金融资本转化为产业资本而实现产出，体现了企业的资金运营能力，也是决定融资效率的终极环节。如果企业的投资收益低于融资成本，那么即使是再低的融资成本，融资效率也是不高的。例如，企业通过股权融资获得大量资本后，如果对资金没有很好的规划管理，而是通过存放于银行的方式使资金沉淀下来，就会降低资金的使用效率。能够体现企业资金使用率的指标之一是资金周转率，反映了企业在经营过程中全部资产从投入到产出的流转速度。资金周转率越高，代表企业的销售能力越强，资金的使用率越高。由此，企业的资金使用率与融资效率是正相关的。另外，对于科技含量高的企业来说，衡量它们的资金使用率指标除了资金周转率之外，还可以通过科技成果转化率来体现。对它们而言，产品的生产不仅仅是数量的要求，更应该体现其技术性。如果企业在投入大量研发费用的同时，所生产的产品没有创新，只是在重复、模仿已有的技术水平，无法对关键、核心技术进行突破，那么资金在投入产出过程中的使用是低效率的。

3.3 产业融资效率的评价方法

3.3.1 融资效率的模糊综合评价方法

（1）模糊综合评价法的基本思想

模糊集合理论的概念最早于 1965 年由美国自动控制专家查德（L. A. Zadeh）教授提出，用以表达事物的不确定性。它是一种以模糊数学为基础,应用模糊关系合成原理,从多个因素对被评价事物隶属等级状况进行综合性评价的方法,具有良好的经济效益和社会效益。[①] 模糊综合评价的基本思想是利用模糊线性变换原理和最大隶属度原则,考虑与被评价事物相关的各个因素,对其做出合理的综合评价。[②] 它利用隶属函数作为桥梁,将不确定性在形式上转化为确定性,即将模糊性加以量化,从而可以利用传统的数学方法进行分析和处理。该方法主要针对模糊的非量化因素进行评价,因此模糊综合评价可以广泛地应用于环境、气象预报、经济管理以及教学过程等领域的评价。但该方法评判结果的可靠性和准确性依赖于指标的合理选取、权重分配和综合评价的合成算子以及数学知识表示与模型选择等人为因素,具有很强的主观性。

(2) 模糊综合评价模型的构建步骤

模糊综合评价数学模型的构建步骤为[③]:

第一,确定评价对象指标集。设评估指标体系共有 m 个指标,则评价对象的指标集合表示为 $U = \{U_1, U_2, \cdots, U_m\}$,其中 $U_i(i = 1,2,\cdots,m)$ 是评估对象的第 i 项指标。

第二,确定评价集。评价集是指对评估对象各种可能做出的评语的总的集合,如"优秀""良好""一般""差""很差"或"高""中""低"。设集合 U 每一个评语标志为 $V_j(j=1,2,\cdots,m)$,则 n 个评语可以表示为 $V = \{V_1, V_2, \cdots, V_n\}$。

第三,建立多因素评价。由于每个指标的重要性不同,就有必要对各指标的重要性进行赋值,确定各指标的重要性等级。多因素评价最重要的环节之一是确定各因素的权重,即指标体系权重集 A。可以通过层次分析法计算权重,也可以通过专家赋值法确定权重。设由 m 个指标,每个指标的权重为

[①] 赵晓冬,郑涛. 基于 FUZZY-AHP 评价方法的个人信用等级评价模型指标体系[J]. 数量经济技术经济研究, 2003 (6): 97-100.

[②] 胡宝清. 模糊理论基础 (第2版) [M]. 武汉: 武汉大学出版社, 2010.

[③] 王凯伟, 周波. 基于模糊综合评价法的地方政府依法行政监督实施效果评估[J]. 中国行政管理, 2011 (6): 105-110.

$a_i(i=1,2,\cdots,m)$, $a_i \in [0,1]$，则权重集表示为 $A=\{a_1,a_2,\cdots,a_n\}$，其中，$a_1+a_2+\cdots+a_n=1$。当涉及需要从不同方面来综合评价某一事物时，得到的将是一个综合的评价结果。该结果仍是评语集合 V 这一论域上的一个模糊子集合 $B1$，这就是综合评价问题。因此，对于多因素评价来说，若评语集合为 V，每一项指标的评估结果用 $R_i(i=1,2,\cdots,n)$ 来表示，则 $R_1=r_1(V_1)+r_2(V_2)+\cdots+r_n(V_n)$，$R_1$ 可以记做向量形式：$B_1=[r_1,r_2,\cdots,r_n]$，则对于包含 m 个指标的评估结果来说，$B=[R_1,R_2,\cdots,R_m]$，其中 $R_j \in [0,1](j=1,2,\cdots,n)$，表示为第 j 指标的评估结果。

第四，确定模糊评价矩阵 R。建立模糊评价模型之前，应先建立模糊评价矩阵 R：

$$R = \begin{bmatrix} r_{11} & r_{12} & \cdots & r_{1n} \\ r_{21} & r_{22} & \cdots & r_{2n} \\ r_{31} & r_{32} & \cdots & r_{3n} \\ & & \cdots & \\ r_{m1} & r_{m2} & \cdots & r_{mn} \end{bmatrix}$$

其中，$r_{ij}(i=1,2,\cdots,m;j=1,2,\cdots,n)$ 表示对于第 i 个指标做出第 j 种评语的可能程度，其值可以通过专家评分或层次分析法计算得出。

最后，建立模糊综合评价的数学模型，进行综合评价。模糊综合评价法的关键就在于将评价集 U 上的一个模糊集合 A 经过模糊关系 R 变换为评语集合 V 这一论域上的一个模糊集合 B，即：

$$B = A \times R = (a_1,a_2,\cdots,a_m) \times \begin{bmatrix} r_{11} & r_{12} & \cdots & r_{1n} \\ r_{21} & r_{22} & \cdots & r_{2n} \\ r_{31} & r_{32} & \cdots & r_{3n} \\ & & \cdots & \\ r_{m1} & r_{m2} & \cdots & r_{mn} \end{bmatrix}$$

$r_{ij}(i=1,2,\cdots,m;j=1,2,\cdots,n)$，这就是模糊综合评价的数学模型。

模糊综合评价法在应用中,能够使定性的评价得出量化的结果,而且在对各项指标评价之后可清楚明确地对其进行比较,得出各项指标的强弱。这有助于研究者找出问题的根源,以提出有针对性的改进策略。

(3)基于模糊综合评价法的产业融资效率指标体系构建

第一,指标选择。指标选取或者指标体系设置的几个要求并不是简单罗列,它们之间有着一定的关系。指标的选择以及指标体系的构建设立的目的性决定了所有指标选择和指标体系的结构需要符合科学性要求,而科学性决定了相应的指标体系需要具备系统性。同时,在系统性的基本要求之下,指标要能够突出反映产业融资效率评价的一个方面或者多个方面的内容,同时还需要具备实际的可操作性。最终,在实际选择过程中,还要考虑到定性与定量分析相结合的要求,以达到评估产业融资效率的目的为基准,尽可能通过指标体系的设计实现主客观的协调分析。

根据产业金融发展特征和内涵,并结合我国产业金融发展状况,本文设计的产业融资效率评价指标体系分别从规模效率、结构效率、服务效率、创新效率四个方面,由14个二级指标、32个三级指标构成(如表3-1所示)。

- 产业融资规模效率:该项目主要从社会整体融资规模,银行、保险、证券三大行业提供的资金支持状况这些方面进行评价,用来综合评判当前我国金融体系对实体经济发展的服务和支持状况。

- 产业融资结构效率:该项目主要从普惠性、绿色性、开放性三大服务理念和方式角度来综合判断当前我国实体经济的融资结构合理性。

- 产业融资服务效率:该项目通过评估金融体系为实体经济服务的效率,包括社会融资成本是否合理、银证保三大传统行业的发展状况以及产融结合的状况。

- 产业融资创新效率:该项目主要评价新兴金融业态的发展状况和新兴产业的资金支持状况,综合评价我国当前金融体系的创新发展水平和对实体经济的创新贡献程度。

表 3-1　　产业融资效率评价指标体系及内涵

一级指标及权重	二级指标	指标解释	指标权重
产业融资规模效率 (0.2182)	产业融资总规模	社会融资规模（增量）	0.0315
	产业间接融资规模	对实体经济发放人民币贷款增量	0.0334
		非金融企业及机关团体贷款余额增速	0.0374
	产业直接融资规模	非金融企业境内股票融资占GDP之比	0.0321
		私募股权投资规模占GDP之比	0.0298
	产业潜在融资规模	保险深度	0.0329
		保险资产规模占GDP之比	0.0211
产业融资结构效率 (0.3151)	产业间接融资比例	对实体经济发放人民币贷款占同期社会融资规模之比	0.0334
	产业直接融资比例	企业债券融资占同期社会融资规模之比	0.0248
		非金融企业境内股票融资占同期社会融资规模之比	0.0322
		私募股权投资规模占同期社会融资规模之比	0.0202
		境内股票市场非金融企业市值占比	0.0284
	产业融资的普惠性	小微企业贷款余额占金融机构本外币贷款余额之比	0.0352
		涉农贷款余额占金融机构本外币贷款余额之比	0.0332
	产业融资的绿色性	绿色信贷规模占比	0.0267
		绿色债券规模占比	0.0259
	产业融资的开放性	境外贷款占比	0.0294
		私募基金国外投资金额占比	0.0257
产业融资服务效率 (0.1542)	银行业服务效率	五大银行资产规模总量占比	0.0337
		贷款加权利率	0.0319
		商业银行净利息收益率	0.0285
	证券业服务效率	前五大证券公司资产总规模占比	0.0322
	保险业服务效率	前五大保险公司资产总规模占比	0.0279

续表

一级指标及权重	二级指标	指标解释	指标权重
产业融资创新效率 (0.3125)	新兴产业融资效率	战略性新兴产业信贷规模占比	0.0336
		战略性新兴产业上市公司数量占比	0.0389
		私募股权投资战略性新兴产业占比	0.0307
	新兴金融业态效率	P2P网络平台贷款余额占社会融资规模之比	0.0378
		众筹平台贷款余额占社会融资规模之比	0.0394
		民营银行数量占比	0.0299
		小额贷款公司数量增长率	0.0303
		新三板挂牌企业增速	0.0363
		新三板创新层挂牌企业市盈率	0.0356

从整体上来看，本部分给出的指标体系，基本上涵盖了产业融资相关的各个重要领域。但是，由于不同区域在一段时期内产业发展重点不同，因此也可以根据实际情况而有所侧重。从这个角度来看，构建本指标体系更重要的意义在于提供一种思路或者方法论上的参考。

第二，指标权重的量化。基于模糊综合评价方法进行产业融资效率评估指标体系权重的量化分析是一个系统过程。为了能够较为精确的评估，尽可能地使得评估的结果科学化、精确化，还需要将每一个指标进行细化，在基于已建立的指标评价体系基础上，需要对指标体系进行赋权量化分析，从而得到整个体系中每个指标的权重，以此判断每个指标的重要程度。

计算整个评估体系中各个指标权重的方法很多，比较常见的分类是主观赋权法与客观赋权法两种。前者指的是行业内的相关专家根据自身实际经验对实际情况进行主观判断；而后者则是在对相关指标进行实际观测所得到的具体数值的基础上进行的，根据统计数据进而计算出权数。在本研究中，为了更加精确，采用的是两者结合的方法，即专家打分结合定量计算，最后将其用数值表示出来。这个表示出来的数值就是判断矩阵，这个判断矩阵的计算过程就是各个指标权重计算的过程。计算过程的第一步是进行相应的专家小组评分，评分采用九分位表来给出。所谓九分位表，是专家小组常用的评分表格，表格的每个指标都给予1分~9分的分数，这些数字代表的是体系中两个指标的比较，从1分~9分分别代表某个指标和下一个指标之间的重要程度的比较。一般而言，专家从自身的实际工作经验以及知识结构的角度出发，对相关指标的重要性进行判别，九分位表的分数结构和代表的意义如表3-2所示。

表3-2　　　　　　　　　　九分位表

取值	1	3	5	7	9	2、4、6、8
重要程度	具有相同的重要性	前者稍微重要	前者很重要	后者稍微重要	后者很重要	上述相邻判断中间值

根据九分位表中的评分，可以得到指标判断矩阵。建立了矩阵之后，还要对层次因素的排序以及层次因素的一致性进行检验，在这里需要通过求解来判断矩阵。矩阵得到的结果可以视为每个专家对各个指标的权重系数进行归一化，然后根据相应公式得到几项具体数值，也就是体系中各个指标的权重。本部分通过聘请大学经济学教授、经济学专家5名，运用九分位表法构建准则层的判断矩阵，按照"各专家意见同等重要"的原则进行汇总分析，得出指标体系的权重得分。表3-1中列出了专家打分计算后的权重。通过以上建立的产业融资效率指标和权重，可以构建下一步的模糊综合评价模型。

3.3.2 融资效率的DEA评价方法

（1）DEA理论概述

对融资效率的评价是涵盖在企业多投入、多产出效率定量方法的研究中。早期对投入产出效率的评价方法大多以计量经济模型为主，这类研究要求各评价指标之间的相互关系能够定量的表示，但是操作起来还是存在一定局限，有些主观因素的评价指标往往难以量化。近年来出现的指标体系法慢慢开始应用，主要包括层次分析法、数理统计法和模糊综合评价法。这类评价方法是基于最优化原理以及美国著名心理学家 H. A. 西蒙的满意度原理，其优点是能够满足企业融资效率评价指标数量较多的特点。但是这些方法的局限是需要预先确定各指标的优先权重，而这一点往往很难做到客观性，同时各评价指标之间的重要程度不同，如果忽略这一点会使评价结果出现非公正性。因此，指标体系法被称为融资效率的传统评价方法。1978 年美国著名的运筹学家 A. Charnes、W. W. Cooper 和 E. Rhodes 首先提出了一个被称为数据包络分析（Data Envelopment Analysis，DEA）的方法，用来评价部门间的相对有效性（因此被称为 DEA 有效）。

DEA 是一种线性规划技术，可以计算每个决策单元（DMU）在多投入要素、多产出要素下的相对效率值。效率值的大小通常是 0～1 之间的数字。如果一个决策单元的效率值小于 1，则被认为是相对低效率的。早期对 DEA 的应用主要是测度决策单元的技术效率而不是配置效率。在 DEA 对技术效率的研究背景下，着重考察有效的生产过程是如何将投入转化为产出。这里的"有效"被定义为投入的决策效率，即通过选择有效的生产计划来达到降低生产成本的目的。因此，配置效率是成本效率与技术效率的比率，其中成本效率是观测样本的最低生产成本与 DMU 实际生产成本的比率。DEA 也可以用于衡量利润效率，这需要同时计算成本效益和收益效益。Banker（1984）[1]、Mester（1996）[2] 指出，DEA 方法的优势在于预先判断决策单元的生产结构，那是因为该方法不需要依托于特定的生产技术。DEA 方法的这一特征使融资效率可以通过决策单元可观测到的目标进行评估，可以通过该方法得出的结果对效率低的 DMU 提出潜在的改进策略。近年来，DEA 模型在产业经济效率领域的实证研究开始出现。Hashimotoa 等（2008）[3] 通过 DEA

---

[1] Banker R. D. Estimating Most Productive Scale Size Using Data Envelopment Analysis [J]. European Journal of Operational Research, 1984 (17).

[2] Mester. A Study of Bank Efficiency Taking into Account Risk-preferences [J]. Journal of Banking and Finance, 1996 (20).

[3] Hashimotoa, Hanedab. Measuring the Change in R&D Efficiency of the Japanese Pharmaceutical Industry [J]. Research Policy, 2008, 10 (37).

方法对日本制药产业的产出效率进行研究,并对该产业的技术效率动态特征进行了捕捉。Suyanto(2010)[①] 使用 DEA 方法分析了印尼在外商直接投资领域的生产效率,并分析了影响因素。潘玉香等(2014)[②] 通过 DEA 方法对我国文化创意产业融资模式及效率进行了实证分析得出融资效率偏低的结论。

(2) DEA 模型的基本原理

在 DEA 分析的众多模型中,应用最广泛的是规模报酬不变(CCR)模型(Charnes、Cooper and Rhode,1978)和规模报酬可变(BCC)模型(Banker、Charnes and Cooper,1984)。其中,前者的假设前提是规模报酬不变(Constant Returns to Scale,CRS),后者则是假设规模报酬可变(Variable Returns to Scale,VRS)。在 DEA 模型的实际分析中,还需要选择投入还是产出的导向。其中,投入导向是指在模型的分析中以产出既定为前提来研究如何使投入减少,而产出导向是指以投入为既定前提来研究如何使产出增加。二者的研究角度虽然不同,但是最终结果是一致的。一般而言,处于成长初期阶段的企业,与成熟的大型企业差别较大,在这种情况下采用规模报酬不变的 CCR 模型会与实际相差较大。另外,相对投入来说,产出更难控制,而投入变量较容易操作。因此,本部分在对融资效率的评价中,主要介绍投入导向的、规模报酬可变的 DEA 模型即 BCC 模型。

由 Banker、Charnes 和 Cooper 在 1984 年提出的 BCC 模型是对 CCR 模型的改进,可以得出在不同规模报酬状态下的相对效率值。既可以计算出每一个决策单元的技术效率,也可以计算出去除规模效率的纯技术效率。它们的主要区别在于,技术效率即投入产出效率的综合体现,是观察对象的实际效率与生产前沿面之间的距离。在实际计算中,假设有 n 个决策单元(DMU),每个决策单元效率值取决于 m 个投入要素和 s 个产出要素,对于第 j 个决策

---

① Suyanto,Salim. Sources of Productivity Gains from FDI in Indonesia:Is It Efficiency Improvement or Technological Progress? [J]. The Developing Economies,2010,4 (48).

② 潘玉香,强殿英,魏亚平. 基于数据包络分析的文化创意产业融资模式及其效率研究 [J]. 中国软科学,2014 (3).

单元的投入、产出向量可以 x_j 和 y_j 分别表示如下[①]：

$$x_j = (x_{1j}, x_{2j}, \cdots, x_{mj})^T \qquad y_j = (y_{1j}, y_{2j}, \cdots, y_{sj})^T \qquad j = 1, 2, \cdots, n \quad (3.1)$$

对于每个决策单元来说，通过求解如下线性规划模型来得到相应的效率值：

$$\min[\theta - \varepsilon(\sum_{i=1}^{m} s_i^- + \sum_{i=1}^{m} s_i^+)]$$

$$S.T. \begin{cases} \sum_{j=1}^{n} x_{ij}\lambda_j + s_i^- = \theta x_{ij0} \\ \sum_{j=1}^{n} y_{ij}\lambda_j - s_i^+ = y_{ij0} \\ \sum_{j=1}^{n} \lambda_j = 1, \lambda_j \geq 0 \\ \theta \in [0,1], s_i^- \geq 0 \quad s_i^+ \geq 0 \end{cases} \quad (3.2)$$

其中，x_{ij0} 和 y_{ij0} 分别表示第 j_0 家企业的第 i 项输入和第 r 项输出；s_i^- 为松弛变量，s_i^+ 为剩余变量；ε 为非阿基米德无穷小变量，一般取正的无穷小；θ 即为第 j 个决策单元的相对有效效率值，当其等于 1 时，该决策单元的效率值处于有效前沿面上。由 $1-\theta$ 还可以计算出第 j 个决策单元的多投入比例，也就是减少投入的最大比例。

由 CCR 模型计算出来的技术效率值等于纯技术效率与规模效率的乘积，且 VRS 计算出的效率值大于 CRS 对效率值的测算结果，说明其观测点更接近于前沿有效面。

通过对式（3.2）的计算，可分析出决策单元是否对融入资金有效运用，或者在既定的资金投入下是否达到产出最大化，θ 越高代表融资效率越高。

（3）基于面板数据的广义 DEA 模型

在效率评价的方法中，DEA 模型所得出的效率值结果是相对可靠的，但

[①] 魏权龄. 数据包络分析 [M]. 北京：科学出版社，2004.

是当目标决策单元的样本是面板数据时,即增加时间条件的话,通过基于截面数据的基本 DEA 模型所计算出的效率值就可能会存在偏差,因为在 DEA 模型中默认所有时间点上的生产技术是相同的,这显然违背了随着时间推移技术进步的可能性。然而在实际计算中,融资效率的取值势必要观察不同年份的变化情况,此时若仍然采用基本 DEA 模型显然是不合理的。针对基本 DEA 模型的这种缺陷,国内学者马占新[①]对其进行了改进,并相应提出了针对面板数据的广义 DEA 模型。

假设有 n 个决策单元(DMU),每个决策单元效率值取决于 m 个投入要素和 s 个产出要素,其中 DMU 的观测指标是由 T 个时间序列对应所得,则第 j 个决策单元在第 t 个时间段内的投入、产出向量可以 x_j 和 y_j 分别表示为:

$$x_j^{(t)} = (x_{1j}^{(t)}, x_{2j}^{(t)}, \cdots, x_{mj}^{(t)})', y_j^{(t)} = (y_{1j}^{(t)}, y_{2j}^{(t)}, \cdots, y_{sj}^{(t)})'$$
$$x_j^{(t)} > 0, y_j^{(t)} > 0, j = 1, 2, \cdots, n, k = 1, 2, \cdots, T \quad (3.3)$$

对于第 j 个决策单元在 t 时间段上的效率值 $(x_j^{(t)}, y_j^{(t)})$ 来说,如果存在 (x_j, y_j) 使得:

$$x_j^{(t)} \geqslant x, y_j^{(t)} > y \quad (3.4)$$

则称第 j 个决策单元在第 t 个时间段为 D-panel 有效的,其解可由线性规划模型(3.5)而得:

$$\min\left[\theta - \varepsilon e^T \left(\sum_{i=1}^{m} s_i^- + \sum_{i=1}^{m} s_i^+\right)\right]$$

$$(D-panel) S.T. \begin{cases} \sum_{j=1}^{n^{(0)}} x_j^{(0)} \lambda_j + s_i^- = \theta x_{j_0}^{(t)} \\ \sum_{j=1}^{n^{(0)}} y_j^{(0)} \lambda_j - s_i^+ = y_{j_0}^{(t)} \\ \sum_{j=1}^{n^{(0)}} \lambda_j = 1, \lambda_j \geqslant 0 \quad j = 1, 2, \cdots, n^{(0)} \\ s_i^- \geqslant 0 \quad s_i^+ \geqslant 0 \end{cases} \quad (3.5)$$

---

① 马占新. 广义数据包络分析方法 [M]. 北京:科学出版社, 2012.

广义 DEA 模型的最大优点在于不仅可以计算出最优效率值,还可以计算出超过基准包络面的决策单元具体效率值。也就是说,在基本 DEA 模型中,基准包络面外部的决策单元,效率值均设定为 1。在这种情况下,无法比较那些效率值超过 1 的决策单元孰优孰劣。而在广义 DEA 模型中,效率值没有小于 1 的限制,这表明在保证原有产出的情况下,只要满足相应条件,则目标单元的产出不会比基础时间段的生产效率要差。当然,广义 DEA 模型也会存在无解的情况,这意味着相应目标单元的产出已经大到样本单元无法达到的程度,此时可规定效率值为 1。当效率值 θ 小于 1 时,则表明该目标单元相比基础单元是低效率的。

第4章
现代农业融资分析及效率评价

4.1 现代农业的发展特征

农业是国民经济的基础，涵盖主要粮食作物和经济作物的种植到田间管理、生产诸多环节。农业发展好坏不仅对国家稳定发挥着重要作用，而且对于整个国民经济发展具有重要的影响作用。现代农业是应用现代科学技术、现代工业提供的生产资料和科学管理方法的社会化农业。在按农业生产力的性质和状况划分的农业发展史上，是最新发展阶段的农业。如果从时间上划分的话，主要指第二次世界大战后经济发达国家和地区的农业。与传统农业相比，现代农业的发展趋势是日益产业化。在这个过程中，农民是核心，连接上游的种子、农药生产企业以及下游的农产品加工、企业销售，是整个产业链顺利运转的关键。归纳来看，现代农业贯穿产前、产中、产后三个领域，成为一个庞大的产业集群，也可以称之为农业和食品工业经济，或者农业一体化。现代农业的发展特征体现在四个方面。

4.1.1 规模化、专业化趋势明显

传统农业的主体是小农经济，生产规模比较小，效率比较低，成本比较高。而现代农业的规模化经营趋势非常明显，这一趋势体现在农业生产经营的每一个环节，有的产业节点甚至呈现较高的行业集中度。以美国为例，作为世界第二大粮食生产国，仅用全国人口2%的农业劳动力就生产了世界1/5的粮食，不仅能够供应本国3亿人口的粮食需要，还能有2/3的农产品对外出口。从农业生产模式上来看，主要以大中型家庭农场为主，并且高度商业化。美国农业部发布的数据显示，美国农场总数已经由19世纪30年代的600

万多个减少到 1990 年的 214.3 万个。2016 年美国农场数量估计为 206 万家，比 2015 年减少 8 000 家。也就是说，约占农场总数 1/10 的大农场，生产了 60% 以上的商品性农产品。农业专业化在发达国家里是普遍现象。这是农业技术进步、商品生产发展的必然结果，其主要是由于发达国家农业不仅机械化、集约化和商品化的水平很高，而且农业规模大，部门繁多，各地社会和自然条件又有明显差异的缘故。规模化经营与产业链细化、专业化经营互为条件，相互促进，从而延伸了产业链并提升产业链的总价值。以饲养奶牛为例，传统农业中的奶农往往负责数头奶牛的饲料、喂养、挤奶、送奶的整个环节，而现代农业通过流水线设备和规模经营，将每一个环节最大限度地发挥成规模经济。

4.1.2 绿色农业发展空间广阔

绿色农业是现代农业的核心理念，其中包括无污染无公害食品和生态环境两方面。随着消费者对食品安全的重视，有机食品正逐渐走上高端消费者餐桌，成为一种健康的生活方式。虽然绿色食品的价格通常比一般食品高出一大截，但因为禁止使用农药、化肥，降低了对环境和人体的危害，从而在全球受到很多消费者青睐。全球范围内后现代农业从 2000 年左右才开始得以提倡和发展，至今不过十余年，但发展迅猛，有机食品和绿色食品已耳熟能详。目前，全球有机食品市场发展迅猛，主要都是在发达国家，欧美有机食品市场份额占全球的 90%。有机贸易协会的数据显示，2015 年，美国有机食品销售额高达 2 624.4 亿元。欧洲是除美国外第二大有机食品消费市场。国际有机产品市场研究机构"有机观察"调查显示，德国和法国是欧洲有机食品销售额最多的国家，2015 年分别近 600 亿元和 400 亿元。英国位居第三，销售额为 181.8 亿元。目前，我国已成为全球第四大有机食品消费国，但有机食品仍只占整个中国食品市场的 1%~1.5%。近年来我国有机食品年销售额增长率高达 20% 左右，2015 年销售额近 300 亿元，但总额分摊到人均消费量依旧很低，与发达国家相差甚远。随着消费水平的提高以及食品安全受到更多的关注，越来越多的消费者开始选择购买有机产品，促使食品企业们纷纷投身有机产品。我国有机食品未来市场空间广阔，尤其是在一些经济发达的城市，已形成相对稳定的有机食品消费群。所以，以有机食品为核心的绿色农业将成为现代农业发展的重要趋势。

4.1.3 农业科技化、信息化程度不断提高

科技化农业是依靠科学基础上的实验技术创新来提升农业技术水平，依靠技术培训和推广来提高农业劳动者的技术素质和生产技能。现代农业正在成为以生物技术和信息技术为先导的科技高度密集产业。纵观全球来看，美国是农业科技化的典范，其科研、教育、推广"三位"一体的庞大体系加巨额经费投入的模式做得极为成功，对推动美国成为世界第一农业强国起到了关键的主导作用。目前，美国共有四大研究中心（美国农业部农业研究局所属），130多所农学院，56个州农业试验站，57个联邦与州合作建立的地区性推广站以及农业合作推广机构3 300多个，63所林学院，27所兽医学院，9 600名农业科学家，1.7万人左右的农技推广人员。另外，美国还有1 200家主要服务于农业领域不同性质的科研机构，其服务项目主要有承接委托开发、转让科技成果等。农业科技化发展的优势具体体现在三个方面，即农业机械化、农业生物技术和农业信息化。其中，高度机械化的农业生产极大地提高了农业的生产效率。随着生物技术在农业生产领域里的广泛应用，不仅可以完成由传统农业向现代农业的过度，而且能够实现按人类的意志改良动植物的愿望。这意味着未来农业在提升农产品品种、品质、产量，解决人类饥荒等能力方面，拥有无限潜力。另外，信息化技术能够实现"精确农业"。目前，随着信息化技术渗透到现代农业生产的方方面面，农业信息获取、杀虫药喷洒、家畜饲养的身份识别等等，直接促成了"精确农业"的兴起，最大好处是可以大大降低农业的生产成本，从而提高农业的生产效率和农产品

的国际竞争力。

4.1.4 现代农业产业化程度不断提高

现代农业产业化体现在产业链条不断延伸。过去通常所说的农业主要是指传统的农业种植业和养殖业，然而，现代意义的农业却不仅包括了种植业和养殖业，还涉及农用机械、种子、化肥、农药、饲料、燃料、技术和信息服务等农业上游行业，以及交通运输、储存、加工、包装、销售、纺织等下游行业。这些行业里面既有第一产业，也有第二产业和第三产业。因此，现代农业是一个包括生产、加工、销售、技术推广、服务等过程的完整农业产业体系，是一个十分的庞大产业集群。在这一过程中，农产品通过生产、加工和商业化，实现了从生产到消费的一系列的价值增值活动。显然，其中任何一个链条如果脱节都将会严重影响整个农业产业链条的有效运作，导致农业整体生产效率的大幅下降。因此，现代农业的发展应该把这个链条中所有行业组成一个有机统一整体，注重每一个环节的均衡协调配套衔接发展，切实形成农工商一体、产供销一条龙的模式；并且要以经营现代工业的方式来经营农业生产，即以市场为导向，最大限度地优化各项资源配置和各项生产要素投入，以确保获得最佳合力、最高产量和最大经济效益。这就是一体化农业，也被称之为农业产业化。

4.2 我国现代农业发展的制约因素

随着我国农业体制机制改革的不断深化，农业现代化与工业化、信息化、城镇化同步发展要求更加紧迫，保障粮食等重要农产品有效供给与资源环境承载能力的矛盾更加突出。发展现代农业要立足国情农情，顺应时代要求。我国农业现代化既有类似于其他国家之处，又有自己的特色。全面推进中国特色农业现代化需要借鉴国际经验，更需要自主创新，就是根据市场需求和资源禀赋条件，做好主要农产品生产的优先序和区域布局。我国农业现代化仍然滞后于工业化、城镇化发展，落后于世界先进水平。相对而言，在工业化、城镇化、农业现代化之中，农业现代化仍是短板，是弱项。

4.2.1 农业规模化、产业化程度不足

我国农业产业化是指在农业家庭经营的基础上，通过组织引导一家一户的分散经营，围绕主导产业和产品，实行区域化布局、专业化生产、一体化经营、社会化服务、企业化管理，组建市场牵龙头、龙头带基地、基地连农户，种养加、产供销、内外贸、农工商一体化的生产经营体系，具有鲜明的中国特色。由于各种原因，我国农业产业化的整体水平低，发展不平衡，产业化经营组织规模小，竞争力弱。农村经济发展的不平衡使不同地区、不同农产品的产业化发展水平差异较大。在许多乡镇农业产业化已初步完成了由产品初级加工向精深加工、由单一产品向系列产品、由内向型向外向型的转变。但由于中国小农经济思想根深蒂固，没有对农业进行横向的和纵向的以及深度的扩展。例如观光农业、绿色农业等发展滞后，土地经营权的平均分配制度和生产要素市场化机制的缺乏，使农业生产只能以家庭为单位，经营规模长期凝固化，形成了农业生产中每个农户分散式的小规模经营。农民的市场意识差，参与市场的积极性不高，因此参与农业产业化经营组织的数量也较低，导致农业产业化组织的规模小，人均产值的竞争力弱。图4-1显示了我国近二十年来人均第一产业增加值的变化趋势，该指标由1997年的0.17万元/人提升至2016年的1.08万元/人。如果相比较的话，根据美国商务部经济分析局公布的数据显示，2016年美国第一产业增加值为1 599.17亿美元，如果按照美国3.23亿人口中2%的比例从事农业生产来计算，人均第一产业增加值为2.48万美元/人。中美两国相比之下差距依然很大。总之，我国农业产业化步伐十分缓慢，小规模生产经营依然主导着我国农业，与我

国经济发展形势不相适应。

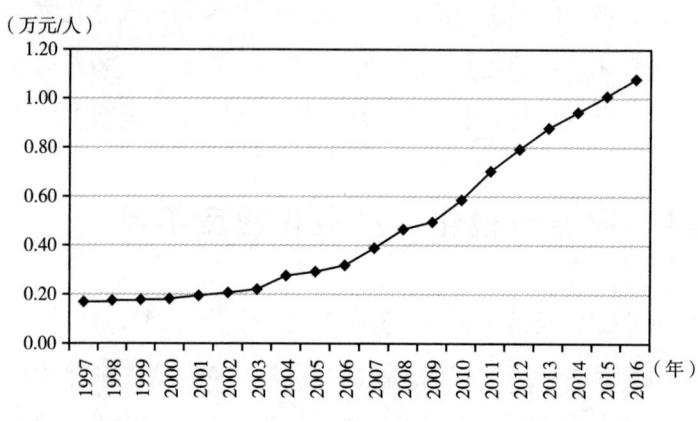

图 4-1　1997~2016 年我国人均第一产业增加值

注：即第一产业增加值与农村人口之比，该结果根据国家统计局网站（www.stats.gov.cn/）相关数据计算而得。

农业产业化程度不足会直接导致农业劳动生产率水平较低，生产成本居高不下。我国人多地少，农业生产经营规模偏低，户均耕地面积少。由于成本高与价格低，使我国农业承受着"双重挤压"，面对全球一体化的国际竞争，其优势不断下降。随着工业化和城镇化的推进，农民的非农就业收入不断提高，从事农业的意愿日趋下降，"谁来种地""怎么种地"成为亟须解决的难题。在相当长的时期内，我国农业经营中小规模的兼业农户仍然占大多数，他们仍将是我国农业生产经营的主要组织形式。未来农业生产仍是以普通农户为主的家庭经营。因此，提高农业竞争力，保障国家粮食安全，必须发展适度规模经营，必须培育与之相适应的新型农业经营主体，包括专业大户、家庭农场、农民专业合作社、农业龙头企业等。总之，发展现代农业必须建立一个现代的农业产业体系。现代农业已不只是保障农产品的有效供给，更重要的是确保农业劳动者收入的增加。随着经济的发展，农业占国民经济的比重在不断下降，但另一方面消费者的需求也越来越多样化，对农产品的要求也越来越挑剔，农产品从田间到餐桌的产业链条越来越长。农业产业化经营就是使初级产品生产者能够分享到农产品经过加工增值的利润。

4.2.2 农业科技应用不充分

农业科技水平是衡量一个国家农业现代化程度的重要标志。近年来，我国通过创建国家农业科技创新联盟，不断推动重大农业科技创新。农业部公布的数据显示，我国农业科技进步贡献率①从 2010 年 52% 上升到 2016 年 56.7%，主要农作物良种覆盖率提高到 96% 以上，农作物耕种收综合机械化率超过 65%，表明我国已经进入了依靠科技创新驱动农业发展的新阶段（见图 4-2）。但与发达国家相比还是有一定的差距，发达国家的农业科技进步贡献率普遍都高于 70%。

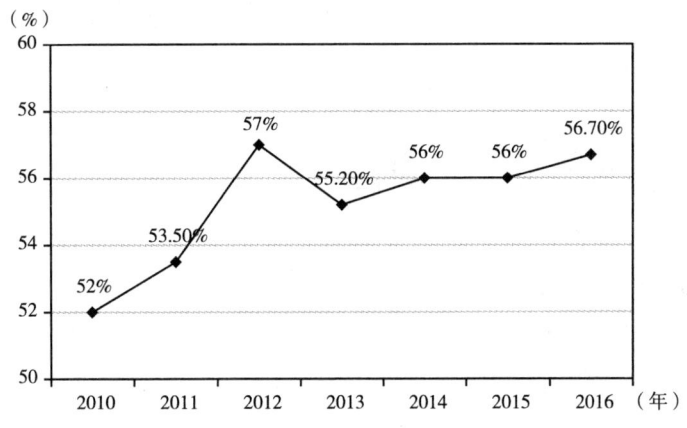

图 4-2 2010~2016 年我国农业科技进步贡献率

数据来源：中国农业部网站（http://www.moa.gov.cn/）。

推动科技创新步伐，尤其是加快科技成果转化能力，让科研成果成为改变农民生产生活方式的实用技术尤为重要。虽然我国农业科技研究能力逐年

---

① 农业科技进步贡献率是指农业科技进步对农业总产值增长率的贡献份额。计算公式为：农业科技进步率 = 农业总产值增长率 - 物质费用产出弹性 × 物质费用增长率 - 劳动力产出弹性 × 劳动力增长率 - 耕地产出弹性 × 耕地增长率，其中，物质费用、劳动力和耕地的产出弹性分别取 0.55、0.20 和 0.25。

提高，但由于起步晚、基础差，在科技成果转化方面还存在许多问题，与国外相比差距较为明显。目前，我国整个农业科技领域，在国际上处于领先的学科不到 1/5，超过一半以上处于跟跑或跟踪阶段。造成这一局面的原因很多，比如，一些研究成果并非针对市场需求，而是科研工作和个人研发兴趣的伴随产品，缺乏创新性和针对性，能够用于转化的科技成果数量较少。再比如，我国农业科技工作的分工不明确，科技资源浪费严重，研究所间、学科间、课题组间互不合作，创新资源不优化、创新平台不共享、创新力量不协作的现象普遍存在，最终导致技术研究与生产实际脱节，科技与经济结合不够紧密。这些问题不仅成为阻碍农业科技成果落地转化的绊脚石，也是推动乡村振兴战略过程中必须克服的困难。当前，我国农业正处在供给侧结构性改革的关键时期，农业发展更加注重质量、安全、绿色，对农业科技成果转化的需求也更为迫切。

4.2.3 农业生产的风险隐患高

农业作为基础产业，由于自身的弱质性和生产过程的特殊性，在整个再生产循环过程中面临着许多风险，是典型的风险产业。农业风险一般具有风险单位大、发生频率较高、损失规模较大、区域效应明显，而且还具有广泛的伴生性等特点。具体包括自然风险和市场风险两个方面。

（1）自然风险

无论是传统农业还是现代农业都是一个与自然交织的产业，这个本质就决定了农业具有天生的弱智性。在自然条件方面，我国地域辽阔、耕地离散分布于各种自然条件，这就意味着几乎每年都有一种或几种自然灾害影响我国农业。20世纪90年代以来，我国自然灾害频发，农业遭受旱灾、风灾、雪灾、水灾、地震等自然灾害损失很大，2009年初我国北方遭遇50年不遇的特大旱灾。具农业部统计，有1.6亿亩小麦受旱，其中重旱6 753万亩，437万人饮水困难。民政部公布的数据显示，2016年，我国各类自然灾害共造成全国农作物受灾面积2 622万公顷，其中绝收290万公顷；直接经济损失5 032.9亿元。此外，我国国内动植物疫病疫源分布广泛，病毒变异不断加快，并且飞虱、蝗虫等重大病虫害时有发生，防控任务艰巨。我国农业巨灾风险体系尚未建立，农业科技化、机械化程度很低，抵御自然风险能力弱。

（2）市场风险

农业产业具有弱质性，农产品的市场风险具有存在的必然性：从需求的角度来讲，农产品的需求弹性较小，农产品的销量不会因为人们收入的提高而出现相应的提高，一旦社会需求得到满足，农产品就会出现过剩，很容易产生"谷贱伤农"的现象，而且农产品不易长期保存，其价格无法充分实现；同时，农产品的生产周期长且具有季节性，其供给的变化远远落后于市场需求的变化，加之我国农产品市场信息不对称，缺乏有效的信息，农民整体素质偏低，对市场的判断能力很弱，导致我国农业蛛网效应明显。因此，农业面临的市场风险具有必然性。例如中国是大豆的原产国，在1995年以前是大豆的净出口国，但由于进口大豆的冲击，中国农民纷纷退出了大豆的种植，到2000年时中国成为世界上最大的大豆进口国。中国海关统计初步数据显示，2016我国累计进口大豆8 391万吨，较2015年8 169万吨的大豆进口量增加222万吨，增幅为2.7%，再创历史最高纪录，大豆的进口依存度达到80%以上。中国大豆的遭遇是一个的例子，如果农业不能对农民产生足够的吸引力，而农民又完全听从市场的短期信号，那么中国的其他农产品也极有可能步大豆之后尘。

4.3　金融支持我国现代农业发展的着力点

4.3.1　理解现代农业金融的内涵

农业金融是指农村中以农业为主包括非农产业在内的资金融通活动，其内涵主要有两方面：一是农贷资金的筹集与运用；二是筹集、运用农贷资金的农业金融机构体系的形成与管理。在产业金融体系中，农业金融具有其自身的特殊性，包括：农业生产贷款具有明显的季节性、长期性和风险性；农户贷款需求规模小、效应差、利率低；农业基础设施贷款金融巨大、期限长；农业必须成为金融服务的重点。

结合现代农业的发展特征，现代农业金融的内涵有着更深一步的阐释。必须强调的是，现代农业金融不等于农村金融。一般而言，第一产业的价值会停留在农村，第二、第三产业附加值主要在城镇创造，而通常所理解的农村金融是指以农村为目标市场的金融服务。从第一、第二、第三产业的跨产业视角看，无论是传统农业还是现代农业，金融大规模介入第一产业的价值空间并不大，并且随着经济社会发展，相对空间呈现缩小态势。参考发达国家第一、第二、第三产业价值比例，我国第一产业增加值在国民经济中的比重将逐年降低到个位数水平（见图4-3）。

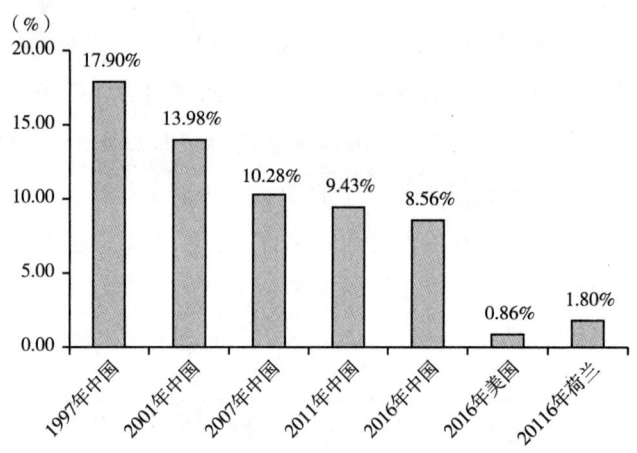

图4-3　第一产业增加值占GDP之比

数据来源：根据国家统计局（www.stats.gov.cn/tjsj/）公布数据计算。

可见，第二、第三产业价值占比的进一步提升是不可阻挡的。从第一产业价值比重下降的现实和趋势看，现代农业金融的重点不应该只关注农村金融。更准确地说，现代农业的发展为小型农村金融专营机构提供了空间，而大中型商业银行只可能在特定行业、特定区域、特定金融模式下有限度地将金融服务延伸到一些优质、成批的农业生产者。

在农业现代化过程中，农业产前、产中和产后的生产方式出现了变化，实现农业现代化的过程需要强有力的农业金融体系作为支撑。

第一，金融支持有利于优化农业产业一体化过程中的要素组合。现代农业包括农产品采购、生产、加工和销售等诸多领域，使农业产业链条不断延长。金融支持可以优化劳动、土地和资本等生产要素的组合，使农业形成规模经济和产业集聚，使农业的综合竞争能力大幅提高。

第二，农业龙头企业的发展离不开金融的支撑。在农产品收购季节，大型粮、棉、油的加工龙头企业是农民出售农产品的重要保障。然而，农业龙头企业需要面对多重风险，除了不良气候风险以外，还有市场风险、技术风险等诸多风险，为了使风险减少和可控，龙头企业需要大量的资金支持。

第三，农业基础设施建设需要大量的资金支持。现代农业发展需要建立完备的市场体系，包括农产品原材料市场、加工市场、批发和零售市场等；也需要完善的基础设施，包括仓储、交通和通讯等。市场体系建设和基础设施建设需要大量的资金。

第四，农业科研有赖于长期的资金支持。农业科研投入大、周期长和风险大，非常需要国家的资金投入和政策性金融的支持。然而，由于各级政府、龙头企业和农民的资金严重不足，以及融资渠道狭窄，导致我国农业现代化发展缓慢。因此，有必要研究我国农业现代化进程中的金融支持问题。这不仅有利于农业自身的发展和完善，也有利于金融体系的完善和金融效率的提高。

4.3.2 现代农业金融的发展重点

通过图 4-3 中对近年来第一产业增加值占 GDP 之比的发展趋势可以看出，农业的相对价值在下降，金融资本投资第一产业的空间不多，但这并不代表现代农业的发展价值在降低。其中原因在于，农业的绝对价值提升首先源于农业自身向深加工、精加工发展，形成了有一定行业规模支撑、成长性较好、规模化经营程度高、具备一定行业成熟度的子行业生产聚集区，从而为金融资本介入创造了条件。农业的绝对价值提升还源于中央及地方政府对农业的持续扶持和补贴。

因此，现代农业金融要求立足于全产业链的发展视角。首先，全产业链视角意味着金融机构既要深入掌握现代农业生产经营各个环节的发展状况和规律，又要跳出农业做金融，通过与现代农业生产流通链条中的核心节点建立合作关系并发挥比较优势，从而达到以点带面、带动产业链其他环节的目的。其次，要立足于全球视野和全局思维。全产业链视角要求有开放视野和全局思维，关注农产品及替代产品在全球及国内的产量和价格变化情况，实时评估市场风险。再次，既要抓重点行业，又要抓重要节点。全产业链视角并不意味着全产业链覆盖。金融机构在不同节点的介入深度和广度是由该节点的附加值高低和行业集中度及市场准入门槛所决定的。单位附加值高、行业集中的节点才是现代农业金融的起点和归宿，资源稀缺决定了金融机构必须放弃低效率、低附加值的节点。有的产业链节点并不在银行授权经营范围内，银行只能在特定环节介入，比如用于出口的农产品。最后，现代农业金融必然带有农业的特征。农业的特点突出体现在生产、运输、销售的各个环节。其中，生产环节面临较高的市场风险和自然风险，以及对食品安全、土地利用、环保政策的要求；运输环节对冷链、保鲜有严格的要求，随着冷链运输技术的进步，远程运输效率的提升，以及作为销地的城市土地越来越贵，农产品产区越来越向远离城市、大面积的区域转移；在销售环节，大宗农产品通过现货、期货交易所形成价格并完成流通，农产品期货是世界上最早上市的期货品种。有的农产品在销售环节必须严格遵守法律要求，如烟草在我国有一条专卖渠道，而对于粮食，国家调控无时无刻不在发挥作用。

总之，现代农业金融必须充分体现农业的上述特点，沿着农业产业链找到最具价值的环节作为金融服务创新的起点和重点，并研发出更多基于收入预期、权利、信用、批量销售、批量管理的金融产品。契合上述特点的金融产品将会在现代农业金融中找到用武之地。

4.4 中国农业金融体系的现状分析

4.4.1 中国农业金融体系的概况

农业在国民经济和社会发展中具有特殊的地位和重要的作用。同时，农业还具有弱质性的特点，各国普遍采取相关措施对农业进行支持和帮助。自1994年中国农业发展银行成立至今，我国形成了政策性农业金融、合作性农业金融和商业性农业金融并存的格局，从组织机构、产品和服务、融资模式、金融服务体系以及支农力度等方面来考察主要表现如下：

（1）多层次农业金融组织体系基本形成

我国农业金融体系的发展大致经历了两个阶段。第一阶段：1978～1994年。这一时期农业金融体制改革的思路是农业银行商业化、农村信用合作化，逐步实现政策性金融和商业性金融的分离。在中国农业发展银行成立之前，农业信贷由国有专业银行分散管理。比如：中国农业银行当时承担大部分粮棉油的贷款、扶持贷款、种子工程等等；中国建设银行当时承担了农业基本建设和基础领域的贷款；中国工商银行承担了部分粮油收购贷款和国家的主要农产品筹备贷款；中国银行承担了农产品的进出口贷款。1994年4月19日中国农业发展银行成立，工、农、中、建四家银行都将所承担的农业政策性金融业务划分给了农业发展银行。第二阶段：1995年至今。这一时期以农村信用合作社改革为重点。随着社会经济的快速发展以及金融业竞争压力的逐步增大，农村信用社的产权制度、组织形式已经越来越不适应新形势变化的需要，对农村信用社的持续发展形成了制约。1996年国务院颁布的《国务院关于农村金融体制改革的决定》（国发〔1996〕33号）确立了"建立和完善以合作金融为基础，商业性金融、政策性金融分工协作的农村金融体系"的指导思想，同时决定农村信用社与中国农业银行脱离隶属关系，并且提出在城乡一体化程度较高的地区组建农村合作银行，由此我国农村商业银行的数量呈现了爆发性增长（如图4-4所示）。通过分离农村信用社与中国农业银行的行政隶属关系，加强了农信社产权制度和管理体制改革，建立起了以合作性金融为基础、商业性金融和政策性金融分工协作的农业金融体系。

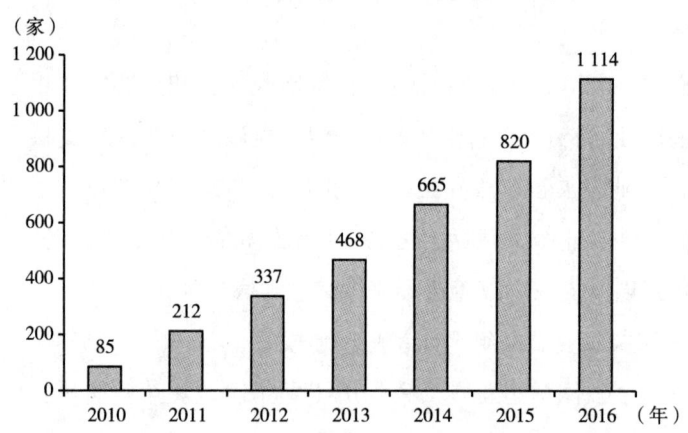

图4-4 2010~2016年我国农村商业银行数量变化情况

数据来源：原中国银行业监督管理委员会网站（www.cbrc.gov.cn/index.html）。

经过30多年的改革，我国农业金融体系从无到有、从简到繁，初步形成了包括农业政策性金融、农业合作性金融、农业商业性金融和其他新型农业金融形式在内的多元化、多层次的农业金融组织体系。根据原中国银行业监督管理委员会发布的年报显示，截至2016年末，我国农村金融专业性服务机构包括1 114家农村商业银行、40家农村合作银行、1 125家农村信用合作社、1 443家村镇银行和48家农村资金互助社，农村中小金融机构资产规模占银行业金融机构资产的份额为12.9%（如图4-5所示）。随着我国新农村建设的不断发展、农村金融改革的不断深化以及国家对社会主义新农村建设投入的不断增加,农村金融机构凭借体制及在客户市场的优势,在我国农业金融领域具有极大的发展空间。

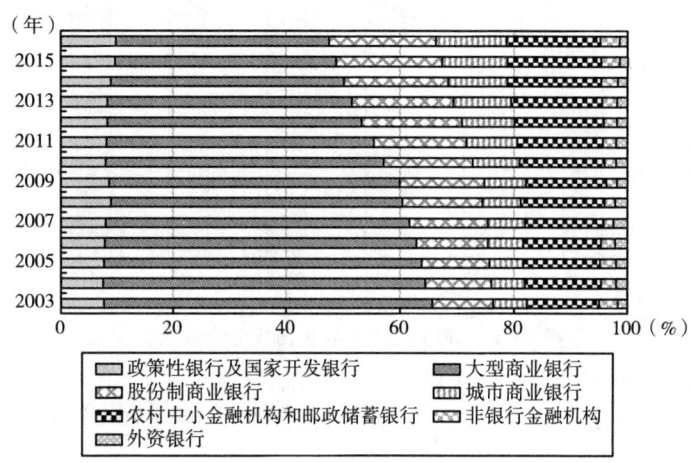

图 4-5　2003~2016 年我国银行业金融机构市场份额（按资产）

数据来源:《中国银行业监督管理委员会年度报告 2016》。

(2) 农业贷款规模有所提升

农业贷款是指金融机构针对农业生产的需要,提供给从事农业生产的企业和个人的贷款。在现代农业中,随着农工一体化的发展,许多国家把为农业生产前生产资料供应、生产后农产品加工和运销等提供的贷款也归入农业贷款,还有的把银行为农村信用合作组织提供的贷款也归入农业贷款。农业贷款是我国银行业金融机构贷款的一个重要组成部分,是农村金融机构对农业企业和农户提供货币资金的信用活动形式。近年来,中国农业发展进入一个新的高速改革时期。在这个时期中,农业金融将发挥巨大的作用。近年来,我国银行业金融机构不断强化"三农"和扶贫金融服务,农业领域贷款增长快速。中国人民银行公布的数据显示,截至 2016 年末,农业贷款余额 3.66 万亿元,同比增长 4.2%,全年增加 1 793 亿元(如图 4-6 所示)。金融机构农业贷款余额的增加,一定程度上可以缓解我国农业金融市场的供给性金融抑制程度。

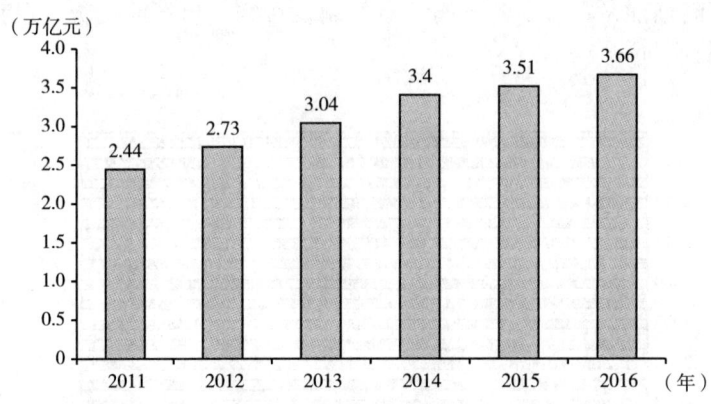

图 4-6 2011~2016 年我国农业贷款余额

数据来源：根据中国人民银行公布的历年金融机构贷款投向统计报告整理。

（3）新型农村金融机构日益活跃

一直以来，我国农业金融发展的制约因素在于我国农村地区银行业机构网点覆盖率低、供给不足、竞争不充分等等，构建新型农村金融机构势在必行。2006 年底，原中国银监会发布《关于调整放宽农村地区银行业金融机构准入政策更好支持社会主义新农村建设的若干意见》（银监发〔2006〕90号），按照"低门槛、严监管"的原则，引导各类资本到农村地区投资设立村镇银行、小额贷款公司和农村资金互助社这三类新型农村金融机构，鼓励银行金融机构到农村地区设立分支机构。新型农村金融机构的日益活跃，有利于提升我国农业金融市场的竞争力和服务效率。从目前发展来看，村镇银行、农村资金互助社和小额贷款公司对"三农"发展有一定程度的正向促进作用。以村镇银行为例，截至 2016 年末，全国共组建村镇银行 1 443 家，覆盖全国 31 个省份的 1 256 个县（市、旗），县域覆盖面 67.2%。村镇银行吸收的资金全部用于所在县域，全国村镇银行资产规模突破 1 万亿元，累计发放贷款突破 3 万亿元，存贷比超过 80%。村镇银行在促进形成多元化农村金融供给体系、增加农村地区信贷资金投放、增强"三农"和小微企业金融服务力度等方面起到了重要作用。

4.4.2 中国农业金融体系存在的主要问题

长期以来,我国农村金融供给不足是制约我国农业现代化的主要瓶颈。虽然近几年,越来越多的金融机构开始涉足农村信贷,丰富了农村金融市场,但从整体上来看,农村金融仍然是我国金融体系中最薄弱的一节,农村资金外流问题突出,农业保险发展滞后,农村金融环境有待改善。

(1) 农业贷款增长缓慢,农村资金外流问题仍然突出

随着我国农业产业化进程的不断加快,农业对资金的需求日趋多元化,迫切需要金融支持,但商业银行为了自身的营利性,在面对弱质的农业时,缺乏资金供给的动力,使得现有的农村金融资金供给日益短缺,大量的农村资金流入城市。近年来,虽然我国加大了对农业的财政补贴,但是由于农村贷款交易成本高,很多金融组织和机构为了回避风险,提高资金收益,没有动力持续投资农村,致使农业现代化建设资金不足与农村本身资金大量外流的现象共同存在。从图4-7可以看出,尽管近年来我国银行业投向农业贷款的余额不断增加,但增长率在2015年、2016年呈下降趋势,均低于同年的整体贷款余额增长率。从农业贷余额所占比重来看,也呈现出下降的趋势,由2011年的4.45%下降为2016年的3.43%。

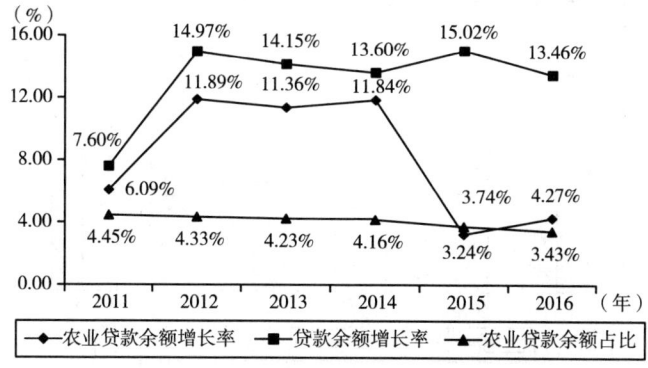

图4-7 我国银行业金融机构农业贷款余额增长率统计

数据来源:根据中国人民银行公布的历年金融机构贷款投向统计报告计算。

造成这一现象的原因之一是我国金融体系缺乏足够规避农业自然风险和市场风险的机制。由于农业经常面临巨大的自然风险和变化多端的市场风险,如果没有相应的规避机制或者规避机制不健全,往往使其有关参与者不得不面临巨大的难以承受的自然和市场风险。出于理性的选择,有关的农业参与者会减少对农业的投入,农村金融机构也相应减少了对农业的贷款。农村社会信用体系不健全使得农村金融机构难以了解农村企业和个人的资信情况,导致农村信贷过程中逆向选择和道德风险盛行,农村金融机构惜贷严重,大量资金流向城市和工业。机构规模小风险大,向大银行集中的现象比较突出,制约了农村中小金融机构的发展也导致大量资金外流。

（2）资本市场对农业资金支持乏力

资本市场不仅是现代农业发展的重要融资渠道,也可以通过资本市场的价格发现功能分散农业风险。促进资本市场与现代农业的有机结合是完善我国农业金融体系的一项重要任务,提高我国农业的直接融资比重十分必要。近年来,虽然我国资本市场发展势头迅猛,但仍存在对农业资金支持乏力、风险管理和服务体系不健全等问题。从VC/PE的投资行业分布来看,多年来农业一直排名靠后。投中集团旗下金融数据产品CVSource统计显示（见图4-8）,2016年,我国农业领域的创业投资/私募股权投资（VC/PE）共发生

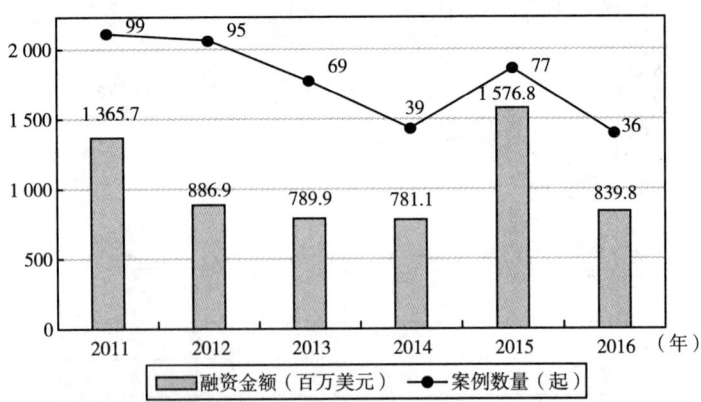

图4-8　2011~2016年中国农业VC/PE融资情况

资料来源：投中网（www.chinaventure.com.cn）。

36起，融资规模8.398亿美元，融资规模和数量的同比降幅均在五成左右。从IPO融资来看，在2011~2016年，完成IPO企业数量与往年相比并没有太大起伏，农业企业IPO融资方面表现并不突出（见图4-9）。

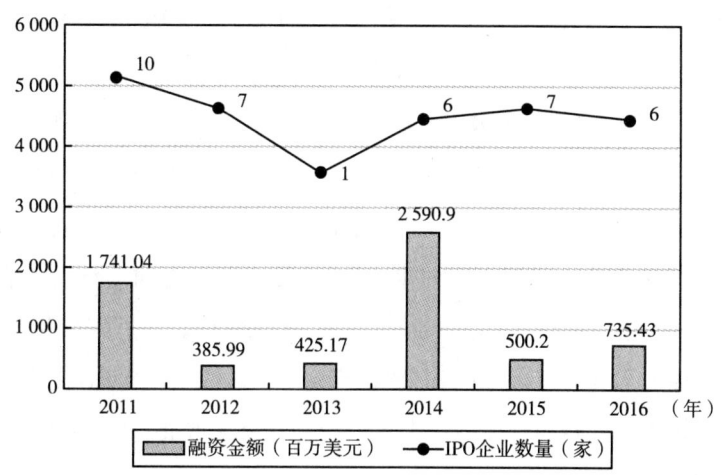

图4-9　2011~2016年中国农业IPO融资情况

资料来源：投中网（www.chinaventure.com.cn）。

资本市场对农业投资乏力的主要原因在于农业自身的发展属性。

首先，农业投资回报周期较长，自然风险高。农业投资以农产品自然生长过程为基础，生长周期决定投资回报周期，相比第二、第三产业，农业投资回报期比较长，在很长一段时间内几乎是负收益，这与资本追求短期收益的倾向恰好相反。农业生产调整滞后，农产品需求弹性小，市场波动剧烈。农产品生长需要一定时间，难以根据市场行情立即调整生产，无法像第二、第三产业一样紧跟市场形势变化。加上农产品本身需求弹性较小，导致农产品价格波动非常剧烈。

其次，农业产业链冗长，经营成本难以把控。投资农业必须慎重考虑和选择进入环节，一方面，生产要素在农业产业链各环节的分布有所差异，比如加工领域的要素用在种植领域不一定能够获得高效率；另一方面，投资产业不同、投资地区不同也会导致进入环节有所差异。如果选错投资环节，就可能增加经营成本，也就失去了资本投资的意义。因此，农业投资必须根据自身实力、产业特征和当地社会经济状况进行准确定位，找准合适的进入环节，制定合理的经营战略，从而提高投资效率。

再次，农业产业链整合和管理难度大。农业只有实现规模化和全产业链整合才能把收益体现出来，但真正有实力进行规模化和全产业链整合的企业并不多。大部分农业企业产业链相对单一、财务风险比较大，如果没有卓越的管理能力和强大的资本作保障，农业投资很容易陷入困境。例如，2002年新希望高调进军乳业，然而在投资8年后终于禁不住数千万元的亏损和整合无力，2011年下半年不得不剥离全部乳业资产专注农牧业。因此，农业投资并不是工商业投资在农业产业的简单复制，农业投资更加考验投资者的经营管理能力、分析判断能力，投资者耐心的长期规划和长线投资至关重要。

最后，食品安全危机的负面影响。目前我国农业领域面临食品安全的挑战，农产品劣币驱逐良币现象十分严重，农业投资本身也必须面对食品安全的挑战。尽管是挑战也意味着机遇，食品安全本身就是农业投资者的一大品牌，如果能够做出放心产品，满足消费者日益增长的需求，未来收益不可限量。

（3）农业金融产品和服务能力不足

当前，农村资金需求日益多样化，在央行和中国银保监会的鼓励和支持下，涉农金融机构也随之展开了包括林权抵押贷款、小额信贷、"公司+基地+农户"等多种方式的金融产品和服务创新，但在多数农村地区，农村金融产品单一、供给不足的问题仍然突出。尽管国内一些农村金融机构近年来相继成立了"三农"金融事业部，农信社作为农村金融的主力也处在不断改制的进程中。但是，传统金融机构"三农"贷款重抵押、重担保、放款慢、服务差等问题依然严重。受农民的征信体制不完善、农业生产投入周期长、受自然灾害等不确定性因素影响，虽然国内开展涉农创新业务的金融机构较多，但从业务量占比上看仍不大，大部分金融机构业务开展仍处在初级阶段。有些虽开办了创新业务品种，但在信贷投放过程中相对谨慎。具体体现在：

一是现有金融产品和服务尚不能有效支撑现代农业发展。首先，现代农业规模化、产业化的经营特点，决定了金融服务在规模上已不再仅仅是"小额、短期、分散"的周转式需求,也包括"长期、大额、集中"的规模化需求。其次,现代农业在服务方式上,已从传统的农业生产扩大到产业链和价值链上各个环节,金融服务上已不单纯是融资需求,而是扩展到保险、期货、证券等大金融领域。最后,现代农业发展要求更为信息化、网络化的金融服务,要求金融服务方式需更多利用互联网等电子信息平台,向现代农业经营主体提供全方位、网络化的信息服务。从目前来看,现有的金融产品和服务还不能满足新形势下农业发展的需求。

二是多层次的农村金融体系仍有待健全。经过多年的发展,我国农村金融体系已形成政策性金融、商业性金融、合作金融在内的金融体系,但与目前农村市场主体的多样化、农业农村经济发展的多样性相比,无论是机构数量、种类,还是服务功能上仍存在不足,一定程度上制约了金融产品和服务的供给。总体上看,我国政策性金融在广度和深度上还较为欠缺,商业性金融层次不够丰富,合作性金融还需在规范中探索有效发展的途径。特别是农村中小金融机构数量不足,竞争仍不够充分,影响了农村金融服务供给。除中小金融机构发展不足外,农村地区投资环境、信用环境、公共基础服务设施等尚不完善,政策性担保机制不健全,也制约了金融资源向农村有效配置。

三是农村金融服务的种类和多样性不足。农村市场主体的多样性,以及农业农村经济发展阶段的差异性,决定了农村金融机构和农村金融服务的多元化。正规金融与民间金融并存,规模化融资与小额分散融资需求并存,融资需求与风险管理需求并存,融资需求满足方式上,银行贷款与直接融资、融资租赁、信用贷款与抵押担保并存等等。与农村金融服务需求的多元化相比,当前农村金融服务体系的多样性还有较大改进空间。

(4)农业保险发展相对滞后

农业保险是现代农业风险管理的基本手段,是农业支持保护体系和农村金融体系的重要组成部分,经常被称为农业生产的"安全带""定心丸""保护伞"。近年来,我国农业保险快速发展,在稳定农业生产、促进农民增收和改善农村金融环境等方面发挥了积极作用。从地理区域分布看,农业保险已由试点初期的5个省（自治区、直辖市）覆盖到全国。从保险品种看，2016年中央财政补贴的品种已达到15个。从风险保障能力看，我国农业保险在实现基本覆盖农林牧渔各主要农业产业的同时，在农业产业链前后都有了新的延伸，从生产领域的自然灾害、疫病风险等逐步向流通领域的市场风险、农产品质量风险等延伸。根据原中国保险监督管理委员会公布的数据显示，2016年，中国农业保险为2.04亿户次农户提供风险保障2.16万亿元，为4 575万户次农户支付赔款348亿元，在重大农业灾害中成为农民恢复生产的重要资金来源。原中国保险监督管理委员会、中国保险学会农业保险分会、中国农业科学院农业信息研究所联合课题组发布《中国农业保险保障水平研究报告》指出，2008~2015年，我国农业保险保障水平[①]实现快速增长，农业保险保障水平从2008年的3.67%增长到2015年的17.69%，8年中提高了14个百分点，年均增长率达25.24%。目前，我国农业保险业务规模已仅次于美国，居全球第二、亚洲第一。其中，养殖业保险和森林保险业务规模居全球第一。2007~2016年，农业保险提供风险保障从1 126亿元增长到2.16万亿元，年均增速38.83%。农业保险保费收入从51.8亿元增长到417.12亿元，增长了7倍；承保农作物从2.3亿亩增加到17.21亿亩，增长了6倍，玉米、水稻、小麦三大口粮作物承保覆盖率已超过70%。农业保险开办区域已覆盖全国所有省份，承保农作物品种达到211个，基本覆盖农、林、牧、渔各个领域。以保费收入为例，2016年我国农业保险保费收入达到了创纪录的417.12亿元（约合60亿美元）。短短十年的时间，我国农险保费收入就达到了美国同期的64.5%（2016年美国农业保险保费收入约93亿美元），成就可谓非常巨大。

虽然我国农业保险发展势头良好，但是与其他保险品种的发展相比，农业保险的发展相对滞后。由于保险业商业化经营运作与农业风险相对大的矛盾，实践中农业保险仍存在一些问题和不足制约其发展。

第一，农业保险的法律定位不明。我国自1982年恢复农业保险业务以来，迄今为止，尚没有一部专门规范农业保险的法律法规。由于法律法规欠

---

① 农业保险保障水平＝农业保险保额/农业产值。

缺，目前农业保险在组织制度、业务经营方式和会计核算制度等方面都是参照《保险法》中对商业保险的管理办法进行管理的。由于法律定位不明，忽视了农业保险的特殊性，必然会制约农业保险的规范化、制度化建设，从而严重影响农业保险各项工作的开展。

第二，农业保险的政策扶持力度不足。目前国家对农业保险除了免征营业税外，尚无配套政策对农业保险业务予以专项扶持。政策的缺失，必然使农业保险的发展缺乏坚实的基础。研究表明，除浙江、上海等少数经济发达地区，由于政府财政资金雄厚，而农业占该地区GDP的比重较小，无论采用"共保体"模式，还是实行"大农险"模式，依靠政府补贴，基本能够满足农业保险的发展需求。但在经济欠发达地区，农民收入水平低、政府补贴不足等问题严重制约了农业保险的发展。从长远看，要发展农业保险，无论采取何种模式，如果没有充足的财政补贴，农业保险就不能起到充分的保障作用。

第三，农业保险集中度高，分散风险能力弱。自2005年政策性农业保险试点以来，全国39家财险公司中仅有中国人保、中华联合和安信、安华、阳光、安盟四家专业性的农业保险公司开办区域性农业保险业务，其余的33家财产保险公司基本不涉足农业保险。农业保险试点的险种少，普及率低，市场集中度非常高，分散风险能力弱。例如，目前全国粮食作物的承保不到比重不到1%，远低于发达国家，如美国和加拿大，农保面积占总耕地面积的65%；日本这一比例则为90%。相比之下，我国农村绝大多数的种植、饲养和水产养殖业没有相应的保险，损失也就无法得到有效补偿。加之政策性农业保险的试点时间短，且仅限于局部地区，使得农业巨灾风险无法转移。

第四，农户缺乏经济实力，保险意识较差。我国农户家庭生产规模小、收入水平低、保费支付能力不足，特别是中西部地区主要从事小规模种植业的农户，大多缺乏为其农牧业生产项目投保的支付能力。对于经济比较发达的东部地区，部分首先走上致富之路的农民，在自愿投保的前提下，由于受自身文化水平的制约，加之宣传不到位，很多农户也少有对农产投保的意愿。从农民角度来看，除了一部分群体仍存在侥幸心理、风险防范意识相对淡薄之外，还存在由于农业保险的保障范围没有全覆盖，对农民来说即便参加农业保险也会出现受灾后得不到保障的情况。例如，2012年8月中上旬肆虐我国东北及华北部分地区的"三代"玉米粘虫使辽宁地区的农户遭受巨大损失。而这次虫灾并不在农业保险投保范围内，损失只能由农民自己承担。从保险公司角度来看，农业保险风险过大降低了担保的积极性。一般情况下，自然灾害发生频繁的地区和风险高的农户愿意投保，自然灾害少的地区和风险低的农户则不愿意投保，这就是保险市场中典型的"逆向选择"，在一定程度上制约了商业性农业保险业务的开展。

第五，保险公司缺乏经营动力。由于农业保险本身的特殊性和复杂性，致使保险公司对经营农业保险的兴趣不高，从而对农业保险的发展形成了严重制约。究其原因，主要是农业保险的高赔付率、高成本性违背了保险公司的商业化经营目标，加之农业保险的技术手段缺乏，农业生产高风险性容易诱发严重的道德风险等，使得保险公司对经营该类保险产品"不感冒"。

4.5 现代农业融资效率的实证分析

4.5.1 研究对象

构建农业融资体系的目的是解决资金来源问题，或者说增加资金的供给数量；而分析农业融资效率的目的是为了进一步优化金融资源的配置，或者说提高资金的供给质量。发展现代农业，既要增加农业资金的数量，也要提高资金的使用质量，也就是现代农业融资效率。本部分利用广义DEA模型，对我国目前农业资金的投入产出效率进行测度，为最终提出改善现代农业融资问题和提高农村资金配置效率的对策建议提供实证依据。

资金是我国发展现代农业的最重要金融资源，受可量化和可获取的数据限制，本部分主要对农业资金配置效率进行分析。研究对象设定为2011~2016年我国相应数据组成的效率集合。

（1）投入指标的设定

评价农业资金配置效率的投入项指标应该是反映农业资金投入来源的指标。农业资金投入的来源主要包括财政支农支出、农业信贷投资及农户的固定资产投资。

- 财政支农支出。财政支农支出是指中央和地方政府使用财政性建设资金，用于农业基本建设项目、更新改造项目以及农业生产服务的科研、教育、科技推广体系等方面的支出。本部分财政支农支出的数据来源于《中国财政统计年鉴》（2011~2016年）。

- 农业信贷投资。农业信贷投资是我国农业投入尤其是农业生产流动资金的主要来源。本部分对该指标的衡量是根据中国人民银行网站公布的历年金融机构贷款投向统计报告中农业贷款余额而获得的。

- 农户的固定资产投资。以自筹资金为主的农户固定资产投资也是农业资金投入的重要来源。本部分选取农村居民家庭每人每年购买生产性固定资产的支出表示农户固定资产投资。该数据可直接从《中国农村统计年鉴》（2011~2016年）中读取。

（2）产出指标

农业资金配置的产出项应该对应于资金投入部门或项目的产出效益，具体包括能够反映农村地区经济增长和社会发展的指标。为了保证效率评价的有效性，本文只选取两个最具代表性的产出指标，即农村居民可支配收入和农业总产值。

- 农村居民可支配收入。农村居民可支配收入是指农村住户获得的经过初次分配与再分配后的收入。该指标可以反映农村居民生活水平，是农业资金配置效率的最关键指标。本文选取农村居民可支配收入作为一项产出指标，历年数据直接来自于《中国统计年鉴》（2011~2016年）。

- 农业总产值。农业资金投入带来的最直接效益就是促进农村地区的经济发展，因此农村经济发展指标成为评价农业资金配置效率的一个重要指标。本部分选取农业总产值来反映农村的经济发展，该指标历年数据来自于《中国统计年鉴》(2011~2016年)。

4.5.2 实证结果分析

(1) 投入产出相关性分析

运用数据包络分析进行效率评价的前提之一是投入要素和产出要素之间具有一定的正相关性，如果不满足此条件将意味着投入的增加会带来产出的下降，这样的评价结果是没有意义的。通过 Eviews6.0 软件对样本指标的投入、产出指标进行相关分析，结果如表4-1所示。可以看出，投入要素与产出要素的正相关性较强，可以利用数据包络分析进行效率评价。

表4-1　　　　　　　　投入与产出指标的相关性分析

	农业贷款余额	财政支农支出	农业固定资产投资额
农业总产值	0.9953	0.9635	0.9580
农村居民人均可支配收入	0.9919	0.9758	0.9824

(2) 融资效率总体评价

运用 Matlab 软件结合广义 DEA 模型对样本进行融资效率分析。从图4-10中 2011~2016 年我国农业融资效率的变化趋势可以看出，融资效率在 2011~2016 年期间呈递增趋势，在 2013 年之前增幅明显，之后增幅趋缓，这说明我国农业融资效率在整体上大幅提升，但并没有达到最优效率值，仍存在效率改进空间。如果结合各投入产出指标的增长率来看（见图4-11），增幅均呈现下降趋势。尽管投入指标财政支农支出、农业固定资产投资额在 2015 年的增长率有所提升，这缘由在 2015 年中央一号文件《关于加大改革创新力度加快农业现代化建设的若干意见》中，提出了四个"如何"、五个"新"（新潜力、新途径、新突破、新成效和新步伐），更加明确了农业行业所面临的瓶颈。但从结果来看，产出指标中农业总产值、农村居民可支配收入的增长并没有明显提升，而农业贷款的投入也明显呈现出增长乏力的趋势，说明农业资金配置效率的提高不能片面追求资金规模的增加，而是应该在资金规模增加或既定的条件下，同时关注金融制度改进、农业技术进步和市场效率的提高等因素。总体而言，农业资金配置效率并没有达到最优，提升空间较大。当前我国农村金融供给不足，农业资金投入无法满足当地农村经济社会发展对资金的需求，供不应求和融资困难依然是当前阻碍我国现代农业和农村经济发展的一大障碍。

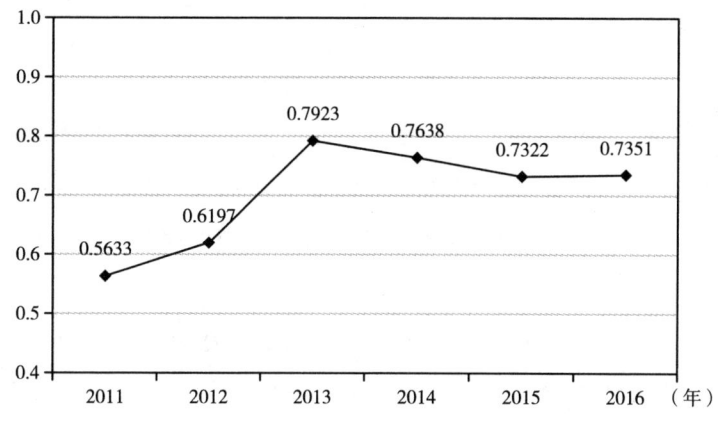

图 4-10　2011~2016 年农业融资效率值

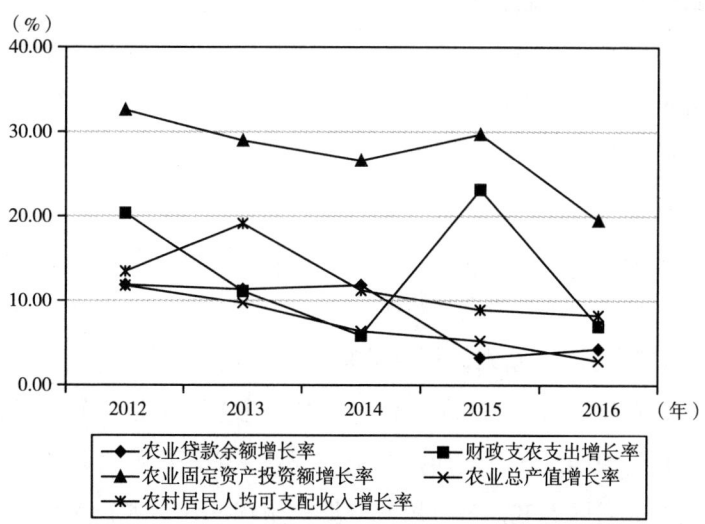

图 4-11　2012~2016 年农业投入产出增长率趋势分析

4.6 发展我国现代农业及融资效率提升建议

4.6.1 进一步加大对农业领域的资金支持力度

在金融机构方面，加大对现代农业经营主体的信贷投放规模，贷款优先投放，不断培育信用好、经营好、制度健全、运作规范的优质现代农业主体。逐步调整经营思路，实现由分散型农户贷款向重点支持农业产业化倾斜，重点支持发展以"特优、高效、生态"为主要标志的现代农业。鼓励农户发展符合市场需求的、具有竞争优势的特色农产品，推进农业基地化、标准化、品牌化、集约化、机械化生产，增加农产品市场竞争力。同时，积极探索"贷款+保险"合作模式，建立由信用社与保险机构按比例分摊贷款损失的业务模式，力争在银保支农合作上实现突破。

在财政资金支持方面，要不断开展县域金融机构涉农贷款增量奖励、农村金融机构定向费用补贴、小企业贷款风险补偿，加大对县域金融机构和农村基层营业网点的支持力度，支持扩大农村信贷投放。同时，建立风险补偿机制。对金融机构开展国家鼓励的低收益高风险农业贷款业务，提供利差补贴和呆账贷款损失的弥补。

在农业金融体系建设方面，一方面，要完善农村信用体系，营造农村金融环境。以农村信用体系建设为契机，按照"政府主导、多方参与、统一标准，重点突破"的工作原则，加大诚信宣传力度，培育诚实守信的文明风尚，营造良好农村信用环境。坚决制止和打击恶意逃废银行债务行为，认真解决金融机构诉讼难、判决案件执行难的问题，依法维护金融债权。加大政府对现代农业的引导力度，重点培育一批信用状况好、资金实力强、致富能力强、社会责任感强的新型农业经营主体。另一方面，健全金融担保机构，降低农业信贷风险。一是组建担保公司。积聚地方财力,建立贷款担保基金,通过财政投资的"杠杆效应",形成乘数效应,进一步吸引资金流入,实现财政投资与金融投资的良性互动,推进现代农业发展的进程。二是加强与保险机构建立横向交流与合作,切实履行服务"三农"的职责和使命,不断优化业务流程,提升合作的广度和深度,与土地流转、特色农业、林权改革相结合,深入开展调研,不断提升农业保险在涉农信贷中的渗透度。

4.6.2 推进农业金融产品和服务的不断创新

(1) 农业金融产品创新趋势

农业金融产品的创新主要从融资类、风险类、投资类来推进。在融资类产品方面,信贷创新是主流,大体上可以归纳为三类。其中,抵/质押物权创新包括:土地使用权及其附属物、农产品、农机、海域使用权、存单、订单、应收账款、存货等;保证方式创新主要有:社会化担保公司担保、自组织担保公司担保、政府投资担保公司担保、联保、农村有威信人的担保、核心企业担保等;风险补偿机制创新包括:设立风险备偿金,给予贷款贴息,建立贷款保险链接机制等。与此同时,随着金融市场体系建设的不断完善,特别是受信贷规模、利率的限制,产业基金、信托、金融租赁、IPO、债券等方面的多元化产品创新方兴未艾。在风险类产品方面,由于农业生产经营风险大,包括农业类企业、金融机构、种养大户在内,都存在迫切的风险分散、转移等管理需求。目前来看,国内外依托农业风险实施的产品创新主要有对冲基金、风险基金、农业保险再保险、农产品期货期权、天气衍生品和天气保险等,如马拉维干旱指数保险、芝加哥天气衍生品、美国嘉吉公司设立的对冲基金、中粮集团旗下的中粮期货等。在投资类产品方面,随着农业的发展,农业类相关公司盈利持续维持高水平。统计显示,在 2010~2016 年的 7 年里,标普全球农业指数年平均涨幅超过 20%,好于标普 500。为此,农业类股票、债券、产业基金、信托成为基金投资的重要领域,如德意志银行推出的环球神农基金、广发全球农业指数基金等。

（2）农业金融服务模式转型趋势

第一，产融结合。产业和金融的结合，是当前农业产业化金融服务的重要趋势之一。农业产业相对分散，龙头企业产业链控制力不强，农产品质量安全事件频频发生、农产品价格波动剧烈，产业链整合既有条件也存在迫切的需求。同时，农业金融风险管理专业化的要求，也提高了金融机构参与的积极性。

第二，融资多元化。随着多层次金融市场的发展，农业金融呈现出多元化的发展态势。一方面，产品、主体多元化。不仅大中小不同规模、银行证券保险不同类型的金融机构逐渐进入农业金融市场，而且各类融资产品的创新也加速推进。另一方面，金融机构内部业务多元化。如中国建设银行、中国农业银行、国家开发银行分别成立了参股或控股的农业产业基金；工行、建行、农行都通过金融租赁公司参与到农业发展的融资中，力求进一步扩大市场、为客户提供全方位的金融服务。

第三，供应链金融。供应链金融以资金流和商品流封闭运行、产业机构深度参与、风险分担机制健全为主要特征。供应链金融把供应链上的所有成员看作一个整体，以核心企业为中心，借助大型核心企业对中小供应商的深入了解，选择资质良好的上下游企业作为银行的融资对象，为供应链上的所有成员企业提供系统融资安排。这种安排的效果是：既突破商业银行传统的评级授信要求，也无需另行提供抵押质押担保，将供应链上各企业的利益"捆绑"得更牢固，同时为中小企业融资"松绑"。农业价值链中包括不同的参与主体，如投入品的供应者、生产者（农户）、生产者组织、当地贸易中间商、加工者及出口商或者批发商等等。最需要进行融资的就是生产者，尤其是小农户生产者，他们位于价值链的最低端，最容易受到经济波动的冲击。

第5章

汽车产业融资分析及效率评价

5.1 汽车产业成长及动力分析

5.1.1 汽车产业在国民经济发展中的作用

从全球范围来看，一国的汽车产业发展程度代表了该国制造业的发展水平。像美国、德国、日本等经济强国，汽车产业的发展无论是对国内经济还是国际贸易都有着重要的影响。我国汽车产业从1956年第一批解放牌汽车问世开始，到如今持续高速发展，经历了一个从无到有、日新月异的过程。改革开放以来，特别是进入21世纪以来，中国汽车产业一直高速发展。汽车产业在带动钢铁、橡胶、化工、电子、纺织和玻璃等上游产业的同时也对相关下游产业的发展起到了促进作用。同时，汽车消费也成为拉动国民经济增长和刺激消费的重要手段。随着我国加入WTO以及和汽车产业相关承诺的兑现，我国汽车产业也日益成为世界汽车产业的重要组成部分。

（1）对国民经济发展的贡献巨大

随着我国汽车产业的快速发展，汽车产业在国民经济中的重要地位不断加强，已成为支撑和拉动我国经济持续快速增长的主导产业之一。2003～2016年，汽车产业总产值在全国GDP中的比例整体上处于上升趋势，由2003年的1.7%上升至2016年的10.8%（见图5-1），说明我国汽车产业正逐渐成长为国民经济的主导产业。

汽车产业对国民经济的影响，不仅表现在其自身能够创造巨大的产业价值，还缘由它是一个波及范围广、影响力大的产业。汽车行业产业链长，辐射面广，与其相关的上下游产业极多，其上游涉及钢铁、机械、橡胶、石化、

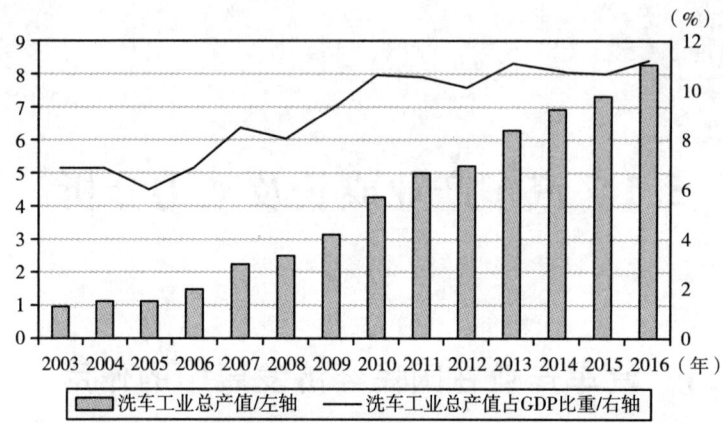

图 5-1 2003～2016 年我国汽车工业总产值及占 GDP 比重

数据来源:中国汽车工业协会发布的《2017 年中国汽车工业发展报告》(2017 汽车蓝皮书)。

电子、纺织等行业,下游涉及保险、金融、销售、维修、加油站等行业,因此汽车产业的平稳增长对经济有很大的拉动作用(如图 5-2 所示)。

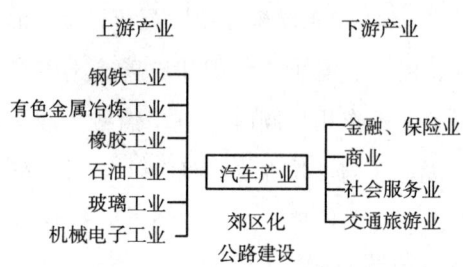

图 5-2 汽车产业关联图

以汽车内饰件行业为例,上游为生产内饰件需要的各种原材料,主要为塑料粒子(含 PP、ABS、色母等)、多元醇、面料等,下游为各个汽车生产厂商。其中,PP、ABS 等塑料粒子和多元醇均为石化产品,价格受石油价格、市场供求关系、国家政策调控等诸多因素的影响。由于汽车内饰件是汽车的必备零部件,汽车行业的景气水平对该行业有直接的推动作用。可以预见的是,我国汽车产销量的快速增长和汽车行业持续的景气将会直接带动对汽车内饰件的需求,从而对 PP(聚丙烯)等原材料的价格产生影响。

（2）推动消费结构的升级

对比发达国家的历史来看，当人均 GDP 达到 1 000 美元左右时，国民消费结构升级步伐将呈现明显加快趋势，此时消费结构变化的一个重要标志就是住房和汽车类消费大量增加，由此带动消费需求的快速增长。从 2001 年起，我国人均 GDP 就已经达到 7 517 元人民币，接近 1 000 美元这一水平线。居民消费总体上从满足生活需要向提升生活质量转变，从追求物质消费向同时追求精神消费和服务消费转变。这种变化带来的直接影响就是消费结构的升级，开始向高级化方向转变。一般消费品在总消费中的比重下降，耐用消费品比重大幅提升，与住房、交通有关的消费将明显增加。结合我国实际来看，2002~2016 年，全国限额以上批发零售企业商品销售中，年增速最快的就是汽车类产品。汽车作为耐用消费品的代表，对推动消费结构升级、转变人民生活方式有着不可忽视的作用。一方面，汽车作为人们的交通工具，将有效扩大人们的生活半径，促进人们的出行；另一方面，汽车在方便人们出行的同时，必然增加人们对旅游、餐饮、交通及其他服务业的消费需求，从而引导人们转变消费意识、实现消费结构的逐步升级。

从人均汽车拥有量的情况看，我国汽车市场孕育着较大的市场消费潜力。如图 5-3 所示，在 1997~2016 年我国汽车保有量均取得了大幅增长，这一趋势可以通过汽车普及率的重要指标——千人汽车保有量数据看出来。1997 年我国千人汽车保有量不到 3 辆，2001 年增加到 6 辆，2016 年我国千人汽车保有量达到 118 辆，较 20 年前增长 39 倍。发达国家汽车市场有两个高速增长的阶段：第一个高速增长的阶段是从每千人 5 辆车增加到每千人 20 辆车。这是发展速度最快的时期，年均增长率大概在 30% 左右，按照这一标准，我国持续 7 年左右的时间。第二个高速增长时期是从每千人 20 辆车发展为每千人 130 辆车，持续时间大概十年左右，年均增长率在 20% 左右。虽然我国的汽车普及率增长迅速，但在全球范围内目前仍处于较低的水平。目前，我国千人汽车保有量不仅低于 2012 年全球千人汽车保有量的平均水平 158 辆，更远低于发达国家千人汽车保有量 500~800 辆的水平。《中国汽车工业年鉴》(2014 年版) 的数据显示, 2014 年末, 美国每千人汽车保有量为 797 辆, 日本为 591 辆, 相比之下相差巨大。这意味着中国汽车市场发展潜力依然巨大, 汽车消费还存在较大的增长空间。

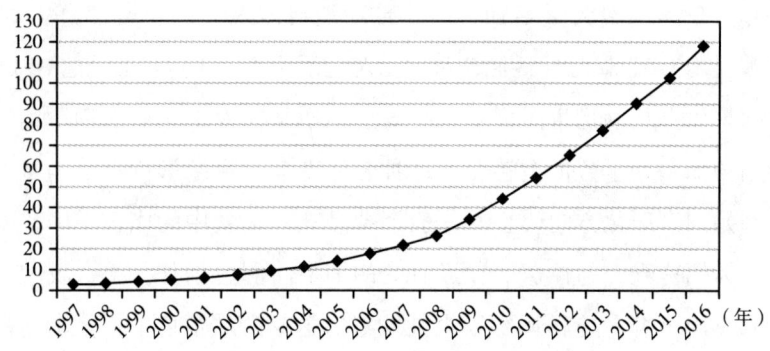

图 5-3　1997~2016 年我国每千人汽车拥有量

数据来源:根据历年中国统计年鉴中私人汽车拥有量与年末总人口之比计算而得。

(3) 优化交通结构

现代交通结构由火车、汽车、飞机、船舶等现代交通工具组成, 它们各自在交通结构中发挥着重要的作用。其中, 汽车所具有的普遍性和灵活性是其他现代交通工具无法比拟的。第一, 普遍性。火车、飞机、船舶只适于作公共交通工具, 并要求与之相适应的客货运输量;而汽车既适于作为公共交通工具使用, 又适于作为家庭和个人的交通工具使用, 既适于大批量客货运输, 也适于小批量客货运输。第二, 灵活性。火车、飞机、船舶均属于线性交通工具, 火车只能沿铁路运行, 飞机只能沿航线飞行, 船舶只能沿江河、湖海航行;而汽车属于地面上的交通工具, 只要有道路就能行驶, 它既可通向各个城市, 又可通向广大农村, 实现"门对门"的服务。正是由于汽车的广泛使用, 才使得现代交通结构实现了公共交通与个人或家庭相结合, 实现了大批量客货运输与小批量客货运输相结合, 以汽车作为终端运输工具, 才能实现现代化运输的全过程, 从而使现代交通结构得到优化。

(4) 在出口贸易中扮演重要角色

汽车产业是资金和技术密集的大批量生产产业,不是任何国家都有条件发展汽车工业的。但是,世界上所有国家都需要大量汽车,这就决定了汽车产业成为强大的出口产业的地位。汽车产品是否大规模出口是世界各国衡量汽车生产大国的重要标志之一。汽车产品的出口规模扩大,不仅有利于汽车生产企业参与全球的分工合作,更有利于提升自身在汽车产业国际竞争中的发展水平。提升我国汽车产业总体水平和国际竞争力的重要途径就是推动具有自主知识产权和自主品牌的汽车整车出口。目前,我国国产汽车进入国际市场已是大势所趋,汽车零部件出口也取得了长足进展,但总体上来看,集中于低端市场的出口格局还没有从根本上发生改变。尽管 2016 年我国汽车出口总额已达到 106.87 亿美元,并且从图 5-4 可以看出,在 1997~2016 年,中国汽车出口总额所占比重不断提高,由 1997 年的 0.1% 增加到 2016 年的 0.51%,但如果相比较我国的汽车销量在全球的排名的话,从 2009 年开始我国汽车销量连续 9 年位居全球第一,而出口量仅占销量的 3%,远低于欧美日等汽车发达国家水平。从图 5-5 中可以看出,自 2007 年之后,我国汽车出口总额增长率呈疲软下滑趋势,出口形势依然严峻,其主要原因在于我国汽车出口的总体竞争力偏弱。

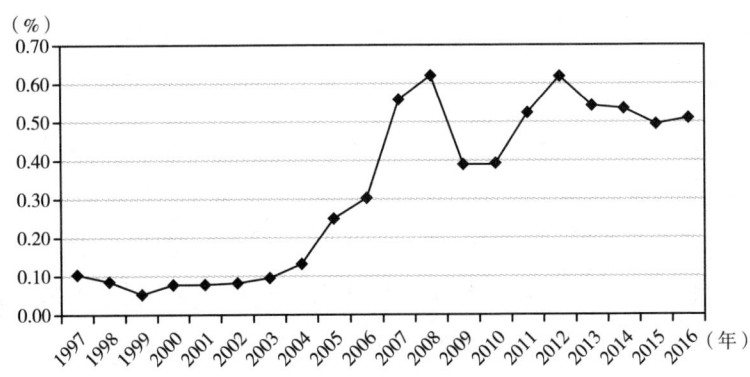

图 5-4 1997~2016 年汽车出口总额占比

数据来源:根据历年中国统计年鉴中汽车出口总额与出口总额之比计算而得。

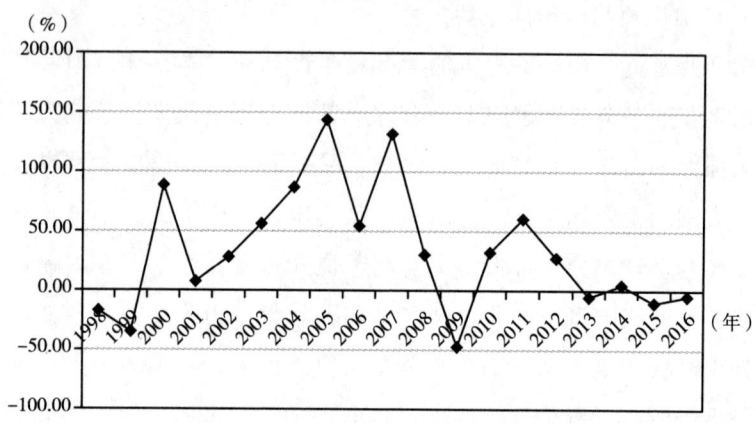

图 5-5　1998~2016 年汽车出口总额增长率

数据来源：根据历年中国统计年鉴中汽车出口总额计算而得。

5.1.2　我国汽车产业的成长态势及发展特征

从 20 世纪 50 年代第一汽车制造厂的建成，我国汽车制造业至今已经历近 70 年的发展，期间包括由计划经济向市场经济的转型。自 2001 年底加入 WTO 以来，我国汽车产业蓬勃发展，已经成为国民经济的重要支柱产业。同时，我国宏观经济持续快速的增长也推动汽车需求量迅速增加，市场需求的变化使我国汽车产业迎来了突飞猛进的发展。目前，随着全球产业转移以及我国经济的快速发展，我国已成为全球汽车生产和消费大国，汽车产业的全球地位逐步提高。

从汽车产销量来看（见图 5-6、图 5-7），2006~2016 年我国汽车产销量一直保持稳定增长趋势，分别由 2006 年的 727.79 万辆、721.6 万辆增长到 2016 年的 2 811.88 万辆、2 802.82 万辆，年均增长率为 16.41%、16.17%，高于全球 3.68%、3.77% 的平均水平。2009 年在全球经济危机、世界汽车工业发展放缓的大背景下，受益于国家积极的产业政策，我国成为世界第一大汽车生产国和消费国，汽车产销量分别达到 1 379.1 万辆和 1 364.48 万辆。

此后，我国汽车工业连续保持增长态势，销量不断创出新高。与此同时，我国汽车产销量占全球汽车产销量的比例也在逐年增加，分别从2006年的10.51%增长到2016年的29.615。总之，我国的汽车工业已成为世界汽车工业体系中最为重要的组成部分。

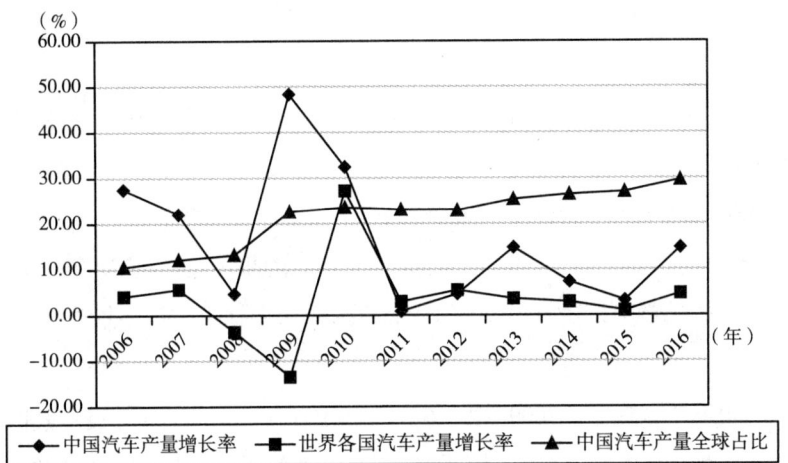

图 5-6　2006~2016年中国、世界汽车产量增长率及中国产量占世界总产量比

数据来源：中国汽车工业协会网站（www.caam.org.cn/）。

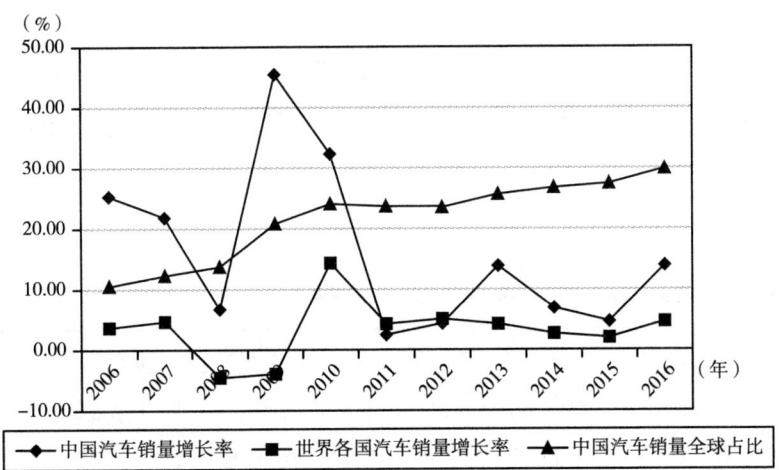

图 5-7　2006~2016年中国、世界汽车销量增长率及中国销量占世界总销量比

数据来源：中国汽车工业协会网站（www.caam.org.cn/）。

尽管汽车产业显著推动了国民经济增长并改善了百姓生活，但是各种"汽车社会病"接踵而来，能源、环境、拥堵、安全等一系列问题，成为影响汽车产业未来可持续发展的制约因素。更为严峻的挑战是，中国自主品牌汽车仍不够强大，特别是在"含金量"最高的乘用车领域，合资品牌还占据着绝对的优势，中国汽车产业总体上"大而不强"。

（1）产业结构特征

进入21世纪以来，我国汽车产业高速发展，形成了多品种、全系列的各类整车和零部件生产及配套体系，产业集中度不断提高，产品技术水平明显提升，已经成为世界汽车生产大国。有关资料显示，发达国家汽车生产企业的市场集中度很高。如日本的丰田、本田、日产三大企业的集中度为80%左右，美国前三大汽车企业的集中度约90%，法国和意大利几乎是100%。比较而言，我国汽车工业从整体上看显得比较分散，尽管我国汽车产量已名列全球前列，但单家企业的规模普遍偏小。2009年国务院办公厅发布的《汽车产业调整和振兴规划》提出："目前我国汽车市场正处在增长期，必须加快汽车产业调整和振兴。通过兼并重组的方式使产销规模占市场份额90%以上的汽车企业集团数量由目前的14家减少到10家以内。"经过多年的结构调整，我国汽车产业的生产集中度有了一定的提高，规模经济初见效果。2016年，销量排名前十位的汽车企业上汽、东风、一汽、长安等，共销售汽车2 475.99万辆，占汽车销售总量的88.34%，与规划提出的占有率超过90%的目标还差1个百分点。因此，必须加速汽车企业重组，促进汽车骨干企业的强强联合和兼并重组从而优化产业结构，特别是优化汽车产业组织结构，提高国际竞争力。

表5-1　　　　　　　　　前十家生产企业销量排名

年份	2013年		2014年		2015年		2016年	
排名	企业名称	销量（万辆）	企业名称	销量（万辆）	企业名称	销量（万辆）	企业名称	销量（万辆）
1	上汽集团	507.33	上汽集团	558.37	上汽集团	586.35	上汽集团	647.16
2	东风集团	353.49	东风集团	380.25	东风集团	387.25	东风集团	427.67

续表

年份	2013年		2014年		2015年		2016年	
排名	企业名称	销量（万辆）	企业名称	销量（万辆）	企业名称	销量（万辆）	企业名称	销量（万辆）
3	一汽集团	290.81	一汽集团	308.61	一汽集团	284.38	一汽集团	310.57
4	中国长安	220.33	中国长安	254.78	中国长安	277.65	中国长安	306.34
5	北汽集团	211.11	北汽集团	240.09	北汽集团	248.90	北汽集团	284.67
6	广汽集团	100.42	广汽集团	117.23	广汽集团	130.31	广汽集团	164.92
7	华晨汽车	77.74	华晨汽车	80.17	华晨汽车	85.61	长城汽车	107.45
8	长城汽车	75.42	长城汽车	73.08	长城汽车	85.27	吉利控股	79.92
9	吉利控股	54.94	奇瑞汽车	48.61	安徽江淮	58.79	华晨汽车	77.44
10	安徽江淮	51.43	安徽江淮	46.47	吉利控股	56.19	奇瑞汽车	69.85
合计	1 943.05		2 107.66		2 200.70		2 475.99	
占比（%）	88.38%		89.72%		89.47%		88.34%	

数据来源：中国汽车工业协会网站（www.caam.org.cn/）。

(2) 产品特征

目前，我国汽车产业大而不强的态势仍未改变，连续多年世界产销量第一的光环难以掩盖竞争力不强的短板。从品牌方面来看，根据中国汽车工业协会统计分析，2016年中国品牌乘用车销量首次超过千万辆，共销售1 052.86万辆，同比增长20.50%，占乘用车销售总量的43.19%（如表5-2所示）。其中，德系、日系、美系、韩系和法系乘用车分别销售451.03万辆、379.15万辆、296.46万辆、179.20万辆和64.40万辆，分别占乘用车销售总量的18.50%、15.55%、12.16%、7.35%和2.64%。2016年中国汽车销量前三名的市场占有率达到49.4%，位列第一的上汽集团销量突破600万辆大关。其中，自主品牌乘用车全年销量32.2万辆，占比为4.98%。从整体来看，2016年自主品牌轿车总销量为234万辆，同比下降3.7%，其中所占的市场份额为19.3%，下降1.4个百分点。从产品结构来看，根据中国汽车工业协会公布的数据,中国汽车市场2016全年SUV销量为915.3万辆,相比2015全年SUV销量同比增长44.6%。而汽车全年的销量同比增速仅为13.7%,SUV的增速已经远超汽车销量的增速。根据乘用车四类车型产销情况看,轿车产销分别增长3.9%和3.4%;SUV产销继续保持高速增长,分别增长45.7%和44.6%;MPV产销增速分别为17.1%和18.4%;交叉型乘用车产销分别下降38.3%和37.8%。综合来看,我国汽车企业未来的竞争力和品牌的创新力仍有较大提升空间。

表5-2　　　　　我国乘用车分国别销售情况统计

年份	德系（万辆）	日系（万辆）	美系（万辆）	韩系（万辆）	法系（万辆）	各国合计占乘用车销售总量之比（%）
2013	337.25	293.06	222.15	157.75	55.26	59.63%
2014	394.09	309.52	252.55	176.61	72.70	61.18%
2015	399.82	336.43	259.57	167.88	72.93	58.48%
2016	451.03	379.15	296.46	179.20	64.40	56.81%

数据来源:中国汽车工业协会网站(www.caam.org.cn/)。

5.1.3　我国汽车产业的发展契机

(1) 国内汽车消费市场成长空间较大

21世纪以来,在居民收入快速增长和各种购车鼓励政策的刺激下,我国汽车行业呈现出一种不同寻常的高速发展态势。目前,我国已成为世界第一大汽车消费国,但我国仍处于工业化中期阶段,国内汽车消费市场仍有较大的潜在空间。如前文所述,无论是汽车工业产值及其占GDP的比重,还是人均汽车保有量均与发达国家有较大差距,尤其是我国的千人汽车保有量仍低于世界平均水平,因此,未来产销量的提升空间较大。

(2) 互联网优势为汽车智能化提供先机

当前,以大数据为代表的新一代信息技术正在引发数据转型浪潮,对于汽车产业来说,"数字化"或将为汽车的研发、设计、制造、服务等领域带来一系列变革。汽车产业数字化战略旨在打通制造与服务两个独立的环节，涵盖汽车产品设计、研发、制造、出行、服务、能源、交通等接口，是智慧交通大战略下的子系统。如果我国汽车产业能够借助数字化机遇，打通汽车研发、制造和服务全产业链和全生命周期，充分挖掘汽车全寿命周期的生产和使用效率，必将创造汽车产业发展的中国方式，实现由汽车大国向汽车强国的迈进。

（3）绿色经济推动新能源汽车发展，节能减排成为重点发展方向

近年来，在政策鼓励、能源需求、空气污染治理等多个角度推动下，我国绿色经济的相关领域的不断推进，尤其是新能源汽车的发展备受关注，产业规模增长迅速。自 2009 年以来我国启动新能源汽车示范推广工程以来，我国新能源汽车技术水平不断提升，无论是在续航里程、百公里能耗等整车性能还是动力电池能量密度、驱动电机效率等关键技术进步显著。中国汽车工业协会的数据显示，2016 年，我国新能源汽车销售 50.7 万辆，占 2016 年汽车市场份额 1.81%，新能源汽车保有量达到 100.4 万辆。2016 年底，全国公共充电桩建设运营数量超过 15 万个，充电基础设施建设稳步增长。目前，我国新能源汽车产业发展已从导入期进入成长初期，预计未来我国新能源汽车产业将进入快速发展期。

从绿色经济推广角度来看，汽车行业的节能减排工作不断加强，机遇和挑战并存。近年来，由汽车迅速增加带来的大气污染已经成为许多大城市的主要污染源，在每年新增石油消费量中约 70% 被新增汽车所消耗。汽车工业的快速发展已经给能源供应、环境保护带来巨大压力。为解决日益严峻的能源和环保问题，国家大力推动节能汽车和小排量汽车的使用，并相继出台了《关于减征 1.6 升及以下排量乘用车车辆购置税的通知》《关于调整汽车以旧换新补贴标准有关事项的通知》《关于允许汽车以旧换新补贴与车辆购置税减征政策同时享受的通知》《车用压燃式、气体燃料点燃式发动机与汽车排气污染物排放限值及测量方法（中国Ⅲ、Ⅳ、Ⅴ阶段）》（GB17691-2005）等一系列产业政策，这些产业政策的推行极大地促进了汽车节能减排技术的

进步和产业结构的调整。由此可以判断,将汽车产业向节能环保方向推动发展,不仅有利于进一步推动国内节能环保类型汽车市场的增长,也是我国汽车产业的重要发展方向。

(4)"走出去"的态势已经基本形成

提升我国汽车产业的出口量是国际化的重要体现。在国内市场竞争日趋激烈的背景下,走全球化发展道路给我国汽车产业带来发展契机。从全球汽车出口市场来看,仍以发展中国家新兴市场为主。对我国来说,签订自贸区国家和"一带一路"沿线地区将是重要的出口市场。对于汽车企业来说,一方面要不断重视国际化发展战略,大力培育国际品牌,完善境外营销和售后服务网点建设;另一方面,应不断提升自主品牌的研发能力,将中国自主品牌汽车出口作为主导方向。对于国有企业来说,通过整合、并购与重组等方式,有利于提高出口能力和规模。随着未来合作的不断深化,进一步整合内部资源,国有车企在出口方面的整体优势也将逐步呈现。另外,受未来全球经济发展仍面临下行风险,主要经济大国宏观政策不确定性增加,地缘政治风险进一步加剧、贸易保护主义有所抬头等不利因素的影响,我国汽车产业的"走出去"应逐步转向全产业链模式,包括零部件、金融、后市场企业联合走出去。

5.2 汽车批发金融与效率分析

5.2.1 汽车经销商的融资需求分析

近年来,伴随着中国汽车行业的高速发展,汽车经销商经历了由少到多、由小到大、由弱到强、由分散到集中的发展历程,汽车经销商高速成长,行业整合和集团化趋势明显。根据中国汽车流通协会统计,2016年国内汽车品牌授权经销商超过9万家，经销商总数为26 685家，汽车板块上市公司154家，如上汽集团、申华控股、海马汽车等。随着市场竞争逐渐加剧，新车销售利润趋薄，低端品牌产能过剩，区域不平衡等问题渐渐出现，使得中低端汽车经销商受到严重挤压；汽车销量增速趋缓。中国汽车流通协会公布的数据显示，2016年全国百强经销商企业毛利率5.2%，相较2012年8.2%的毛利率下降明显。全国百强经销商在一定程度上可以代表全国的汽车经销商群体，不断恶化的传统业务盈利驱动经销商逐渐向新兴业务靠拢，汽车金融发生场景通常为经销商。经销商势力的优势会越发明显，促使经销商群体积极推动汽车金融行业的发展，越来越多的经销商将盈利重心由新车销售向维修、配件、精品、二手车、金融保险服务等后市场业务转移。中国汽车流通行业已步入机遇与挑战并存的发展阶段，汽车经销商们迫切需要来自各方面的资金支持。

汽车批发金融是汽车经销商为向主机厂（即新车生产企业）批量采购新车而申请的短期流动资金贷款或者票据承兑，因此汽车经销商是汽车批发金融的主要需求对象。在经销商发展过程中，其融资需求主要包括以下几个方面：库存融资、建店融资、并购贷款、现金管理、汽车消费贷款和融资租赁。

目前，为汽车经销商提供批发融资的金融机构主要是汽车金融公司和商业银行。从用途上来讲，汽车经销商的资金主要有以下几个使用方向：

第一，规模扩张。随着我国乘用车销量的逐年快速递增，新建汽车经销商的数量也大幅增加。基于厂商对单店运营能力和功能上的预期，新建品牌店的面积和设施标准都有了大幅提高。在规模扩张方面，又可以细分为自行新建店、兼并现有店和跨行业多元化发展。如果是自行新建店的话，按照现行厂商标准，中低端品牌的建店成本约为1 500~3 000元/平方米，而豪华品牌甚至可以达到每平方米近万元。为了占领市场，经销商不得不将大量的流动资金投入新建品牌店的长期投入上。这些新建项目对资金的需求，成为企业的承重负担。除了自行建造新店外，部分经销商还采取了以并购为主的扩展策略。虽然兼并现有店的实际投资比自行新建店略低，但相对于新建门店不超过1年的建设周期的分批资金投入，并购会在短期内一次性投入大量资金，企业的短期流动性压力会加大。另外，部分涉及跨行业多元化发展的经销商，由于投资项目多、范围广，使得资金周转情况的不确定性增大。

第二，日常经营。在日常经营中，经销商的资金主要用于满足库存待销车、采购零配件和试乘试驾车方面的采购需求。随着经销商规模的扩大，库存对资金的占用也与日俱增。对经营状况比较好、能够实现库存与进销节奏相匹配的经销商来说，尚能够保持良好循环。但对于整体进销节奏控制存在问题的经销商来说，库存过高将有可能导致对外部融资的过度依赖及财务成本的大幅提升，从而给企业带来运营风险。

5.2.2 汽车经销商的融资模式选择

（1）汽车金融公司单车贷款库存融资服务

库存融资，是针对经销商从厂家进货而设立的，为解决经销商资金压力专款专用的一种融资方式。汽车经销商库存融资模式如下：经销商可通过汽车金融公司系统查询自己的可用融资额度，并在额度内向厂商采购车辆；经销商销售融资对应车辆，须在规定期限内向汽车金融公司归还贷款；厂商视各自商务政策不同，给予一定期限的免息期；免息期内，经销商销售还款，由厂商承担贷款利息；超过免息期，汽车金融公司根据每辆车售出时间对单车融资进行计息；融资期限通常不超过1年，融资超过一定期限（6个月），经销商需按约定执行"紧缩还款"并支付展期利率；通常采用飞行巡检的方式对融资对应车辆进行抽查和管理，如经销商违约则可借助厂商执行管理措施。库存融资的最大好处就是基于单车分笔进行贷款，随卖随还。借助汽车金融公司与厂商系统的对接，经销商可通过IT终端查询额度，融资及对应车辆信息，便于管理。

(2) 商业银行承兑汇票库存融资服务

目前，商业银行提供的库存融资服务中多使用银行承兑汇票作为融资产品，具体模式为：银行、厂商、经销商签署库存融资三方协议，由厂商承担收款发车责任和调剂销售责任；银行应经销商要求向厂商开立银行承兑汇票，作为支付工具采购车辆；厂商根据自身财务管理要求选择贴现（包括即时贴现和阶段性集中贴现）、背书转让或持票到期；厂商确认付款后，向经销商发送车辆，并将车辆对应合格证寄送银行或指定第三方机构进行监管；经销商接收车辆入库，发生销售时向银行打款赎车，银行向经销商释放相应的合格证以配合客户办理；银票到期前，经销商归还全部融资；如未实现销售、无法填满票据敞口，则由厂商履行调剂销售责任，帮助银行处置车辆、收回融资。这种融资方式的最大优势是在授信额度内，开票、贴现操作便捷；银行承兑汇票作为表外业务，不受银行贷款规模限制；通过对车辆和合格证的监管，可有效保护融资安全；估算合理的开票期限可有效降低整体融资成本。

(3) 商业银行与汽车金融公司联合贷款库存融资服务

近年来，经销商库存融资需求快速增长，迫切需要额度充足、发放及时和使用方便的融资支持。然而，受到监管机构对其资本充足率、业务增长规模限制性要求，以及货币政策收紧、资金紧张的宏观形势影响，汽车金融公司无法独立满足经销商快速增长的融资需求。在此背景下，部分商业银行与汽车金融公司合作，分别发挥双方在融资能力和经销商渠道管控方面的优势，推出经销商库存融资联合贷款服务。

5.2.3 汽车经销商融资效率分析

(1) 汽车经销商库存预警指数分析

对于汽车经销商来说，库存车数量过高的话，会带来资金压制甚至资金链断裂的风险隐患。在我国汽车产业高速发展的背景下，中国汽车产销规模正以前所未有的速度迅猛扩大。但在高速发展的背后，产销两旺的汽车市场中却隐含着销售量环比下降的现象。对于汽车销售市场来说，卖方市场要不断回归于买方市场，而库存风险也是影响汽车经销商资金流动性的重要风险之一。2010年3月中国汽车流通协会提出"库存预警体系"，并与同年7月开始对汽车产业经销商库存进行抽样调查，将数据汇总归集进行对外公布。汽车经销商库存预警指数的发布，旨在对全国各品牌汽车经销商库存状况调查，及时掌握行业总体状况，预测未来市场趋势，为相关部门制定调控措施提供精准的信息，并及时反映汽车市场产销波动，为厂家合理安排生产计划，为经销商制定营销策略及控制经营风险提供参考。库存预警指数采用扩展指数的编制方法以50%作为荣衰线。50%以下均处于合理范围。库存预警指数越高，反映出市场的需求越低，库存压力越大，经营压力和风险越大。图5-8反映了2015～2017年中国汽车经销商库存预警指数的变化及趋势。可以看出，在样本期间的36期观察月份中，25期的库存预警指数高于荣枯线，占比为69.4%，平均值为54.9%。这说明，我国汽车经销商的库存压力较大，存在短期资金周转不足的风险隐患。

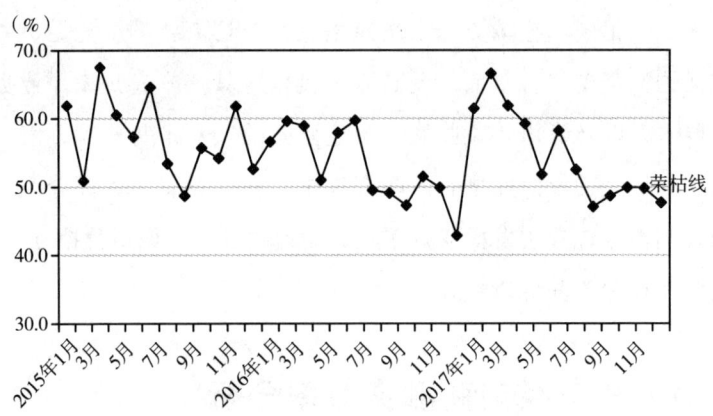

图5-8　2015～2017年中国汽车经销商库存预警指数统计

数据来源：中国汽车流通协会网站（www.cada.cn/）。

从经济学角度看，消费市场的过快增长会导致在很多方面产生泡沫，无论这些泡沫是否破灭，终将要有人承担风险，身处一线的经销商往往最早承担风险。国内经销商盈利水平之所以受市场销售波动较大,其重要原因之一就是过分倚重新车销售带来的利润,而汽车维修、保养、金融和保险等综合贸易服务并没有发展起来。尽管整车销售业务毛利率只有维修保养业务的三至四成,但由于其比重居高,依然是经销商的利润的主要来源。在西方成熟的汽车市场,例如美国汽车市场,其经销商的毛利润约有 60% 左右是来自服务维修以及金融保险等业务。图 5-9 中是 2016 年中美汽车经销商在售后业务方面的收入比较。国内汽车经销商的业绩水平对比全美经销商的均值差距普遍超过 1 000 万元,这是非常大的一个数据,是导致国内汽车经销商盈利能力不足的重要因素,也是国内经销商业务短板之一。只有利润水平越高,抵御市场销量波动带来的盈利风险的能力才能更强,从而可以保证经销商旱涝保收。

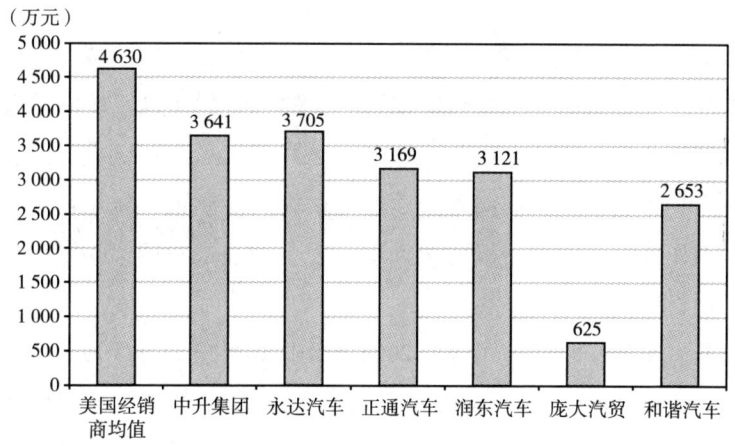

图 5-9 2016 年中美汽车经销商单车售后部门(含汽车精品)收入

数据来源:中国汽车流通协会网站(www.cada.cn)。

(2)汽车金融公司库存贷款分析

目前中国汽车批发金融市场的主要业务是库存融资,通过库存融资可以为经销商建立车辆库存提供资金支持,在汽车贷款业务中,其所占比例如图 5-10 所示。这个市场的两大供给者是商业银行和汽车金融公司。

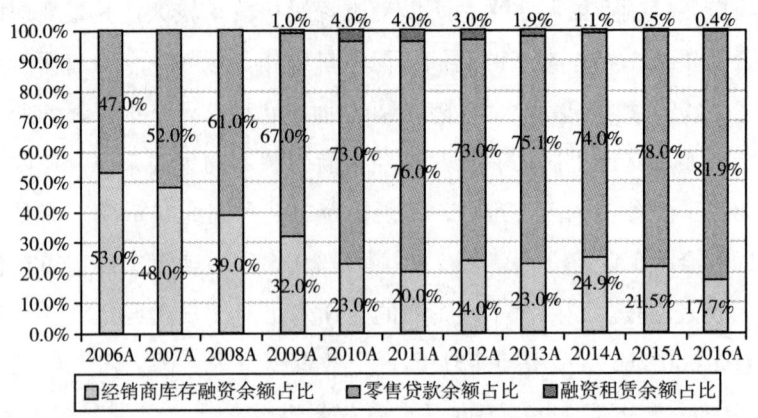

图 5-10　汽车金融贷款按类型分类占比（2006A~2016A）

数据来源：原中国银监会网站（www.cbrc.gov.cn/index.html）和中国汽车工业协会网站（http://www.caam.org.cn/）。

商业银行拥有着较为雄厚的资金实力和较有优势的资金成本。但是，由于银行本身特性导致商业银行具有较为严苛的审核体系以及较高的首付要求和贷款者硬性要求。此外，商业银行无论是对于汽车产业链或者是在供应链关系上并不具备优势。即便如此，凭借早期优势商业银行体系在金融领域中占比最高。作为汽车金融市场的早期参与者，商业银行围绕买、用、养、换各消费场景，完成产品谱系拓宽。

我国第一家汽车金融公司是在 2004 年中国银监会核准下成立的上汽通用汽车金融。截至 2016 年末，中国共有 25 家汽车金融公司开业，保持着平均一年两家的成立节奏。外系品牌汽车金融公司一般早于国内品牌汽车金融公司，且成立较早的大众汽车金融公司、上汽通用汽车金融公司、梅赛德斯-奔驰汽车金融公司的注册资本普遍比后来者更多。汽车金融公司为经销商提供循环贷款。尽管相较商业银行没有资金的优势亦者是资金成本方面的优势，但是由于在硬性标准、首付比例、还款期限等方面拥有明显的优势，有望成为汽车金融市场中更有影响力的参与者。根据原中国银监会发布的数据，至 2016 年年末，我国汽车金融公司库存批发贷款余额为 922.78 亿元，比上年末增加 82.26 亿元，同比增长 9.79%，占贷款总额的 17.72%。2016 年汽车金融公司全年累计发放的经销商批发贷款对应车辆459.77万辆,比上年增加94.57万辆,同比增长25.90%,占2016年我国汽车产量的16.35%(根据中国汽车工业协会数据,2016年我国汽车产量为2 811.9万台),持续为我国汽车工业的增长提供支持。从图5-11中可以看出,我国汽车金融公司经销商批发贷款渗透率平均来看低于20%,仍有很大提升空间。如果汽车批发贷款的规模和产品服务能够不断优化,将有利于降低汽车经销商短期流动性的风险,缓解库存融资压力。

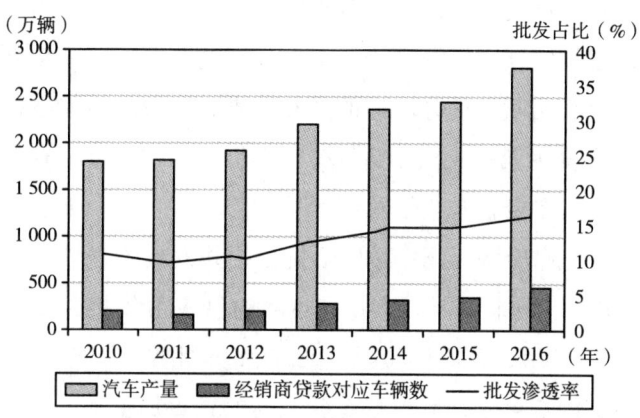

图5-11 汽车金融公司经销商批发贷款车辆占汽车产量比重

数据来源:原中国银监会网站(www.cbrc.gov.cn/index.html)和中国汽车工业协会网站(http://www.caam.org.cn/)。

5.3 汽车消费金融与效率分析

5.3.1 汽车消费金融服务主体分析

汽车消费金融,又称汽车零售金融即金融机构为购买新车的普通消费者提供的消费贷款。从中国人民银行1998年正式批准开展汽车消费信贷业务以来，我国汽车消费金融业务实现了飞速发展。2004年10月1日，原中国银监会出台了《汽车贷款管理办法》，进一步规范了汽车消费信贷业务。汽车消费信贷业务在近几年的飞速发展得益于以下几个因素：新车销售的提升、居民消费习惯的改变、年轻人成为购车的生力军、理财意识加深、贷款买车成为越来越多人的选择、产品供给的丰富。除了商业银行提供的汽车消费贷款外，信用卡分期及汽车金融公司贷款也成为贷款买车的新选择。

从图5-10中可以看出，汽车消费贷款是汽车金融业务的主体，其规模近年来也呈现出了复合增长的趋势（如图5-12所示）。1998年中国人民银行下发《汽车消费贷款管理办法》的通知，当时只限与四家银行提供汽车金融服务。2004年8月第一家汽车金融公司上海通用汽车金融有限责任公司在上海开业，开启汽车金融专业化发展。近年来，汽车金融服务主体不断增加，形成商业银行、汽车金融公司、融资租赁公司共发展的趋势（如图5-13所示）。可以看出，近年来国内汽车零售金融的供应主体从商业银行向汽车金融公司，2013年以后，互联网金融平台和融资租赁公司等新玩家入场。目前，银行是最大的资金方，参与汽车金融的模式更加多样，直接参与的比重有下降的趋势，信用卡分期将成为银行直接参与汽车消费金融的主要方式。相比之下，汽车金融公司的专业优势更胜一筹，成为汽车金融一线主力。2016年年末我国汽车金融公司零售贷款余额4 265.41亿元，比上年末增加1 213.87亿元，同比增长39.78%，占贷款总额的81.88%，处于逐年上升趋势（如图5-14所示）。2016年汽车金融公司消费贷款车辆434.50万辆，比上年末增加141.90万辆，同比增长48.50%，占2016年我国汽车销量的15.50%，同比增长3.6个百分点，为促进我国汽车消费发挥积极作用。另外，融资租赁公司作为新生力量，有望和银行、汽车金融公司形成三足鼎立。尽管近年来发展迅速，但相比发达国家汽车融资租赁的渗透率（约50%）的话，国内占比是极低的（约5%~10%）。三个服务主体比较如表5-3所示。

第 5 章 汽车产业融资分析及效率评价 | 127

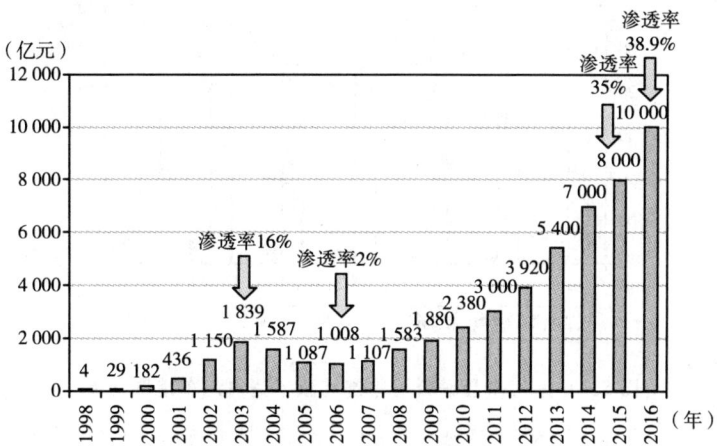

图 5-12 我国汽车消费信贷市场规模

数据来源：根据中国汽车工业年鉴整理。

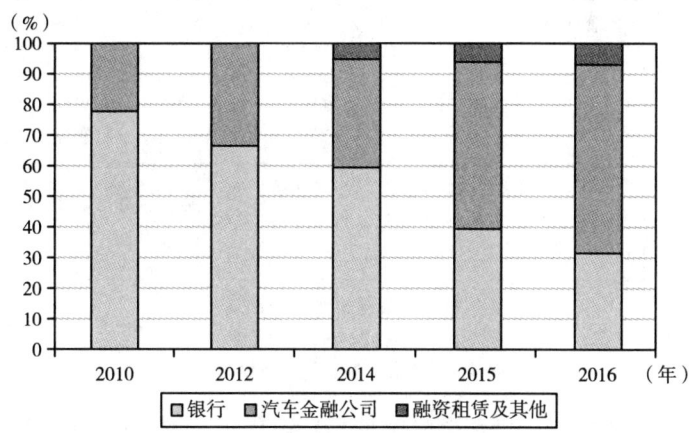

图 5-13 中国汽车消费金融市场份额

数据来源：原中国银监会网站（www.cbrc.gov.cn/index.html）和中国汽车工业协会网站（http：//www.caam.org.cn/）。

图 5-14 汽车金融公司零售贷款车辆占汽车销量比重

数据来源：原中国银监会网站（www.cbrc.gov.cn/index.html）和中国汽车工业协会网站（http://www.caam.org.cn/）。

表 5-3 汽车消费信贷不同供给主体的优劣势分析

供给主体	监管部门	优势	劣势
商业银行	原中国银监会	网点广泛，资金成本低	审批放款流程复杂，专业人员缺失导致难以深入汽车产业链，对公、对私业务条线存在隔离
汽车金融公司	原中国银监会	深度捆绑主机厂和经销商，优惠的贴息政策，深入产业链，专业性强，产品灵活	资金成本高，融资渠道有待进一步开发
融资租赁公司	商务部	受到的监管限制较少，产品设计灵活，首付比例低，还款期限长。个性化方案，操作便捷	资金成本高，客户资质相对较差，尾款和残值风险较高
互联网金融公司	金融监管部门	大数据风控、用户画像、线索导流	起步阶段，运营风险高，缺乏线下渠道

5.3.2 汽车消费金融市场发展潜力分析

目前宏观经济处于投资转消费的新常态期，未来消费信贷比例会持续上升，有利于汽车金融的发展。从汽车平均售价与人均 GDP 比例来看，中国采用信贷买车的汽车金融需求会更为迫切。由于国产车型的崛起，近几年汽车平均价格没有太多波动；经济高速增长带来人均 GDP 的高增长，使得中国汽车平均售价与人均 GDP 的比例从 2010 年的 4.2 倍下降到 2016 年的 2.4 倍。相比较来看，2016 年美国汽车平均售价与人均 GDP 的比例为 0.44，日本为 0.45，尽管中国消费者的消费能力在快速提升，但是汽车对于每个消费者的负担远远高于美国和日本，对于有购车需求的消费者而言，借助汽车金融手段提前实现消费意愿，将有效推动汽车金融产业的发展。

中国汽车金融渗透率大幅低于发达国家水平，汽车金融业务在中国仍处于发展初期。发达国家和地区汽车市场的消费者，更多借助金融方式实现新车购买。据前瞻产业研究院数据，2016 年，约 81% 的美国消费者通过金融方式购买新车[1]，这一数字在德国为 64%[2]，中国新车贷款渗透率为 38%，仍有较大成长空间。

5.3.3　汽车消费金融风险分析

尽管我国汽车消费金融发展潜力巨大，目前汽车金融产品已经较为丰富，但由于我国征信体系不够健全、风控制度不够完善、政策法规有待更新等一系列问题的存在，在一定程度上制约了我国汽车金融市场的快速发展，潜在的风险不容忽视。

第一，政策风险。由于中国城市规划存在风险，以及汽车市场的高速增长，交通拥堵情况日益严重，迫使一线城市和二线城市实施了车牌管制和限行等政策，这将影响新车的销量和二手车的成交量，进而影响汽车金融资产的流动性。不过，限行、限牌等汽车政策只是对于传统汽车产业而言，随着新能源汽车产业的政策支持，可以有效弥补传统汽车产业的政策风险，并且

---

[1]　Experian Automotive, State of the Automotive Finance Market, 2016.
[2]　德国 AKA 汽车金融协会——WCG, Germany Asset & Auto Finance Survey, 2015.

带动汽车产业的整体发展，进而为汽车金融带来全新的发展机遇。

第二，信用风险。借款人重复质押导致的欺诈问题也是汽车金融行业一大风险，目前不少融资方普遍存在一车多押的情况、实际抵押价值远超抵押物价值的问题。对于欺诈风险出现的原因，尤其是互联网金融，如P2P平台很难对借款人的实际资质进行全面细致的了解，就会加大借贷机构判断借款人的偿还能力和偿还意愿的难度。

5.4 汽车融资租赁与效率分析

在工业发达国家，车辆租赁或融资十分盛行，不仅产品种类齐全，而且使用方便、操作便捷，是融资租赁最重要的资产类别。近年来，我国车辆融资租赁业务发展迅速，但业务额较少，渗透率（租赁汽车的数量占乘用车总保有量的比例）很低，仍处于起步阶段。当然，其中的原因非常复杂，有居民消费习惯的问题，也有二手市场不成熟的原因，还有限牌、上牌、登记等制度方面的问题。中国银行业协会汽车金融专业委员会发布的《2016年中国汽车金融公司行业发展报告》中的数据显示，截至2016年年末，我国汽车金融公司融资租赁余额21.01亿元，比上年末增加2.39亿元，同比增加12.85%，占贷款总额约0.4%。

5.4.1 服务主体分析

（1）汽车融资租赁公司

专业汽车融资租赁公司起步较早，运营体系较成熟，但之前由于融资成本较高，且缺乏外界支持，汽车融资产品相比汽车金融，其吸引力一直比较有限。一些融资租赁公司也开始寻求同外界合作，如经销商和整车厂，以推出更具吸引力的产品，打开局面。融资租赁由于手续复杂，利率较高，相对长租成本会更高些。但由于通过融资租赁所租赁车辆可以从租赁期开始就作为资产反映在企业的资产负债表上，对企业有一定吸引力。传统的主机厂系和经销商系，汽车互联网平台也通过融资租赁牌照进入市场，开启了融资租赁业务的爆发式增长。

（2）银行系融资租赁公司

传统银行系租赁公司的租赁标的物仍多集中在资本性货物上，如飞机、轮船、大型成套设备等，但已有银行系融资租赁公司凭借雄厚的资金实力，尝试大规模的开展汽车融资租赁业务。银行系融资租赁公司的主要特点是雄厚的资金实力和较低的资金成本、较短的信用审批流程而具备较高的流程效率，但其劣势是专业程度较低、有限的销售渠道和对客户有限的了解。

5.4.2 商业模式分析

（1）合约租赁

合约租赁是指在租期内，承租人拥有车辆的使用权、租赁公司拥有车辆的所有权，租期结束后车辆返还给租赁公司。在这种租赁方式中，承租人不承担车辆的残值风险，租赁期限届满时承租人无留购选择权，租赁期限一般2~4年。租金的多少取决于车辆的零售价格、车辆的残值，租金大致相当于零售价格和车辆残值的差额。租赁开始时估计的车辆残值主要考虑计提的折旧、行驶的里程数、车况等因素。因此，残值越高，所需支付的租金越少。这是一种最常用、最划算、最容易操作的车辆融资方式。优点：承租人在租期结束时只需返还车辆，不必考虑车辆的再处置问题；甚至一些合约租赁也会包含维修服务，使用人只需要购买车辆保险、轮胎和加油就可以了；承租人很容易计算和规划保有车辆的成本；这种交易方式对增值税纳税人更为合适，因为租金全额的50%和维修费用的100%可以抵减增值税额。缺点：租期结束后，承租人必须返还车辆，而且也没有留购的选择权；如果经常旅行，则车辆的行驶里程会比较高，这会加速车辆的折旧，所需支付的租金也会增加。

(2) 融资租赁

融资租赁是车辆购置环节一种重要的融资方式，特别是对于增值税纳税人来说。融资租赁与合约租赁的区别在于，租期的最后一笔租金需要覆盖租赁公司的全部投资。租期结束后，车辆将被租赁公司卖给第三方。如果售价超过之前约定的最后一笔租金，租赁公司将会把超过部分的一定比例返还给承租人；如果售价低于之前约定的最后一笔租金，则承租人负有补足的义务。这种方式适合一次性支付压力较大的机构类承租人。最后一笔租金的多少，取决于每期租金的多少，每期租金少一点，则尾款会比较多；相反，每期租金多一点，则尾款就会比较少。每期租金的多少，取决于车辆的初始成本、租期、残值以及尾款。在此类交易中，承租人承担了一部分车辆残值的风险，而且租赁公司一般会有最高行驶里程的限制。同时，租期结束后，承租人如果不想出售车辆，也可以继续租用。优点：低首付和低月供；租金支付方式更为灵活，可以更好地匹配承租人的现金流；租金全额的50%可以抵免增值税；优化资产负债表，车辆将在承租人的资产负债表中确认资产，而租金则确认为负债；有可能会从租期结束后的资产处置中受益。缺点：无法取得车辆的所有权；与车辆相关的监管、运营风险较高；租金的利率将根据承租人资信的不同差别较大，以及其他的文件成本和手续费较高。

(3) 租购

租购是指承租人支付首付款（约10%~50%）后按期支付租金，租赁期满后取得车辆的所有权。这种交易方式中，不需要计算车辆的残值，每期租金的多少主要取决于车辆的零售价格、首付款比例和租赁期限。承租人承担车辆的残值风险，租赁期限届满后承租人取得车辆的所有权。租购的合同条款通常由承租人和出租人商定，出租人一般是银行或经纪公司，租赁期限一般为1~4年。承租人违约时，如果已支付的租金未超过1/3，出租人可直接取回车辆；如果已支付的租金超过了1/3，则出租人只能通过诉讼的方式取回车辆或支付未到期租金。优点：承租人可以取得车辆的所有权；这种交易更像是以车辆作为抵押的贷款，因此利率与无抵押贷款的利率相比较低。缺点：利率的高低主要取决于承租人的信用状况；在租期内处置车辆相对比较麻烦；租购是一种传统的车辆融资方式，但是达成相对合适的租购合约则比较困难，需要承租人详细了解合约条款和交易细节。

（4）以租代购

以租代购是指在租赁期限内，承租人拥有车辆的使用权、租赁公司拥有车辆的所有权，在承租人支付最后一笔租金后取得车辆的所有权。租赁期限一般 2~4 年。以租代购交易很像个人合约租赁，主要区别是以租代购的承租人在租赁期限届满时需留购车辆，而个人合约租赁的承租人在租赁期限届满时拥有的是留购选择权。租赁公司会预先估计租赁期限届满时的车辆价值。承租人可以先支付一笔预付款，然后按照车辆零售价格和残值的差额支付每期租金。越是不容易贬值的车辆，越适合该种交易方式，因此，这种交易更适合高端车辆。优点：租赁物作为公司的资产；首付款较低，一般相当于三期租金的金额；月供较低；租期结束后可以取得车辆的所有权。缺点：尾款一般较高，需要提前做好融资安排；只有车辆用于商业用途时才能抵免增值税；承租人需要承担车辆的残值风险和保有风险。

（5）个人合约租赁

个人合约租赁是英国最流行的购车融资方式之一，是指在租赁开始时，交易双方事先约定一笔尾款，租期结束时承租人可以通过支付该笔尾款而取得车辆的所有权。如果承租人不想继续使用车辆，则可以直接将车辆返还给出租人。个人合约租赁与合约租赁类似，主要的区别在于，个人合约租赁交易的承租人在租期结束时拥有购买选择权。租金的数额取决于零售价格和残值的差额，外加利息。因此，保值性好的车辆，每期支付的租金较少，也更适合采用此种融资方式。这种交易会有行驶里程的限制，超过里程时则需在租期结束时支付罚金。优点：需要支付的每期租金是固定的，有利于承租人规划预算；尾款可以再融资；承租人拥有更大的选择权，可以选择留购或返还车辆；一些交易中甚至会包含维修服务；不必承担车辆贬值的风险。缺点：如果租期结束时不留购车辆，则成本可能比合约租赁更贵；对保持车况的要求更高，特别是在选择返还车辆时。因此，这种交易比较适合打算在租期结束时留购车辆的客户。

(6) 日租

日租就是短期的租车服务，期限一般为几天，最长一般不超过 12 个月。日租与合约租赁很类似，只不过期限更短。日租的方式中，要遵守租赁公司的若干规定，比如，行驶里程的限制、还车时的车况要求以及等量的燃油等。

(7) 短期合约租赁

短期合约租赁是介于日租与其他长期租赁之间的一种交易方式，租期一般为 3~12 个月，甚至 1 个月。租期结束后，将车辆返还给出租人，没有留购的选择权。这种交易方式更为灵活、方便，但租金相对较高，而且有较为严格的里程限制。

(8) 售后回租

车辆牌照在消费者名下，消费者和经销商签订买卖合同，并与融资租赁公司签订融资租赁合同，由融资租赁公司向经销商支付购车款，消费者按期向融资租赁公司支付租金。车辆登记在租赁公司名下，能够约束消费者的违约行为，又能便于车辆处置。该模式目标客户是年轻人、低线城市消费者、私营企业主、网约车司机等。

5.4.3 我国汽车融资租赁的发展制约因素

因早期汽车融资租赁价格偏高，且存在许多限制条件，我国汽车融资租赁业发展相对滞后，市场渗透率远低于发达国家。尽管目前融资租赁的概念被炒得很热，但行业整体的发展还处于初级阶段。与国外成熟市场相比，我国汽车融资租赁业发展存在的问题主要体现在以下几个方面：

第一，发展规模小。因我国汽车融资租赁业长期受到政策限制，现阶段行业的整体发展规模相对较小。市场上开展汽车融资租赁业务的经营主体主要有三类，即各类融资租赁公司、有汽车厂商背景的大中型财务公司、汽车金融公司。在汽车销售的整体渠道中，融资租赁方式占有极少的比例。

第二，融资渠道较窄。在汽车融资租赁业务发展过程中，前期需要大量的资金进行购置车辆，为满足不同层次消费者的需求，在该过程中还要有专门的资金投入用于车辆的更新维护，就需要融资租赁企业拥有广泛的融资渠道。目前，我国大多数汽车融资租赁公司均是依靠银行信贷资金与自有资金，其他渠道来源较少，与其他国家相比，我国融资租赁业务在车辆使用年限、损耗等方面的经营管理相对滞后，严重限制了行业的发展。

第三，相关法律有待进一步完善。虽然我国在1998年出台了《汽车租赁业管理暂行规定》，但是很多内容已不能适应现在的发展，且针对融资租赁的相关条例与针对经营租赁的条例相比较更为不完善。目前商务部主要依据2005年3月5日实施的《外商投资租赁业管理办法》进行监管，而原中国银监会主要依据《金融机构管理规定》《非法金融机构和非法金融业务取缔办法》，以及2007年3月1日起施行的《金融租赁公司管理办法》。为了规范我国融资租赁活动，维护融资租赁市场秩序，保护融资租赁方的合法权益，促进融资租赁事业的健康发展，国家颁布了《融资租赁法（草案）》。但成型的《融资租赁法》，以及成熟的相关会计准则都还没有问世。

第四，风控能力不足，经营风险较大。现阶段，我国汽车融资租赁公司的整体风控水平不高，对承租人关键信息的获取能力不足。同时，国内的征信体制尚不完善，缺乏针对汽车融资租赁领域的信用评估，使得开展对租赁车辆的承租人风险评估困难。

第五，新车与二手车市场关联度低。相对于汽车消费信贷，汽车融资租赁信贷最大的优势在于，合同期满承租人可选择退租、续租或买断所有权等方式处理，而如果承租人在合同期内出现违约，那么出租人则可通过回收车辆进行再次租赁或出售。因此，二手车市场是否健全对汽车融资租赁发展至关重要。目前我国二手车市场发展相对落后，而融资租赁模式有赖于一个相对稳定的残值市场。若无法打通二手车市场，汽车融资租赁业的发展也难以形成规模。

5.5 二手车金融与效率分析

5.5.1 二手车市场的发展为二手车金融提供发展契机

自 2009 年始，中国二手车市场持续保持稳步增长。2016 年，中国二手车市场累计交易量达 1 039 万辆，同比增长 10.33%（如图 5 - 15 所示）。中国在 2009 年超越美国成为全球最大的汽车销售市场，但二手车交易市场的规模却远远低于发达国家，美国二手车交易量是新车交易量的 3 倍，德国是 2 倍，而中国二手车销售量占新车销量的比例约为 0.37（如图 5 - 16 所示）。从供给端看，二手车的供给主要取决于机动车保有量。经过十几年高速发展，根据公安部交管局发布的数据可知，截至 2016 年底，全国机动车保有量达 2.9 亿辆，其中汽车 1.94 亿辆。同时消费者持有汽车的平均年限也在逐步缩短，从而有效保证了二手车的供给。从需求端看，自限购政策实施以来，车牌成了稀缺资源，限购政策在一定程度上刺激了二手车置换业务，拉动限购城市二手车交易量的上涨。随着城镇化进行加速，居民可支配收入越来越高，市场的日益成熟以及消费观念的改变，越来越多的消费者开始接受二手车。这意味着二手车市场仍将在未来数年间保持高速增长，发展空间广阔。

第 5 章 汽车产业融资分析及效率评价

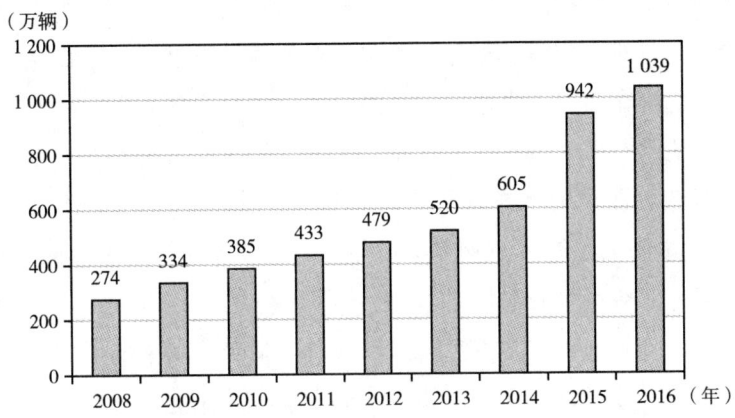

图 5-15 2008～2016 年中国二手车交易量

数据来源：中国汽车流通协会网站（www.cada.cn/）。

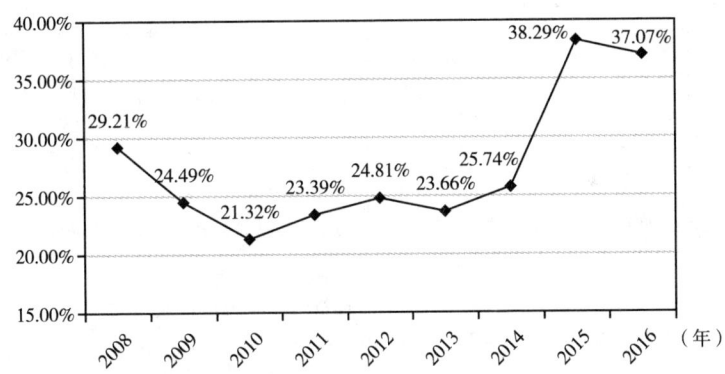

图 5-16 2008～2016 年中国二手车/新车交易比例

数据来源：中国汽车流通协会网站（www.cada.cn/）。

5.5.2 二手车金融市场格局分析

二手车金融是指在二手车交易产业链当中的各个环节，围绕市场内的不同参与者在交易过程中的不同需求而设计出的不同金融产品，包括消费者购买贷款、延长质保等。如果没有金融支持，以车源为核心竞争力的二手车商就只能靠自有资金购车,严重阻碍了它们的业务发展速度,要形成连锁规模和品牌效应更是难上加难。伴随二手车行业的蓬勃发展,二手车金融也随之步入了发展的快车道。二手车是一个潜力巨大的新市场,以二手车交易平台作为入口,能够获得大量资本的垂青,新进入的投资者们都在通过大量的广告投放和全产业链布局来赢得胜利。以瓜子二手车直卖网为例,在2016年10月完成2.5亿美元的A轮融资,8个月之后,又进行了4亿美元的B轮,可见二手车行业对资金的消耗很大。

目前,传统金融机构、主机厂背景的汽车金融公司、融资租赁公司、新兴二手车金融服务平台、二手车电商平台是二手车金融主要的市场竞争者。它们之间的比较如表5-4所示。

表5-4 二手车金融市场主体比较

服务提供方	产品特点	优势	劣势
商业银行	首付比例高,不低于50%;征信要求高;对车龄车况行驶里程、评估价格和品牌有严格限制,以中高端车型为主	资金成本低,利率低	依靠第三方机构对车辆残值进行评估,存在虚假评估或评估过高的隐患
汽车金融公司	大部分首付比例为30%~50%,最低可提供10%零首付优惠	车企品牌背书,专业的二手车认证服务	部分汽车金融公司只针对本品牌认证二手车
经销商系	首付比例、利率、尾款支付灵活	专业二手车服务平台,包括线下检测评估业务;销售渠道广,渗透到三四线城市,贴近消费者	融资成本高,规模化需要持续资金支持
二手车电商平台	最低零首付,在线评审	流量优势,审核宽松	产品丰富度不够
互联网巨头	最低零首付,一般为30%	贷款快、产品类型丰富、服务较好	出现坏账等系统性风险

5.5.3 二手车金融发展的制约因素

目前,我国二手车零售金融渗透率低,库存金融渗透率更低。这种现状的成因，并非是没有市场需求，而是综合几方面因素导致的。

首先，二手车车况复杂，没有统一的标准，造成很多金融机构很难判定其价值，因此尽管看好二手车市场，但却不敢开发相应的金融产品，即使有，贷款利率也比较高，不符合市场需求。由于缺乏二手车定价依据和残值估算体系，贷款风险高。一方面，二手车贷款平均单车金额较小，同样规模的融资，操作成本高于新车贷款；另一方面，二手车公司通常体量较小，融资金额低，同样抬高了金融机构的经营成本。

其次，由于限迁、税收、产权登记等政策限制，大多数二手车经销商经营规模不大，无法提供完整的贷款申请材料，即使通过审批，贷款额度也受到限制，不能满足车商需求。

另外，汽车是典型的非标品，二手车交易过程需要提供诸多附加的服务，比如过户办理、售后服务等，服务链条长。汽车本身又是高价值商品，为了让消费者买得放心和安心，必须在线下对车辆进行实地检验，这实际上是一个完整的再造环节，而不是简单的交易。所以说，制约二手车线上交易的因素有很多，在当前信用体系尚未完善的背景下，参与方的正当权益很难得到保障。

5.6　我国汽车金融的发展建议

5.6.1　推动汽车产业的转型和升级

汽车金融发展的基础是汽车产业，汽车金融业作为汽车产业的一个环节，首先是对汽车产业发展的依赖性，尤其是在汽车金融业发展的初期，可以说汽车产业的发展状况决定着汽车金融业的发展，其次才是对汽车产业发展的促进作用。前期我国汽车金融业发展受挫的一个主要原因便是我国汽车产业发展还不成熟。所以，加快发展我国汽车产业是发展汽车金融业的基础与前提。

在新一轮科技革命和产业变革过程中，汽车产业生态和竞争格局也面临重构，产品正加快向低碳、电动、智能化方向发展，汽车正在从单纯的交通工具转变为大型移动智能终端。在此背景下，许多国家纷纷调整发展战略，在新能源与智能网联方向加快产业布局，抢占新一轮制高点。

另外，还要加快智能汽车领域立法，对于公共道路测试和驾驶人的责任划分做出规范，在智能交通设施方面加快我国自主标准体系，对于影响车辆安全和信息安全的环节建立强制性的标准规范。同时，实施道路基础设施信息化升级改造，加快建设智能交通系统。

5.6.2 降低汽车金融参与主体的资金成本

汽车金融可持续发展，很大程度上取决于公司是否能通过多样化融资渠道，保证资金长期稳定充足，并有效控制自身借款成本。尽管目前快速增长的汽车市场吸引着各路金融资本参与，商业银行、汽车金融公司、融资租赁公司、小额贷款公司、互联网金融平台等均有涉足，但是国内汽车经销体系以4S店为主，4S店又是单品牌经营，在这样的经销体系下，汽车品牌主机厂开展的汽车金融公司、经销商开展的车贷业务最先接触到消费者，具有直接的获客优势，但主要为单一品牌客户提供服务，客户群体相对有限。

在传统经销体系之外，一些公司选择自建渠道和体系。这种模式可以将多个汽车品牌集聚在一起，便于消费者购车体验，但前期投入大，取决于平台的渠道议价能力。自建渠道看似投入较大，但公司选择主要在三线、四线城市开设门店。相较一线、二线城市、4S店动辄上千万元的建设成本，在三线、四线城市甚至更下沉的渠道建设网点成本很低，每家门店的建设成本控制在30万~50万元。目前，当前三线、四线市场需求增速很快，但销售门店和金融服务明显不足。中国未来的汽车销售主要空间在三线、四线城市，这也成为各大汽车集团着力开拓的市场。很多汽车品牌开发 4S 店或是准 4S 店到县级市甚至更小的城市。汽车金融产品也将跟随整车厂到更小的城市去。总之，如何拓展融资渠道，降低融资成本，是汽车经销商拓展业务的关键。

比较来看，银行资金成本最低，但在提供汽车贷款时要求较高，消费者需要提供抵押、引入担保公司等，相对比较复杂。汽车金融公司尽管资金成本相对较高，但通过品牌厂商提供担保、股东注资等途径获得较低成本的资金，还可以进行资产证券化、发行金融债券等。此外，部分平台通过股权融资也获得了发展资金。一些互联网企业和商业银行建立合作关系，汽车金融业务平台也可以积极参与联系对接银行、互联网金融平台等机构资金。

5.6.3　规范并创新汽车金融市场的发展

虽然我国汽车金融市场发展潜力巨大，但是不断培育和规范市场是当务之急，不能急功近利。要不断促进汽车金融市场多元化，只有竞争才能促进市场的不断发展和完善，要在保持银行参与车贷市场积极性的同时不断鼓励汽车金融公司的发展，促进汽车消费市场的多元化。只有这样，才能将供给方培育成一个充分竞争的市场，让消费者有更多选择，也可以共同分担风险。从消费者角度来看，也应意识到汽车消费金融风险的存在，消费者要做的就是量力而行，保证一切贷款行为都有稳定的收入作保障。贷款购车是一把"双刃剑"，它在满足市场和人们诸多需求的同时也带来了风险，如果人们过度提前消费，不但会给市场带来危机，也会影响日后的生活，所以每一个消费者在面对贷款购车的问题上都应该审慎选择量力而行。

未来汽车金融的参与者绝不会仅仅限于现有传统参与者，更多的新企业将会加入。一些非汽车领域的企业也开始随着汽车价值链的转移和趋势变化进入汽车市场，使得市场参与者多元化。一个可以预见的案例是，随着新能源汽车的兴起，电池厂家成为电动汽车的主要供应商，而在之前，电池在传统动力汽车中占比微乎其微。在未来，一些互联网企业，或是一些电子设备商，都会同整车厂开展大规模合作，提供符合市场需求的技术和设备。由于这些企业的性质并非是传统的零部件供应商，而是拥有巨额资金和庞大资源的供应商，必然会依托这些契机进一步尝试在汽车行业的拓展。另外，各类市场参与者之间的合作也会进一步加强，以求资源共享。未来汽车的属性会发生变化，更多的是作为人们生活一部分存在，而不在仅仅限于一个交通工具。因此，人们生活中所能接触到的产品也会融入汽车产业中。

| 第6章 |

战略性新兴产业融资分析及效率评价

6.1 战略性新兴产业成长的态势及特征

6.1.1 战略性新兴产业成长历程

战略性新兴产业的提出与发展是全球经济周期演化下的必然要求。从全球范围来看,战略性新兴产业虽然在不同国家的称谓不同、范围不同,但是发展初衷和导向是相同的,即通过加大对新兴技术和产业的布局,使全球经济疲软能够得到缓解。新兴产业的发展过程中所辐射出的经济增长新动力,是世界各国所期盼的。由此,围绕该思想的一系列重大发展战略被不断推出。例如,以美国、德国和日本为首的发达国家就将目光锁定在新一代互联网、生物等七大产业上,而美国提出的《先进制造业国家战略计划》《美国创新战略:推动可持续增长和高质量就业》以及《出口倍增计划》等诸多法案,就是对战略性新兴产业大力支持的政策法案;德国政府的工业4.0战略、日本以环保型汽车、电力汽车等产业为主的新增长战略、韩国的《新增长动力规划及发展战略》中提及的22个重点产业等等。各国新兴产业的成长过程就是在国家政策驱动下而不断推进的过程。

在我国,"新兴产业"一词最早就出现于2006年颁布的《国家长期科学和技术发展规划纲要(2006~2020)》。2009年中央经济工作会议提出,要加快培育战略性新兴产业。随后2010年发布的《国务院关于加快培育和发展战略性新兴产业的决定》,确定了我国战略性新兴产业的涵盖领域,标志着战略性新兴产业框架已成定局。2012年7月9日,国务院印发《"十二五"国家战略性新兴产业发展规划》，再次确定战略新兴产业的范畴。① 通过对七大战略性新兴产业的重点培育，试图利用新一轮技术变革缩短我国与发达国家的差距。2013 年，国家和发展改革委员会公布了《战略性新兴产业重点产品和服务指导目录》。2016 年，国务院印发《"十三五"国家战略性新兴产业发展规划》，明确各大产业的发展部署。至此，国家层面的战略性新兴产业终于落到了具体操作层面，并增设数字创意产业加入战略性新兴产业的行列。总体来看，我国战略性新兴产业是在政策体系不断细化落地的驱动下，逐渐发展壮大，并进入全面深入的推进期。

6.1.2 我国战略性新兴产业的成长态势及特征

在我国经济增长下行的压力下，保增长调结构成为现阶段所关注的重点问题。战略性新兴产业所呈现出高成长性和发展动力为整个宏观经济增色不少，成为稳定经济的重要砝码，这一点可以通过采购经理指数来说明。采购经理指数（PMI）是一套月度发布的、综合性的经济监测指标体系，其分项指标能够确切呈现新兴生产力的发展状况，反映一国经济结构调整的发展进程。2015 年 3 月，中国科学技术发展战略研究院和中采咨询联合发布了中国战略性新兴产业采购经理指数（Emerging Industries PMI，EPMI）。该指标涉及七大产业近 300 家企业的经营动态，可以作为综合反映目前我国战略性新兴产业成长态势的权威数据。从图 6-1 的统计数据可以看出，2014~2016 年，EPMI 一直处于较高的景气水平，几乎全部高于 50 的荣枯分水线，并且高于同期的国内制造业 PMI，说明我国战略性新兴产业正处于产业成长周期的上升阶段，发展潜力巨大。

目前，战略性新兴产业成为支撑经济增长的主要动力。根据国家发展和改革委员会研究院披露的数据显示，2016 年战略性新兴产业领域 27 个主要

---

① 确定为节能环保产业、信息技术产业、生物产业、高端装备制造产业、新能源产业、新材料产业、新能源汽车产业这七大产业。

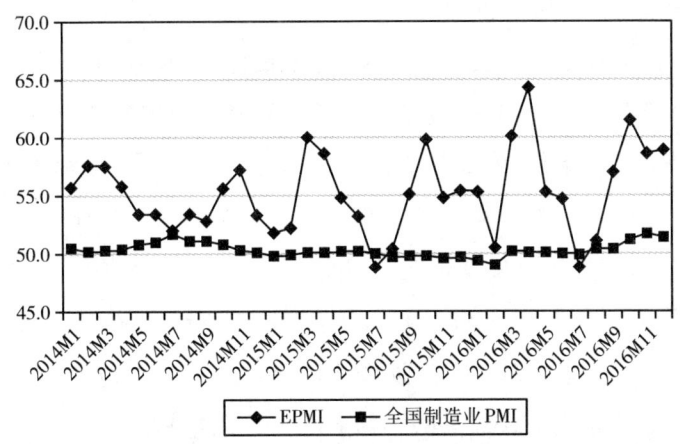

图 6-1 战略性新兴产业采购经理指数（EPMI）月度统计

数据来源：中国科学技术发展战略研究院网站（www.casted.org.cn），M 表示月份。

行业规模以上企业主营业务收入达 19.1 万亿元，同比增长 11.3%。其中，太阳能发电产业增长 41.2%，锂电子电池制造业增长 31.6%，信息化学品制造业增长 17.8%，软件和信息技术服务业增长 14.9%。我国战略性新兴产业的快速崛起，填补了传统制造业的下滑空缺，稳增长作用凸显，成为中国经济增长的新"引擎"。从产业整体发展态势来看，呈现出以下特点：

第一，产业规模不断扩大，增速趋缓但好于经济总体。2010 年以来，受国际经济不佳以及国内经济结构调整等因素影响，我国 GDP 增速趋缓，各主要经济指标均持续低迷，尽管我国战略性新兴产业增速也出现较大幅度下滑，但相比经济整体来看还是相对要好的，战略性新兴产业扮演着稳定经济的重要角色。从上市公司数据来看，产业整体的营收增速减慢、下滑，但仍好于上市公司总体。国家信息中心的统计数据显示（见图 6-2），2010~2016 年在宏观经济形势的压力下，上市公司整体上呈现出营收增速下滑的趋势。比较来看，尽管战略性新兴产业的营收增速也在下滑，但每一年份均高于同期的上市公司整体。其中，2016 年战略性新兴产业上市公司（A 股）营业收入同比增长 17.7%，高于 A 股上市总体增速 9.2 个百分点。还可以看出，自 2012 年之后战略性新兴产业上市公司的营收增速增长是高于上市公司整体的。分行业来看，2016年战略性新兴产业持续涌现一批营收增速超过20%且利润增速超过15%的高增长企业，这些引领战略性新兴产业上市公司整体增长的"排头兵"企业多集中在生物医药、智慧、信息安全等领域。其中，2016年节能环保产业和2015年相比大幅提升，全年营收规模为1 995.1亿元，增速达33.7%。新材料产业经历了前两年的低迷，2016年出现快速反弹，营收规模跃升至1 872.7亿元，增速达17.7%，比上年提升17.4个百分点，业绩改善十分明显。新一代信息技术产业稳中有升，营收规模为14 645.4亿元，增速为21%。生物产业增速持续攀升，2016年营收规模为6 157.2亿元，增速为16.5%。数字创意产业受前期基数较高影响，增速有所放缓，但仍然维持了33.1%的高速增长，营收规模为1 586.4亿元，反映了当下消费需求持续增长、消费结构加快升级，文化、信息等新消费拉动作用明显增强。新能源汽车领域增速高处回调，但仍然实现了47.2%的增长速度，是八大领域中增速最快的，领域内企业在政策驱动下继续高速增长。新能源产业增速出现下滑，营收规模为2 045.4亿元，增速为13.7%，比2015年下滑6.6个百分点。主要源于风能和核电技术业绩下滑，太阳能领域仍然保持26.4%的高速增长。高端装备制造业持续快速下滑，2016年营收增速仅为0.8%。

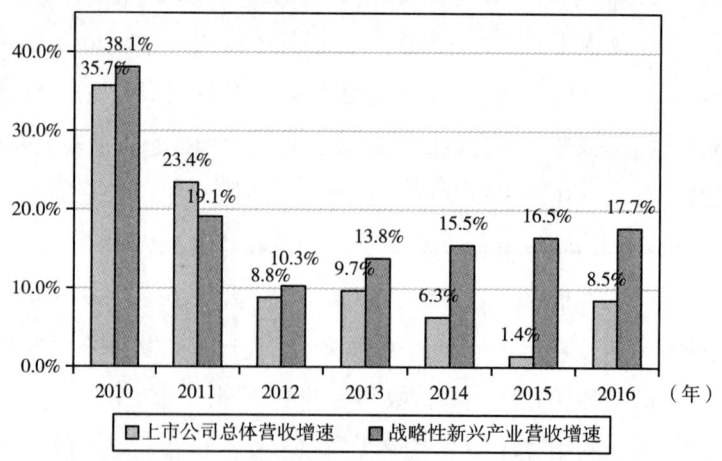

图6-2　2010~2016年战略性新兴产业上市公司营业增速变化

数据来源：国家信息中心网站（www.sic.gov.cn）。

第二，产业创新技术水平不断提升，但仍处于起步发展阶段，与发达国家差距较大。随着我国创新驱动战略持续实施，战略性新兴企业创新创业活力进一步迸发。从国家信息中心上市公司数据库的统计数据而知，2016年战略性新兴产业上市公司研发强度为6.6%，高出A股上市公司整体2个百分点。但纵向比较来看，也存在一定问题。国家知识产权局于2016年1月发布的《2010~2014年战略性新兴产业发明专利授权状况统计报告》显示，我国战略性新兴产业发明专利授权总量整体呈增长态势，年均增长率为13.82%，但逐年增幅明显不均（如表6-1）。从逐年增速上看，2011年战略性新兴产业发明专利授权年增长率为26%，略低于同期全国发明专利总体授权27.41%的年增长率，在2012年和2013年战略性新兴产业均明显高于同期全国发明专利授权总体的年增长率，但这一优势并未能持续保持。2014年，发明专利总体授权的年增长率达到了12.02%，而战略性新兴产业发明专利授权年增长率仅有0.75%。也就是说，发明专利总体授权在经过了2013年的下降后，在2014年出现了较大的反弹，而战略性新兴产业发明专利授权在2012~2014年的3年间处于停滞状态。

表6-1　　　2010~2014年战略性新兴产业发明专利授权及比较

年份	战略性新兴产业发明专利授权（件）	年增长率（%）	全国境内外发明专利授权（件）	年增长率（%）	占比（%）
2010	56 971	—	135 000	—	42.20
2011	71 784	26.00	172 000	27.41	41.73
2012	94 798	32.06	217 000	26.16	43.69
2013	94 902	0.11	208 000	-4.15	45.63
2014	95 610	0.75	233 000	12.02	41.03

数据来源：《2010~2014年战略性新兴产业发明专利授权状况统计报告》、全国年度统计公报。

其中，新一代信息技术产业的发明专利授权在2010~2014年期间的总量居各产业首位，授权总量占各产业合计量的28.27%，生物产业以25.80%的占比次之，节能环保产业排名第三（20.16%）。上述三个产业的发明专利授权量之和超过战略性新兴产业各产业合计量的七成，具有支柱性地位。在战略性新兴产业发明专利授权量中，最少的要属新能源汽车产业，居于整个产业的末位（如表6-2）。

表6-2 2010~2014年七大战略性新兴产业发型专利授权量 （单位：件）

产业类别	2010年	2011年	2012年	2013年	2014年	合计	占总量比（%）
节能环保	12 070	16 069	21 881	23 170	23 797	96 987	20.16
新一代信息技术	23 919	25 665	32 192	27 725	26 501	136 002	28.27
生物	14 480	20 463	27 532	30 684	30 965	124 124	25.80
高端装备制造	3 756	4 817	6 079	6 069	6 130	26 851	5.58
新能源	2 400	3 742	5 870	6 413	6 607	25 032	5.20
新材料	7 626	10 761	14 854	15 099	15 520	63 860	13.27
新能源汽车	940	1 272	1 771	2 110	2 118	8 211	1.71

数据来源：《2010~2014年战略性新兴产业发明专利授权状况统计报告》。

从产业技术的国际比较来看，中国近年来在战略性新兴产业领域的专利数量虽然大幅增加，但是在某些产业的核心关键技术积累与国外巨头存在差距。国家知识产权中心数据显示，2016年，国家知识产权局共受理发明专利申请133.9万件，同比增长21.5%，连续6年位居世界首位。国内发明专利授权30.2万件，同比增长14.5%。尽管中国近年来专利爆发性增长，但是部分技术领域专利申请量与国外还存在一定差距。①

---

① 例如，在新一代信息技术产业中的物联网领域，核心关键技术方面，如RFID标签、非接触式智能卡、应答装置、发射接收器等，美日韩核心优势明显，而中国对物联网的研发主要集中在拓展物联网的实际应用层面；在新能源产业的太阳能光热发电领域，目前核心技术主要掌握在美国、德国、西班牙等国家，关键材料、关键设备供应商多为发达国家的龙头企业，如Applied Materials、Centrotherm、GT Solar等；绝大部分国内企业都在使用已应用长达15年的主流晶硅电池技术，又由于西方国家的反倾销，导致进步缓慢。在高端装备制造业的航空发动机制造领域，呈现出高度垄断的格局，美国、德国和日本的公司掌握了主要的研发和应用技术。中国历年来的航空发动机的平均专利申请量仅为美国的1/10等等。

第三，市场有效需求不足，提升空间巨大。尽管我国战略性新兴产业的投入力度逐年加大，但是相关新产品、新服务的国内市场有效需求不足问题仍然制约着产业发展。这一现象在我国光伏产业表现最为明显。我国光伏产品几乎完全依赖于出口，因此受制于世界经济整体低速增长以及发达国家贸易保护政策，使得我国光伏产业在国际市场上面临着巨大的不确定性。2014年7月，美国商务部宣布对中国地区的太阳能电池板生产商征收惩罚性关税，使中国企业需缴税率大幅提升，本来产品价格就已经比2011年下降一半，这对中国光伏出口造成较大打击。从国内来看，市场环境不成熟、地方保护主义和准入限制均制约了光伏产业有序竞争的开展。整体来看，光伏产业的有效需求不足不仅限制了相关企业的发展空间，也不利于产业的进一步拓展。从消费角度来看，终端消费者往往受困于成本高、缺乏后续服务等方面原因，观望态度会取代对产品的消费意愿。这对产品的推广是十分不利的。例如，新能源汽车是十分依赖"一站式"服务的耐用产品。目前国内具有最大续航里程500多公里的纯电动汽车特斯拉Model S，已堪称新能源汽车圈的贵族。但平均来看大多在200公里以内，而传统内燃机汽车的满油里程一般超过400公里，加之至今尚未形成覆盖全国的电动汽车充电设施和电池检测维护系统。降低成本、完善专用基础设施和服务体系都不是在短期内能够完成的，因此国内消费市场的启动难题将不利于新能源汽车产业的发展。

尽管目前我国战略性新兴产业需求开发不足，但长远来看产业提升空间巨大。以生物医药产业为例，随着社会老龄化、保障健康人口，发展大健康产业是必然选择。目前，我国医疗健康支出占GDP比例不到6%，其中包括药物、医疗设备、医院、制药和保险，与美国的18%、英国12%、印度8.9%的占比水平相比，中国卫生支出水平提高的空间还很大，因此在生物医药产业中，如康复医疗、健康养老等方向发展潜力是巨大的。

第四，产业成长的政策环境有待完善。自2010年提出战略性新兴产业发展战略以来，国家层面相继出台了一系列推动战略性新兴产业发展的政策和管理办法，但是部分地区仍然存在政策落实不到位、政策协调性不足的现象，限制了相关企业的生存和发展空间，影响了产业的进一步拓展。2014年7月4日，国家新闻出版广电总局在第三届中国互联网电视大会上提出，互联网电视集成业务牌照将不再发放，商业网站不能在互联网电视上自建内容平台等一系列严厉的政策监管和内容控制措施。这些政策会对与之相关的行业，如互联网电视机盒的上游芯片生产企业、下游的终端销售企业带来极大的发展限制，也不利于三网融合的发展。我国光伏产业产能过剩的直接推手就是政府干预。① 从目前来看，产能过剩仍然极大地限制了我国光伏产业发展。

第五，产业整合趋势明显。战略性新兴产业发展初期的成员多为创新型中小企业。中国工程科技发展战略研究院于2015年11月发布《中国战略性新兴产业发展报告（2016）》指出，近年来中国战略性新兴产业总规模有了较大比例的提升，在七个重要领域中，民营中小企业数量占比超过70%，已成为发展战略性新兴产业的重要力量。新兴产业的发展规律决定了创新型中小企业在其中发挥的关键性作用，扶持中小企业是长期以来的新兴产业发展战略。从长远发展来看，随着战略性新兴产业的不断成长，一些优质的创新型中小企业在外部资源的支持下会不断重组、并购为大型企业，从产业角度考虑，这也是产业链延伸、开拓市场空间、提升创新能力、扩大产能规模、实现协同效应的内在需要。因此，产业的整合是必然趋势，这不仅有利于促进优质中小企业的成长，也有利于产业自身组织结构的不断优化。

从我国实际来看，随着战略性新兴产业的认知度提升，各类社会资本纷纷介入，相关企业的市场化整合、并购节奏加快。近年来在战略性新兴产业领域的并购案例数和并购金额，都居于中国并购交易的前列。国家信息中心公布的数据显示，2016年，战略性新兴产业上市公司全年完成并购重组109

---

① 2005年，《可再生能源法》颁布，我国整个光伏产业爆炸式增长，全国31个省（区、市）均把光伏产业列为优先扶持发展的新兴产业。2009年财政部、科技部、国家能源局联合发布了《关于实施金太阳示范工程的通知》及《金太阳示范工程财政补助资金管理暂行办法》，进一步促进了光伏产业的扩张。

起，占同期上市公司并购重组总数的41.3%，交易总价值达2 054.8亿元，主要集中在生物、信息技术和数字创意领域，交易额分别达489亿元、375亿元和362亿元。例如，信息技术领域的均胜电子斥资73亿元人民币收购美国公司KSS Holdings, Inc.和德国TS道恩的汽车信息板块业务，短时间内快速提升公司在智能导航系统和一系列车载信息系统的竞争力，完善了公司在汽车安全的全球化布局，使得公司向智能驾驶领域迈进一大步。生物医药领域的通化金马通过横向整合以23亿元的交易价格收购圣泰生物100%股权，进一步增强了公司在关节炎、风湿病、心脑血管类用药医药领域的核心竞争力。数字内容领域的天舟文化以16.2亿元的交易价将游爱网络纳为100%控股子公司，通过外延并购投资的方式布局游戏产业，进一步推动公司业务转型升级。与此同时，战略性新兴产业集群竞相崛起。[①]

6.2　战略性新兴产业的融资需求分析

结合战略性新兴产业的特点和现代产业生命周期理论来看，战略性新兴产业的发展包括初创期、发展期、成熟期和持续期四个阶段。

---

① 自2010年国务院颁布《关于加快培育和发展战略性新兴产业的决定》以来，许多地方已经打造并形成一批上千亿元规模的战略性新兴产业集群，增强了产业竞争力，成为地方新的经济增长点，有力地带动了区域经济的发展。早在2010年，上海市浦东新区就依托已有的产业基础，将其定位为"战略性新兴产业主导区"，着力构建战略性新兴产业集群。2012年，上海浦东新区又推出了两个"1 000亿元"投资计划，把战略性新兴产业项目作为重要发展方向。同年，中关村管委会发布了《中关村战略性新兴产业集群创新引领工程》，确定打造下一代互联网产业集群等六大产业集群，并将加大扶持力度，力争成为首都创新驱动发展的支柱和引擎。武汉、成都、深圳、西安等地在培育发展战略性新兴产业中，也十分重视集群化、规模化，并逐步形成了产业特色鲜明、产业链完善、创新能力突出的战略性新兴产业集群，这对于促进资金、人员、技术及信息等资源的相互交换、融合、补充产生了积极作用，也促进了产业集群内部的企业分散创新风险、降低创业成本，促进了区域经济的合理布局，避免了低水平的重复建设。

6.2.1 初创期

处于初创期的战略性新兴产业,其形成标志是在某一领域的新技术或者新工艺从出现到成熟,能够形成生产力并进入市场被部分消费者所接受。在这一时期,由于产业的高技术特性,并不是所有企业都能够进入产业内部,这种少数企业进入产业内部的特征使处于初创期的战略性新兴产业又表现出自然垄断的特点,即产业进入壁垒较大,风险较高。部分能够进入的企业在经历初期投资后,可能会扭亏为盈,并获得大量的垄断利润。

6.2.2 发展期

处于发展期的战略性新兴产业,缘于科技创新的不断推动,一些市场不确定因素在不断减少,新兴产业的投资风险能够得到释放。随着产业发展的需要、政府的扶持和鼓励,在利好信息的吸引下,大规模的投资者开始进入战略性新兴产业,使得处于这一阶段产业规模迅速扩大。与此同时,随着产业内部企业数量的增加,竞争也越来越激烈,从初创期的自然垄断格局转为全面竞争的状态,其表现为产品的价格竞争非常激烈,垄断利润消失。一些优质的企业不断更新经营理念、加强技术创新,从而提高生产效率,通过建立自身的竞争优势,不断过渡到下一个周期阶段。

6.2.3 成熟期

一些经营理念丰富、技术创新性高的少数企业会在激烈竞争中脱颖而出,进入产业发展的成熟期。在这一阶段,一些优质企业无论是规模还是经济实力都是同业中的领先者。而一些发展缓慢、竞争劣势明显的企业也不占少数。对于优质企业来说,它们希望通过产业内部的资源配置进一步提高生产效率,巩固企业的领头羊位置。劣势企业也希望通过适当退出或者其他形式重新参与产业竞争。由此，战略性新兴产业的稳定期是一个优胜劣汰的阶段，也是一个产业重组的阶段。在这一阶段，市场需求相对稳定且饱和，产业的发展潜力变小，由前期的价格竞争转为寡头竞争，优势企业的发展重点是技术创新和结构升级，这也是企业进入下一个阶段的前提。

6.2.4 持续期

在经历重组后的战略性新兴产业会进入到持续期。在这一时期，企业的技术创新和结构升级需要投入大量的人力、财力，或者对原有的资源进行重新配置，或者寻求新的产业发展方向。如果能够成功实现创新或者升级的话，企业将获得更多的投资。随着新技术的研发和应用、新产品的开发和销售，消费者更多地处于观望阶段，因此处于持续期的战略性新兴产业从某种意义上讲，与自然垄断的初创期是密不可分的。

战略性新兴产业是技术密集型和资金密集型产业。尽管劳动生产率高、产品的附加值高，但也需要更高的研发费用投入。在产业的发展过程中，技术的应用前景、产业化、市场竞争等方面均存在很多不确定性，而资金投入则是这些风险因素的必要补充。因此，战略性新兴产业的资金需求量是非常

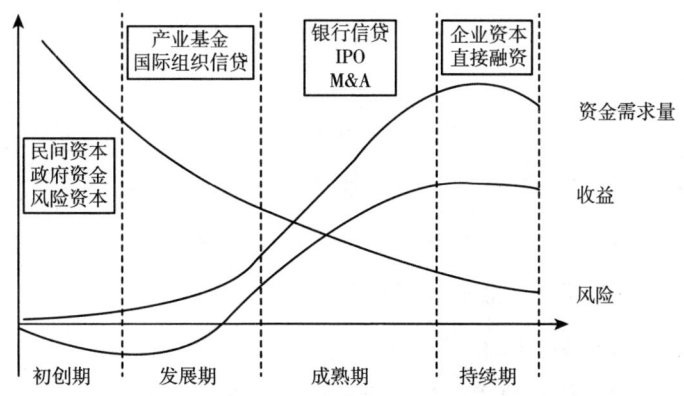

图 6-3 战略性新兴产业资本需求、收益与风险特征

大的。考虑到战略性新兴产业生命周期的多阶段的特点,每个阶段的发展定位不同,因此产业的资金需求量和需求方式、收益和风险也不同,归纳起来如图6-3所示。

(1) 产业初创期的融资需求

在战略性新兴产业的初创期,企业的大部分资金投向为产品的研发,从技术研究开发阶段来看,基本上处于中后期。虽然研发成果并没有形成真正的产品、技术成熟度低,但是企业的初创者坚信其技术推广市场前景是十分广阔的。从收益和风险来看,企业并没有获得很高的利润,甚至是处于亏损阶段,此时的经营风险最高。相比其他阶段,初创期的企业并不需要太多的研发资金,其来源主要包括自有资金和政府扶持政策下的资助。由于风险较高,一般性的金融机构大多不会在产业的初创期介入,而考虑自有资金的有限性,因此健全的政策性融资体系对处于初创期的战略性新兴产业来说就尤为重要。另外,规模不大的风险资本也是该阶段满足资金需求的必要补充。

(2) 产业发展期的融资需求

在战略性新兴产业的发展期,企业的科技人员已经将初创期的研发技术转化为具有商业价值的成果,在这一时期的资金主要用于产品的开发和市场推广,包括广告费用的投入以及其他的摊销费用。由于企业的收入有限,因此企业可能仍然处于低盈利状态。另外,产业内部企业数量的增加、市场竞争不断提高等也会抵消企业的利润。相对于初创期的技术风险来说,其比例会有所下降,但是其他风险,如市场风险较为突出。处于这一时期的企业,其资金来源除了自有资金、政府支持之外,可能会通过一些规模较大、保守型产业基金的渠道获得融资支持,尤其是政府设立的扶持性创业投资基金将在这一时期起到明显的支持作用。另外,在政府政策的推动下,一些政策性贷款、国际组织信贷会对战略性新兴产业有所介入。

(3) 产业成熟期的融资需求

在战略性新兴产业的成熟期,企业的技术风险和市场风险会明显下降,盈利能力开始凸显。但是企业需要更多资金以扩大生产规模和市场开发,不断研发更具有竞争力的产品。此时企业的风险主要来自于盈利上升而带来的资金运营风险和为了规模化生产而产生更大的资金需求缺口。在这一阶段企业更需要价格低、规模大的资金，此时商业银行贷款、债券融资等低成本的融资方式会更受欢迎。当企业的规模和盈利能力达到证券市场上市的要求时，大部分企业会选择IPO，企业可能仍然无法达到主板市场上市标准，因此创业板市场会作为首选之地。此时在初创期和发展期介入的风险资本开始退出，除了一些重大的高科技项目外，政府的投入在此阶段也会减少，一些大型的优质企业通过发行债券、上市等方式获得充足的资金之后，会在产业内部进行并购重组，从而实现快速扩张。在战略性新兴产业成熟期，企业在外源融资的地位上已经由被动转为相对主动。

（4）产业持续期的融资需求

能够进入战略性新兴产业持续期的企业，基本上是行业中实力雄厚的企业。在这一阶段，企业经营风险降低，在人才素质、组织结构、技术水平、营销服务等方面已经发生了质变，面临的主要风险是转型风险。通过前期的并购和重组，企业急需对大量的资源进行重新配置和转换，如果产业升级失败，企业会遭受大量损失。虽然在这一时期，企业的资金需求量仍然很大，但是随着企业自有资金和融资能力的提高，资产收益率和可抵押资产数量也在增加，企业获得商业银行贷款的难度会降低。更多的企业会选择在资本市场进行长期融资的方式来增加资金来源。除了上市、发行企业债券之外，一些产权交易、场外交易等方式也是不错的选择。

6.3　战略性新兴产业的融资渠道分析

6.3.1　战略性新兴产业的政策性融资

从我国来看，政策性融资对战略性新兴产业的发展和升级培育主要方式包括通过国家政策性银行发放的政策性贷款,政府通过政策性担保、财政贴息等方法引导商业性金融机构的信贷倾向于战略性新兴产业,以及国家和政府设立的专项扶持基金等。

(1) 政策性贷款

在我国,政策性银行是发放政策性贷款的主要承担者,其中国家开发银行是我国支持战略性新兴产业的主力银行。战略性新兴产业的项目需要中长期性的资金支持,定位于开发性金融的国家开发银行在战略性新兴产业中扮演着重要的角色。2010~2016年期间,我国民用航天领域遥感卫星、中航工业航空发动机航空产业链和中泰化学循环经济等重点项目均有资金支持,江苏、安徽、湖北、广东和深圳"四省一市"在试点探索新型平板显示、基因工程、数字医疗设备、生物医药、新材料、智能电网等战略性新兴产业融资模式。根据国家开发银行公布的年度报告计算,"十二五"期间累积发放战略性新兴产业贷款10 066亿元,贷款余额7 957亿元,不仅为新一代信息技术、海洋生物工程等领域提供了发展资金,也为推动先进制造业整合和开发、构建银企合作机制助力。

(2) 政府专项基金

近几年,为响应建设创新型国家的战略部署,各大部委分别建立了扶持产业发展的基金或专项①。这些扶持基金通过无偿补助或贷款贴息的方式,支持战略性新兴产业的发展。除了各部委之外,地方政府对战略性新兴产业的财政投入规模也在持续扩大。根据《中国企业自主创新评价报告(2012)》的调查结果,我国战略性新兴产业的前500家企业在地区分布上主要集中在北京、广东、江苏、浙江、上海、山东等经济发达地区,而这些地区地方政府对战略性新兴产业的财政投入力度也远高于其他省市。②

---

① 如国家发展和改革委员会的高技术产业化专项、科技部的国家重点新产品计划、工业和信息化部的电子信息产业发展基金等等。

② 例如,2012~2014年,浙江省财政从战略性新兴产业专项资金中统筹安排7.4亿元,支持107家重点企业研究院建设。广东省财政设立战略性新兴产业银企合作专项资金,在2011~2015年期间安排50亿元,通过贷款贴息方式,扶持战略性新兴产业发展。

一直以来,我国对科研项目的财政支持多遵循"点对点""项目对项目"的方式,而这种方式对科技企业的研究及成果转化的促进效应有待科学评估。在借鉴外国经验的基础上,2009年10月,国家发展和改革委员会、财政部联合启动实施了"新兴产业创投计划",由中央财政资金与地方政府资金、社会资本共同发起设立新兴产业创业投资基金,通过设立创业投资企业,或以股权投资模式直接投资创业企业等方式,引导社会资金支持初创期、早中期新兴企业的发展。这种方式最大的优势在于,可以把政府的货币资本与社会的人力资本、民间资本有效结合起来,把公共政策的效应与市场化机制有机结合起来。该项基金不仅实现了资金来源多元化,而且将进行完全的市场化运作。2011年,战略性新兴产业领域的中小企业纳入"新兴产业创投计划"支持范围。该投资基金对拓宽战略性新兴企业融资渠道发挥了重要作用,有力地支持了战略性新兴产业领域创新型中小企业发展。

(3)政策性融资担保

政策性融资担保是通过各级政府投资或控股的政策性担保机构来解决企业的融资问题。例如,美国的小企业管理局在中小企业融资中起到了很好的政策性融资担保作用。从我国现有的担保机构来看,呈现出数量多、在保余额小的特点,同时大多数为商业性担保机构,尽管其打着政策性担保公司的旗号。

中国融资担保业协会发布的数据显示,2016年底,全国融资性担保行业共有法人机构8 402家,在保余额1.91万亿元,平均资本仅为1.11亿元,平均每家担保机构在保余额2.27亿元,放大倍数仅为2倍,乘数效应难以发挥,并未形成全国性的担保机构,这种分散性降低了担保公司的公信力和银行认可度。在这8 402家担保机构中,国有控股占18.7%,民营及外资控股占81.3%。也就是说,国内的担保公司大部分是商业性的。既使是以政策性为名义的担保公司,由于需要接受国有资产保值增值目标、公司绩效等方面的考核,在开展政策性担保和再担保业务时因缺乏政策性扶持也显得力不从心。

近年来各级政府积极推进政策性融资担保体系的建设、支持科技型中小企业的发展。例如，浙江省成立专业性科技型担保公司，为省内科技型、创新型企业拓宽融资渠道。2015年，云南率先构建政策性融资担保体系，由省级财政筹措资金20亿元，组建云南省信用再担保有限公司；浙江省政府发布《浙江省人民政府关于推进政策性融资担保体系建设的意见》；甘肃省在《小微企业互助贷款风险补偿担保基金管理办法》中提出优先支持战略性新兴产业。总的看来，尽管政策性融资担保是政府扶持下的市场化运作模式，但是由于我国政策性融资担保体系尚未健全，短期内很难在战略性新兴产业发展中发挥作用。

6.3.2 战略性新兴产业的股权融资

（1）股权投资基金

在我国经济的高速发展带动下，我国股权投资基金市场规模不断扩大，市场参与者和资金累积数量不断上升，市场活跃度日益渐高。截至2016年末，中国股权投资基金市场活跃的VC/PE机构超过8 000家，管理资本量约5万亿元人民币，市场规模与20年前相比有了质的飞跃。从募资和投资的情况来看，根据已披露的统计数据，2016年我国股权投资基金市场共筹集资金13 712亿元，投资金额7 449亿元，同上一年相比分别增长了74.7%和41.8%，创历史新高（如图6-4）。这说明股权投资基金市场被越来越多的投资者所青睐。从领域细分来看，我国股权投资基金市场主要有天使投资资本、风险资本（VC）和私募股权基金（PE）构成。图6-5、图6-6、图6-7分别列出了这三大领域在我国近年来的发展规模。2016年，我国天使资本、VC、PE的投资金额分别为122.4亿元、1 313亿元和6 014亿元，较上一年分别增长了20.14%、1.55%和55.80%。我国股权投资基金市场的壮大不仅有利于我国本土民间资本的有效集中，也有利于提高资金的使用效率、缓解流动过剩，对我国的经济增长起到了助推器的作用。

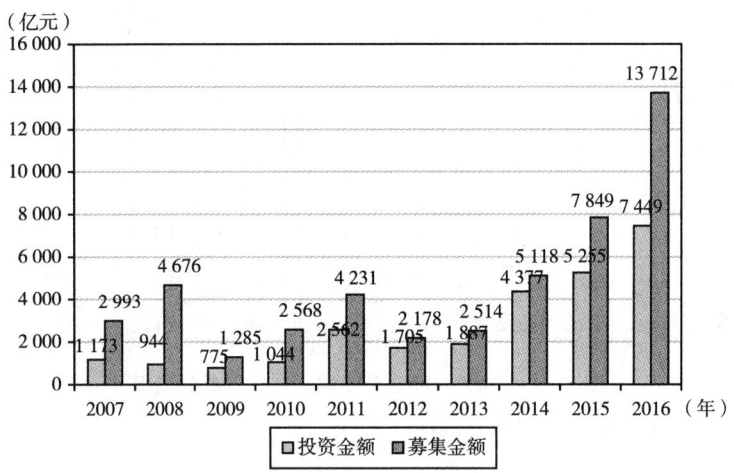

图6-4　2007～2016年中国股权投资基金投资、募资情况

数据来源：私募通统计数据库。

注：包括天使、VC、PE。

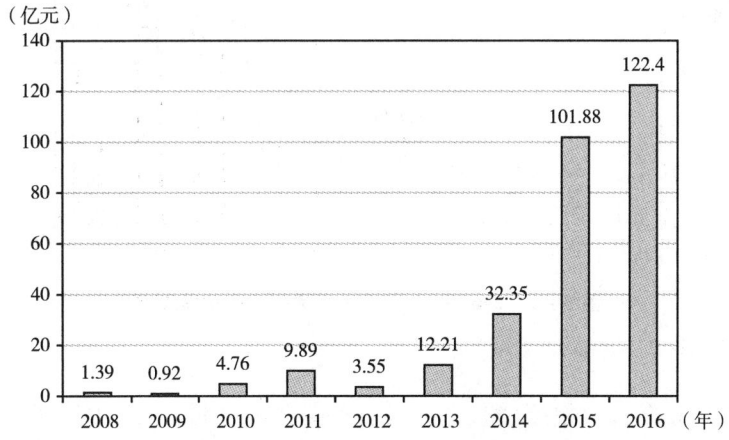

图6-5　2008～2016年中国天使投资总量情况

数据来源：私募通统计数据库。

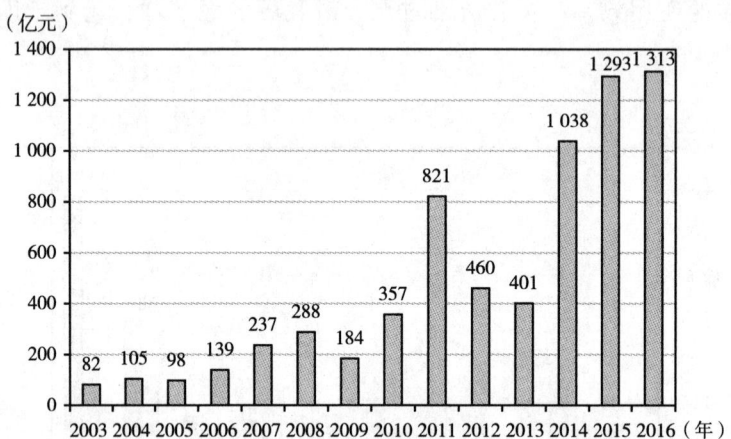

图 6-6 2003~2016 年中国 VC 投资总量情况

数据来源：私募通统计数据库。

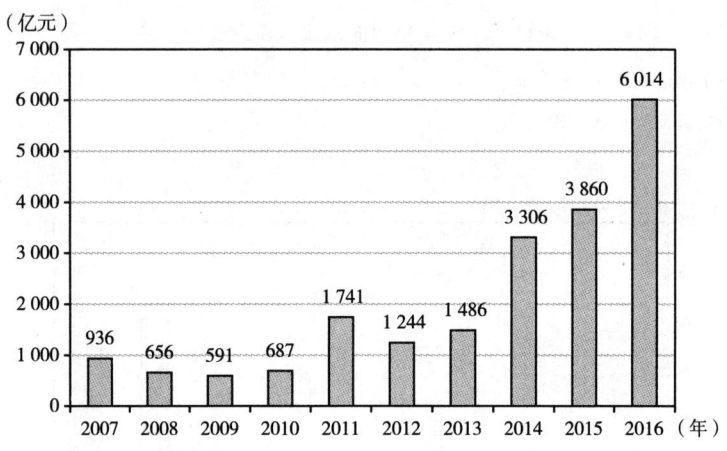

图 6-7 2007~2016 年中国 PE 投资总量情况

数据来源：私募通统计数据库。

从我国现阶段股权投资基金的投资行业分布来看，互联网、IT、生物医疗及高端制造等新兴、高成长性产业的关注度仍有待提高。私募通统计数据库显示，2016 年我国 PE 的主要投向还是金融行业和房地产行业，2016 年投向两个行业的资金占比 25.1%。从行业细分来看，在七大产业中最受青睐的是以互联网为主的新一代信息技术产业。2016 年股权投资基金市场投向互联网、IT 领域的投资金额共 1 862.29 亿元，占比 25%。除新一代信息技术之外的其他产业在天使投资、VC 和 PE 的投资行业分布中所占比例并不高，加一起占比仅为 10% 左右。

通常情况下，股权投资基金大多投向处于初创期和发展期的企业，从我国现阶段股权投资基金的投资阶段统计来看，也是与这一规律相符的。以 VC 为例，图 6-8、图 6-9 中显示了 2007~2016 年我国 VC 投资阶段的比例统计图，按金额统计来看，2016 年三个投资阶段的比例相当，投向初创期的资金比例略高；在图 6-9 中按案例数统计来看，投向初创期的案例比例最大，超过 50%，投向发展期的案例数比例次之。可以得出，尽管我国目前 VC 投资对处于初创期的企业关注度最高，但投向资金规模并不大。与战略性新兴产业的投资期长、资金投入产出慢的特点相比，这种格局是不利于我国战略性新兴产业发展的。

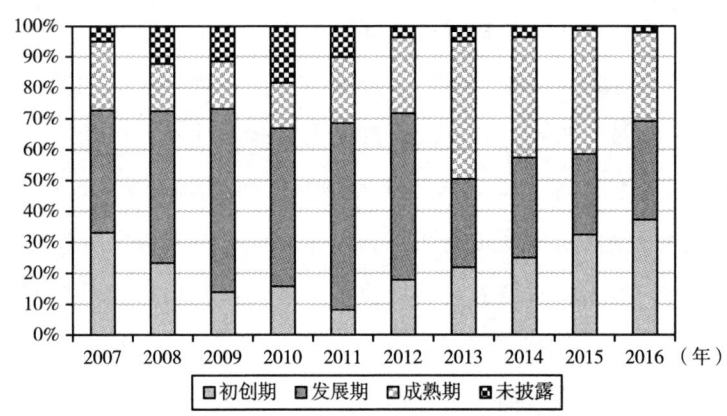

图 6-8　2007~2016 年 VC 投资阶段占比分析

数据来源：私募通统计数据库。

通过以上分析可以看出，近年来我国股权投资基金市场规模日益壮大发展迅速，但其对战略性新兴产业的投资呈现出规模小、比例低、产业投向分布不均的现象。一些处于初创期、发展期企业的融资需求并没有通过股权投

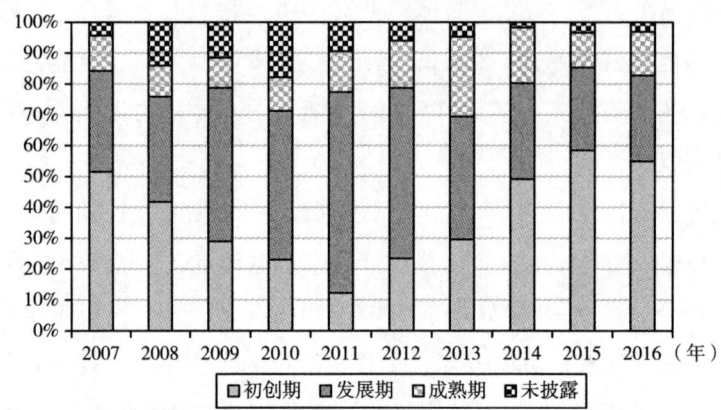

图 6-9 2007~2016 年 VC 投资阶段占比分析

数据来源:私募通统计数据库。

资基金市场得到满足。结合实际来看,尽管相关政策导向新兴产业、抑制传统产业,整个投资市场呼声高但实际有效市场不足,而且投资偏好差异明显,呈现出互联网产业最热,新材料产业遇冷的现象。综合原因在于投资机构对战略性新兴产业存在认知度低、顾忌产业投资回报周期长等问题。例如,节能环保产业一直被认为是具有巨大发展潜力的战略性新兴产业之一,尤其是随着环境治理力度的加大,环保产业市场的空间也越来越大,然而现实中,环保企业的融资难问题依然是老大难。由于环保产业的投资周期长,很多行业如固废处理、城市餐厨垃圾处理目前依然不适合股权投资机构的介入,一些投资机构在产业选择时会考虑到环保产品需要设计、施工、投资、建设、分析回收等环节,投资周期长就会面临的资金持续性问题。因此,在整个环保产业链条上,参与者都会面临着巨大的融资困难。如果预想到钱款周转不开、回款周期非常长的难题,投资机构也只能避开对环保产业的投资了。

(2)股票发行上市

企业通过 IPO 融资,不仅可以缓解资金难题,还可以提高企业的知名度、规范企业的财务体系和组织结构,因此上市融资是企业深入发展的不错选择。从实际情况来看,股市对战略性新兴产业的支持力度明显回升,2016 年战略性新兴产业 IPO 上市企业达 82 家（如图 6-10 所示）。首发募资总额为 424.6 亿元，占同期 A 股首发募资总额比重为 28.4%，与同期已上市企业增发募资增速相比较快。

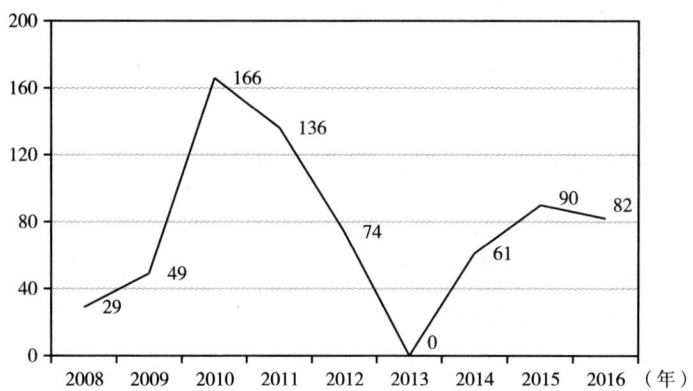

图 6-10　2008~2016 年战略性新兴产业上市公司的 IPO 数量

数据来源：国家信息中心上市公司数据库。

目前，我国战略性新兴产业上市公司呈现出以下特点：

第一，多层次的战略性新兴产业上市公司分布基本形成。国家信息中心公布的数据显示，截至 2016 年 12 月 31 日，A 股上市公司中共有 1 152 家战略性新兴产业企业，占上市公司总数的 38%。其中，主板、创业板和中小板分别有 445 家、393 家和 314 家战略性新兴产业企业，占比分别为 25.7%、61.8% 和 36.8%。

从行业分布来看，新一代信息技术和生物两大领域的上市公司占比超过 50%，其中新一代信息技术的企业最多，为 368 家，占比为 31.94%；生物产业上市公司为 212 家，占比为 18.42%。绿色产业公司共有 310 家，占比为 26.91%，分别为节能环保企业 199 家，新能源企业 83 家和新能源汽车企业 28 家。以上上市公司的分布特征同我国战略性新兴产业的设置有很大关系。其中，只有新能源汽车有比较明确的产业归属，主要包括新能源汽车的生产及上下游相关企业，再加上我国单一的、以新能源汽车为主题的企业很少，即便包括新能源汽车龙头企业"比亚迪"在中小板登陆在内。

因此，上市公司数量的占比最少也不难理解。从其他产业来看，规定范围比较宽泛，例如新一代信息技术涵盖了信息网络基础设施建设、新一代移动通信及互联网核心设备和智能终端的研发、三网融合、物联网、云计算、集成电路、新型显示、高端软件、高端服务器、数字虚拟等文化创意产业在内的众多层面，其细分产业更是多达几十个，上市公司数目最多也是合情合理的。

第二，战略性新兴产业上市公司的竞争力强，但成长性不明显。从战略性新兴产业上市公司的盈利情况来看，以具有可比数据的上市公司为样本，表6-3中列出了2013~2016年战略性新兴产业上市公司及各板块的平均毛利率。对比之下可以看出，战略性新兴产业上市公司在"政策红利"的驱动下，盈利能力较强，历年销售毛利率较为稳定，高于深市上市公司整体、主板、中小企业板上市公司的平均盈利能力，显现出新兴产业在推动经济转型升级过程中的独特优势，但比较来看低于创业板上市公司的平均盈利能力。说明战略性新兴产业上市公司并没有表现出较高的成长性，这可能缘于一部分公司上市年限尚短，国家创新政策和企业各类投入的效果显现都需要一定时间的积累，同时对于上市年份较长的企业来说，随着产业竞争的加剧，企业的盈利能力受到冲击。

表6-3　2013~2016年战略性新兴产业上市公司平均毛利率对比　　（单位:%）

类别	2013年	2014年	2015年	2016年
战略性新兴产业	24.23	24.74	25.62	26.08
全部	20.21	20.87	21.50	22.58
主板	18.84	19.37	19.56	20.73
中小企业板	21.00	21.44	22.27	22.85
创业板	34.06	33.12	31.10	31.00

数据来源：根据历年《深交所多层次资本市场上市公司年报实证分析报告》整理。

第三，研发强度稳步提升。研发投入是企业实现技术升级、产品升级、服务升级的基础，也是上市公司融资效应的体现。为应对日益激烈的市场竞争,寻求新的突破和发展机遇,更多上市公司加大了研发投入,战略性新兴产业企业表现尤为突出。从表6-4中的数据比较可以看出,战略性新兴产业上市公司的整体研发投入呈现出逐年稳步增加的趋势,且高于上市公司整体增速。以2015年为例,在深市已披露年度研发数据上市公司中,研发投入金额合计1 665.59亿元,平均每家0.95亿元,较上年增加10.24%。其中,中小板、创业板分别增长13.89%和26.01%。从战略性新兴产业上市公司来看,整体研发投入881.18亿元,较上年增长19.30%。从研发强度来看,深市上市公司整体的平均研发强度为4.73%。相比之下,创业板上市公司的平均研发强度为4.84%,占创业板72.4%的战略新兴产业公司的平均研发强度达到5.92%,这说明创业板对战略性新兴企业起到了良好的积聚和示范效应。

表6-4　　2013~2016年战略性新兴产业上市公司研发投入对比　　(单位:亿元)

年份	2013		2014		2015		2016	
	总体	平均	总体	平均	总体	平均	总体	平均
战略性新兴产业	525.48	0.99	637.99	1.01	881.18	1.27	1 186.46	1.51
全部	1 336.06	0.85	1 488.09	0.89	1 665.59	0.95	2 082.15	1.09

数据来源:根据历年《深交所多层次资本市场上市公司年报实证分析报告》整理。

尽管我国已初步建立了多层次的股票市场,可以为拟上市融资的企业提供多样化选择,但是对于战略性新兴企业来说,通过发行上市的方式融资依然很困难。表6-5列出了2016年我国企业A股上市融资的规模及数量。可以看出无论是从融资额度还是上市公司数量来看,战略性新兴产业的上市企业占比均很低。2016年,我国企业境内A股上市融资规模为1 498.26亿元,新增上市公司数量227家,而战略性新兴产业在这两个指标中所占比例分别为28.47%和36.12%,资金和上市企业数量分布不均匀,呈现出数量不少但资金量低的特点。从IPO平均融资规模来看,战略性新兴产业的平均融资额均低于上市公司总体的平均水平。

表 6-5　　　　　2016 年我国企业 A 股上市融资规模及数量

产业类别	融资额度（亿元人民币）	比例（%）	上市数量	比例（%）	平均融资额（亿元人民币）
战略性新兴产业	424.60	28.47	82	36.12	5.18
其他	1 071.66	71.53	145	63.88	7.39
总计	1 498.26	100.00	227	100.00	6.60

数据来源：国家信息中心上市公司数据库。

我国战略性新兴企业上市融资难的原因是由我国现有的 IPO 制度决定的。从我国目前股票市场构成来看，战略性新兴企业可以按照自身发展阶段、资金实力、经营能力的不同，选择不同的上市地点。表 6-6 列出了我国主板市场、中小企业板市场、创业板市场和新三板市场上市（挂牌）的条件。相比之下，新三板市场的挂牌条件最低，适合处于刚刚成立不久的新兴中小企业。从实际情况来看，目前我国新三板市场流动性问题并没有得到有效缓解，不少企业挂牌后交易量小，无法满足融资需求。① 创业板则适合那些处于初创期末期、即将过渡到发展期的新兴企业，如果企业的规模及盈利能力进一步

---

① 截至 2016 年 5 月 18 日，新三板挂牌企业数量已经达到 7 308 家，合格投资者超过 22 万个左右。但从整个新三板市场每天的平均总交易额来看只有 2 亿元，还不及一只普通 A 股股票的交易额，仍有 2 000 家左右的挂牌企业挂牌之后尚未有一笔成交，成为名副其实的"僵尸股"，这一数字与新三板 7 000 多家的企业总数相比并不低。从私募通数据库的统计数据来看，我国新三板市场呈现出挂牌企业增加速度快、定向融资增长缓慢的特点。例如 2016 年 4 月新三板市场总体成交金额 162.23 亿元，环比下降 3.89%，完成定增 301 次，完成股票发行 20.92 亿股，募集金额 125.30 亿元，环比 3 月的 121.24 亿元仅上涨 3.24%。这主要是由于相关市场制度的完善有待落地，投资者大都持观望态度。从新三板挂牌企业的行业分布来看，2015 年机械制造行业以 978 家挂牌企业遥遥领先，其次是 IT 行业，挂牌企业达 718 家，两大行业挂牌数占到全部挂牌总数的 1/3；随后是化工原料及加工、建筑/工程和生物技术/医疗健康行业，分别有 392 家、296 家和 288 家企业挂牌。前五大行业合计挂牌企业 2 672 家，超过挂牌总数的一半，而环保等其他五大战略性新兴产业的挂牌企业总体数量偏低，新三板市场也存在着挂牌企业的行业分布不均的现象。综上，短期来看战略性新兴企业的融资需求仍难以通过定位于创新科技型企业的新三板市场得到满足。

提高，则适合选择中小企业板作为上市地点，而主板市场则是产业龙头企业的上市选择。

表 6-6　　我国股票市场上市（挂牌）条件比较

名称	定位	上市条件	制度安排
主板	大中型企业	最近 3 个会计年度净利润均为正数且累计超过人民币 3 000 万元； 最近 3 个会计年度经营活动产生的现金流量净额累计超过人民币 5 000 万元；或者最近 3 个会计年度营业收入累计超过人民币 3 亿元； 发行前股本总额不少于人民币 3 000 万元； 最近一期末无形资产占净资产的比例不高于 20%； 最近一期末不存在未弥补亏损	审核制
中小企业板	中小企业	同主板标准	审核制
创业板	创新型企业	最近两年连续盈利，最近两年净利润累计不少于 1 000 万元，且持续增长； 或者最近一年盈利，且净利润不少于 500 万元，最近一年营业收入不少于 5 000 万元，最近两年营业收入增长率均不低于 30%； 最近一期末净资产不少于 2 000 万元，且不存在未弥补亏损； 发行后股本总额不少于 3 000 万元	审核制
新三板	创新型成长初期企业	持续盈利能力，无财务要求	备案制

从上市条件比较可以看出，我国境内企业上市的最低要求都要连续盈利，上市标准还都比较传统。净利润、净资产等指标都是按照传统产业设定的。如果追溯早期互联网公司，比如说新浪网，均是以亏损的身份在海外上市的。也就是说，一些具有成长性的新兴企业，在它的初创期时是无法满足上市的制度要求的。另外，国内上市是审核制，IPO 的等待期相对较长，战略性新兴企业即使满足上市条件，在时间上也是滞后的。在现有市场体制和发行上市体制还不完善的情况下，很多优质战略新兴产业公司被迫到海外上市，这在一定程度上使本土资本市场面临空心化和边缘化的危险。目前在美国上市的中概股约有 200 家，其中包括阿里巴巴、京东、百度

等知名互联网+企业数目占中概股的 1/4 左右，而互联网公司的市值占中概股的比重则超过 3/4。总之，我国现有的上市门槛对大部分战略性新兴企业仍缺乏包容性。

6.3.3　战略性新兴产业的商业性信贷融资

（1）商业银行对战略性新兴产业的信贷投放规模

近年来，在《国务院关于加快培育和发展战略性新兴产业的决定》（国发〔2010〕32 号）等宏观金融政策颁布的背景下[①]，商业银行将战略性新兴产业列为优先支持行业，不断加大信贷政策、信贷资源的支持力度，并不断调整信贷投向的重点领域。从贷款投放规模来看，我国商业银行投放的战略性新兴产业贷款规模稳步提升。2010 年我国银行业金融机构投放战略性新兴产业贷款余额为 1.23 万亿元，到 2016 年末便增加到 2.6 万亿元（见图 6-11）。从投放规模的占比来看，2010~2016 年商业银行战略性新兴产业贷款余额占全部贷款余额的比例平均 2.5% 左右（见图 6-12），其中 2013 年的投放余额占比最大，为 2.74%，在随后的两年呈现略微下降的趋势。从历年的战略性新兴产业贷款增长率来看（见图 6-13），2012 年增长最快为 22.97%，其后的增长速度趋缓并下降，在 2014~2016 年低于同期的贷款投放总体增速。可以看出，尽管近年来我国战略性新兴产业的贷款投放规模增长较快，但是在总体规模、增长速度上来看，与同期的金融机构人民币贷款投放规模相比还是存在一定的差距，并没有呈现出明显的投放倾向。

---

① 《国务院关于加快培育和发展战略性新兴产业的决定》（国发〔2010〕32 号）提出："鼓励金融机构加大信贷支持。引导金融机构建立适应战略性新兴产业特点的信贷管理和贷款评审制度。积极推进知识产权质押融资、产业链融资等金融产品创新。加快建立包括财政出资和社会资金投入在内的多层次担保体系。积极发展中小金融机构和新型金融服务。综合运用风险补偿等财政优惠政策，促进金融机构加大支持战略性新兴产业发展的力度。"

第6章 战略性新兴产业融资分析及效率评价

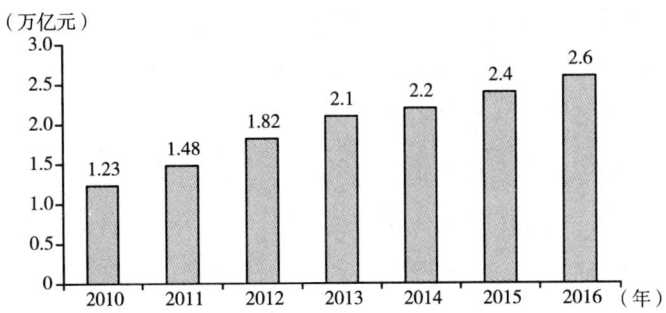

图 6-11 历年战略性新兴产业贷款余额

数据来源：根据历年《银行业社会责任报告》整理计算而得。

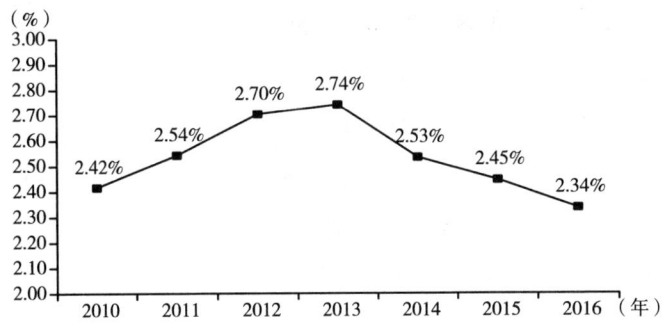

图 6-12 历年战略性新兴产业贷款余额占比

数据来源：根据历年《银行业社会责任报告》整理计算而得。

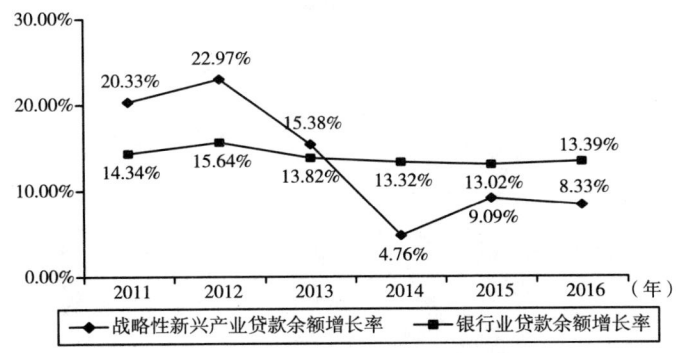

图 6-13 历年战略性新兴产业贷款增长率及比较

数据来源：根据历年《银行业社会责任报告》整理计算而得。

(2) 商业银行对战略性新兴产业的信贷投放意愿

在实际的信贷投放中,商业银行对七大战略性新兴产业的支持力度也会随着宏观经济环境和产业发展阶段的不同有所差异。通过对中国银行业协会公布的历年《中国银行家调查报告》的整理发现(见表6-7),银行业贷款投向的重点支持行业是不断变化调整的,每年的产业排名虽然不同,但是可以发现一定规律。首先,在银行业贷款投向排名中,名次比较靠前的战略性新兴产业是信息技术服务、医药业、机械制造业,尤其是前两者在近三年的投放倾向非常明显,但二者并没有位列第一。其次,在2012年《中国银行家调查报告》中,战略性新兴产业被单独提出作为贷款重点投放排名第一的领域,这也是图6-13中战略性新兴产业贷款增长率在2012年达到最大的原因。再次,新能源领域是2010年贷款投放的重点领域,但是受近年来光伏产业产能过剩等因素的限制,商业银行降低了对该产业的信贷投放,因此在近五年的信贷重点支持行业中消失。最后,表6-7中仍存在未提起的其他战略性新兴产业,商业银行对节能环保产业、新材料产业、新能源产业、新能源汽车产业的信贷投放数量有限,其支持率排名在所有信贷投放行业中处于后位。

表6-7　　　2010~2016年银行业贷款投向重点支持行业

排序	2010年	2011年	2012年	2013年	2014年	2015年	2016年
1	基础设施	机械制造业	战略性新兴产业	农林牧渔业	农林牧渔业	城市基础设施	城市基础设施
2	电力、燃气和水	物流业	物流业	物流业	城市基础设施	医药业	医药业
3	新能源	公路铁路运输	传播文化业	信息技术服务	信息技术服务	信息技术服务	公路铁路运输
4	装备制造	石油化工业	机械制造业	城市基础设施	物流业	公路铁路运输	农林牧渔业
5	物流业	电力燃气业	农林牧渔业	医药业	医药业	农林牧渔业	信息技术服务

续表

排序	2010 年	2011 年	2012 年	2013 年	2014 年	2015 年	2016 年
6	农业	商贸业	信息技术服务	社会服务业	传播文化业	物流业	物流业
7	医疗卫生	信息技术服务	石油化工业	传播文化业	社会服务业	旅游业	旅游业

资料来源：根据历年《中国银行家调查报告》整理。

(3) 战略性新兴产业的商业性信贷融资困境

从现实情况来看，战略性新兴产业的融资缺口较大，银行信贷并没有满足其贷款的融资需求。其中既有商业银行支持战略性新兴产业的发展存在"先天不足"的原因，也存在其自身主观意愿的不强烈。具体表现在三个方面：

第一，风险控制约束。商业银行安全性的经营原则使其对信贷风险的防范格外严格，而战略性新兴产业的高风险特征是与生俱来的，这两者放在一起就是无法解开的矛盾。因此，即使是在经济发展前景好、国家政策支持的大背景下，商业银行对一些高风险行业的信贷投入仍需谨小慎微，尤其是在我国传统产业的信贷利息收入仍有利可图的条件下，更不愿意冒这个风险。实际上，各国监管机构对银行资产的安全性、流动性都提出了较为严格的监管要求。银行必须强调审慎、稳健经营，受监管约束，一般不愿意向高风险项目或高风险企业发放贷款。在分业经营要求下，长期的经营惯性及制度缺陷使我国银行业对战略性新兴产业领域的支持动力更为不足。

第二，产业分析能力不足。现有商业银行的优势是对传统成熟产业的规律分析经验，而对于新兴产业来说，就需要重新投入成本进行价值分析，并且得到的结论仍需要时间的验证。由于战略性新兴产业存在着一定的不确定性，七大产业的各自特点不同，未来产品的发展趋势、新兴技术的研发方向的风险性各异，因此商业银行对此类企业的分析必须配备相应的专业团队，而实际情况是大部分银行缺乏对新兴产业的专业分析人员，无法做到对战略性新兴产业未来发展模式的准确判断。一个典型的例子是关于环保产业的信贷投放问题，商业银行对环保产业相关企业进行信贷审查时，通常是采取和当地环保局合作的方式才能得到贷款企业的信贷指标。如果银行授信的企业因为污染事件被环保部门责令停业的话，商业银行就会面临巨大的风险，而这种风险并不在自身的可控范围内，商业银行会十分被动。因此，出于安全谨慎的经营原则，商业银行必然会对产业的发展前景持有谨慎看好的态度，从而降低对战略性新兴产业的信贷投放量。

第三，金融服务与产品的创新动力不足。目前，国内各家主流商业银行针对战略性新兴产业"轻资产、高成长"的特点，设计了应收账款质押、股权质押、知识产权质押、订单质押、出口退税质押、存货抵押、发票融资、应收租金保理、合同能源管理等一系列"弱担保"措施或金融产品。例如，针对科技型中小企业设计的知识产权质押贷款已实施数年，但是从目前的实际效果来看，只能说是叫好不叫座。虽然知识产权质押贷款能够帮助企业解决融资难和融资贵的问题，但由于知识产权在评估、变现等方面的问题，大部分地区在知识产权质押贷款上并没有完全打开局面，很多中小企业特别是科技型中小企业手握大量知识产权，却无法通过知识产权质押取得贷款。有数据显示，北京在2011年到2015年的四年间，已经完成了20多亿元、近100笔的知识产权抵押贷款，这些数量与科技型中小企业的贷款需求相比相差甚远。从目前已实施知识产权质押贷款业务的商业银行来看，多数要求是组合贷款，单一的知识产权获得贷款的难度较大。总之，出于风险补偿的考虑，商业银行会提高大部分创新产品和服务的融资成本，客户经理营销积极性不高，决策层也不愿承担更大风险，相关创新也只是停留在表层。

6.4 战略性新兴产业融资效率的实证分析

6.4.1 样本的选取与指标说明

样本的选择即确定决策单元的构成，本部分研究的决策单元是由七大战略性新兴产业领域内的企业构成，受到样本和指标的限制，并考虑数据的可得性。本部分以战略性新兴产业上市公司为研究对象，样本范围确定为深圳证券交易所公布的深证新兴产业指数（399641）涵盖的200家战略性新兴产业上市公司，其中有1家ST类上市公司被剔除以保证财务数据的正常性。样本公司的板块分布和产业分布及所占比例如表6-8和表6-9所示。相关指标的数据根据199家战略性新兴产业上市公司的2011~2016年年报整理并计算而得，原始数据全部来自于国泰安CSMAR系列研究数据库。从表6-8可以看出，深证新兴产业样本上市公司中主板市场上市公司51家、中小企业板上市公司90家、创业板上市公司58家。根据深圳证券交易所公布的深证新兴产业指数编制方案可知，入选样本的上市公司必须同时满足以下条件：上市地点为深圳证券交易所上市的非ST、*ST的A股股票；交易日期至少为6个月以上；近一年无重大违规事件发生，如经营异常、重大亏损；在考察期内没有股价异常波动的现象；所属行业是国家公布的七大战略性新兴产业及其细分领域内，并且呈现出产品有稳定并有发展前景的市场需求、良好的经济技术效益和带动效应的特征。从具体板块分布和上市标准来看，样本内的战略性新兴产业上市公司是那些已经处于成长期后期、成熟期初期的企业，已经在所属行业内部起到很好的示范作用。从表6-9的产业分布来看，上市公司数量最多的是新一代信息技术产业（90家，占比45.23%），最少的为新能源汽车产业（3家，占比1.51%）。表中数据以反映出了我国战略性新兴产业内部的发展差距。

表6-8 深证新兴产业上市公司的板块分布

板块类型	深市主板	中小企业板	创业板	合计
公司数量（家）	51	90	58	199
占比（%）	25.63	45.23	29.14	100.00

表 6-9　　深证新兴产业上市公司的产业分布

产业类型	新一代信息技术	生物	环保	高端装备制造	新能源	新能源汽车	新材料	合计
公司数量（家）	90	36	21	25	17	3	7	199
占比（%）	45.23	18.09	10.55	12.56	8.54	1.51	3.52	100.00

战略性新兴产业融资效率测度即影响因素的选取，要充分考虑科技型企业的高技术性、高投入性和高风险性。根据前文对战略性新兴产业融资效率的影响因素分析，选择的投入要素包括营业成本、外源融资和内源融资三个指标，产出要素包括营业收入和无形资产两个指标。其中：

营业成本是企业在经营过程中所付出的代价，其大小决定了利润获得的多少，是影响产出的重要变量；同时，营业成本的高低也体现了企业对资金的运用能力。

外源融资的大小体现了企业从外部获得资金的能力。本文中的外源融资包括长期借款、短期借款、股本和资本公积。其中，长期借款与短期借款之和是企业债权融资的体现，而股本和资本公积衡量了企业股权融资的规模。

内源融资是企业资金累积能力的体现。本部分内源融资由留存收益和未分配利润两部分构成。一般来看，对于发展初期的企业来说，内源融资是提供资本的重要渠道；而对于规模较大的企业来说，内源融资则是企业资本运营的主要资源。

营业收入是企业融入资金经营效率的重要体现，反映企业融资后的成长性。营业收入越高，说明企业的盈利性越强。

无形资产的多少是战略性新兴企业高技术性的重要体现。技术创新决定了企业的发展潜力，它能够将投入要素进行重新组合从而创造出新的产出要素。技术创新在开发阶段需要投入大量的研发费用，这些技术研发成功后通过企业的无形资产体现出来。无形资产的规模越大，代表企业拥有的技术价值越高。①

DEA 模型效率测度的经验法则要求 DMU 的样本数（199）至少是投入、产出要素之和（5）的两倍以上，本部分样本容量的设定符合这一法则。

6.4.2 战略性新兴产业融资效率的评价

（1）投入、产出指标相关性分析

运用数据包络分析进行效率评价的前提之一是投入要素和产出要素之间具有一定的正相关性，如果不满足此条件将意味着投入的增加会带来产出的下降，这样的评价结果是没有意义的。通过 Eviews6.0 软件对样本上市企业的投入、产出指标进行相关分析，结果如表 6-10 所示。可以看出，绝大部分投入要素与产出要素的正相关性较强，可以利用数据包络分析进行效率评价。其中相关性最大的是 2013 年的营业成本和营业收入（0.9988），相关性最小的是 2014 年的无形资产和外源融资（0.0396），但是后一组指标在其他的年份相关性也较大，这说明外源融资产出指标相关性的波动性还是非常大的。

表 6-10　　　　　投入与产出指标的相关性分析

年份	指标	营业成本	外源融资	内源融资
2011	营业收入	0.9974	0.9204	0.8242
	无形资产	0.4497	0.4986	0.5227
2012	营业收入	0.9980	0.9367	0.8548
	无形资产	0.6297	0.6357	0.5750
2013	营业收入	0.9988	0.9084	0.7949
	无形资产	0.5090	0.4792	0.5311

① 无形资产的增加不一定都是由于自主创新或研发的后果，也可能是由于购买技术、商标等带来的。无形资产包括专利权、商标权、土地使用权、版权、专有技术、经营特许权、商誉等。本部分在此假设无形资产全部是由企业技术创新带来的。

续表

年份	指标	营业成本	外源融资	内源融资
2014	营业收入	0.9980	0.0846	0.7528
	无形资产	0.5036	0.0396	0.3762
2015	营业收入	0.9975	0.9096	0.7062
	无形资产	0.6876	0.7168	0.4291
2016	营业收入	0.9981	0.8629	0.8086
	无形资产	0.5137	0.5341	0.4976

（2）融资效率总体评价

运用 Matlab 软件对广义 DEA 模型编程后结合样本数据对深证新兴产业样本上市公司进行融资效率分析，在实际计算中以 2011 年的投入、产出要素数据作为基础包络面，2011～2016 年的样本数据作为决策单元。图 6-14、图 6-15 刻画了 2011～2016 年深证新兴产业融资效率均值和变异系数的变化趋势。从图 6-14 来看，融资效率均值在 2011～2016 年期间呈递增趋势，且增幅明显，这说明深证新兴产业的融资效率在整体上大幅提升。其中，2011 年的融资效率均值为 0.2954，2016 年的融资效率值便提升为 0.9173，效率改进明显。从图 6-15 的变异系数走势来看，2011～2016 年深证新兴产业融资效率的波动性也在增大。其中，2012～2016 年的融资效率变异系数均超过了 1，2012 年达最大值 1.311。结合两个指标来看，在外部环境和内部因素的共同

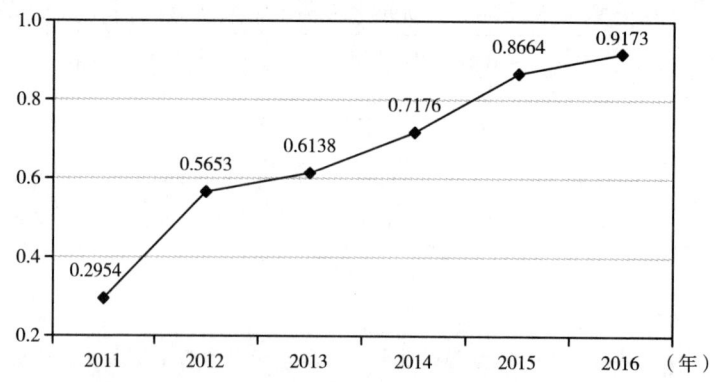

图 6-14　2011～2016 年深证新兴产业融资效率均值

作用下，尽管深证新兴产业的融资效率提升幅度较高，但并没有达到最优效率值，仍存在效率改进空间，同时变异系数的增加也意味着融资效率改进的不确定因素在增加。

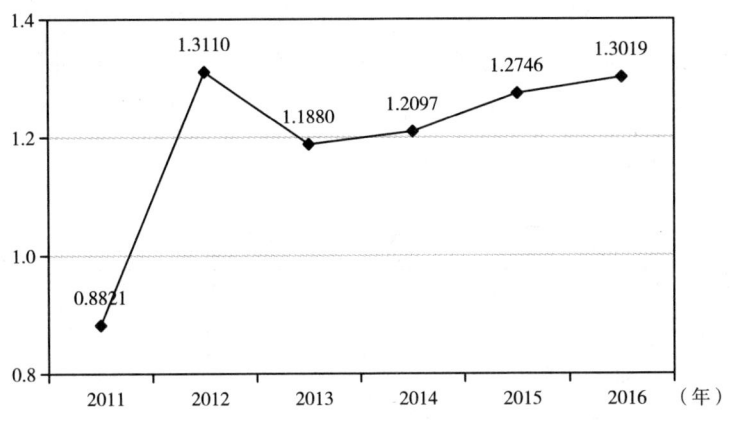

图 6 – 15　2011～2016 年深证新兴产业融资效率变异系数

从表 6 – 11 中深证新兴产业融资效率统计结果来看，在 2011～2016 年，无论是最大值还是最小值均有所提升，其中融资效率最大值从 2011 年的 1 达到了 2016 年的 10.3689；最小值从 2011 年的 0.0036 提升到了 2016 年的 0.0719。从分区间统计来看，2016 年达到 DEA 有效的战略性新兴上市公司有 42 家，相比 2011 年增加了 31 家，占比也由 5.73% 提升至 21.11%。但是非 DEA 有效的企业仍然占绝大部分，尤其是 2016 年融资效率值在 0.5 以下的上市公司仍有 70 家，占比 35.18%，比 2011 年减少 90 家。2016 年效率值在 0.9～1 期间的上市公司有 9 家，比 2011 年增加 6 家。根据 Michael Norman 与 Barrystocke 对效率值单位的划分，DUM 效率值在 0.9 以上被称为边缘非效率单位。也就是说，此单位只要在投入或产出方面稍作调整即可达到效率值为 1 的标准。对于 DUM 效率值明显小于 0.9 的称为明显非效率单位，表明该效率单位经营效率不佳。由此可以判断出，70% 以上的样本观测公司是明显的非效率单位，尽管这一比例要比 2011 年的数据低。这说明，我国战略性新兴产业上市公司的整体融资效率并不高，投入产出并没有处在最优状态，在资金不足的情况下，对于资本的运用能力有待进一步的提高。

表 6-11 的数据说明，如果 DEA 非有效的上市公司能够得到更多的资金投入，并将这些资金与科技创新有效结合，那么可能会带来更大比例的产出，从而提高企业的经营业绩。对于处于上升期的战略性新兴企业来说，如果能增加投资投入，则有利于促进科技成果的转化，以达到最优的融资效率。相比之下，处于下降期的企业应适当收缩资本，通过科技创新寻找新的利润增长点，通过不断调整生产状态来提高产出效率。

表 6-11　　　　　　　深证新兴产业融资效率值统计分析

时间	最大值	最小值	效率值分区间统计			
			0.5 以下	0.5~0.9	0.9~1	1 以上
2011	1.0000	0.0036	160	18	3	11
2012	6.1160	0.0195	132	38	2	24
2013	6.5842	0.0020	123	46	7	21
2014	8.3618	0.0257	99	66	7	26
2015	8.5548	0.0634	89	71	8	31
2016	10.3689	0.0719	70	78	9	42

（3）战略性新兴产业融资效率的行业比较

战略性新兴产业内部不同行业之间的发展基础不同，融资能力差距较大。图 6-16、图 6-17 中显示了 2011~2016 年七个产业融资效率均值及变异系数的比较结果。从图 6-16 中可以看出，七个产业的融资效率均值呈逐年上升趋势，但不同产业间融资效率的提升速度并不一致。其中，新能源汽车产业的融资效率值提升幅度较大但结合具体样本数据来看，其原因主要是由 2015 年比亚迪（002594）一家上市公司的融资效率值所带动，其他新能源汽车上市公司的融资效率也并不高。从图 6-17 来看，七个产业融资效率的波动变化并不一致，其中新材料产业和生物产业的融资效率值的变异系数在下降，节能环保产业、新一代信息技术产业和新能源汽车产业的融资效率值变异系数超过了 1，说明这些产业的融资效率不稳定，波动较大。

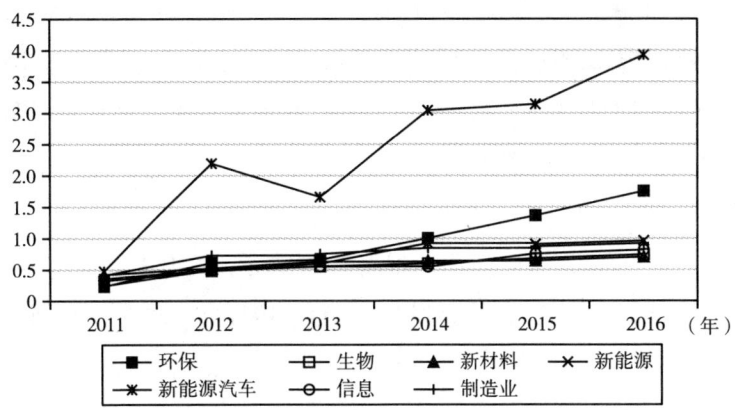

图 6-16 2011~2016 年深证新兴产业融资效率均值的产业比较

在深证新兴产业样本上市公司中，新一代信息技术产业的公司数量是最多的，这反映出近年来信息产业在战略性新兴产业中发展的速度最快。从融资效率统计数据来看，2016 年该产业的融资效率均值为 0.8183，相比 2011 年上升幅度为 0.5806。结合实际来看，尽管新一代信息技术产业中公司数量众多，但发展阶段和盈利水平良莠不齐，既包括行业龙头企业（如苏宁云商），也包括处于发展初期阶段的众多信息科技公司。因此，从图 6-17 也可以看出新一代信息技术产业融资效率的变异系数也是最大。

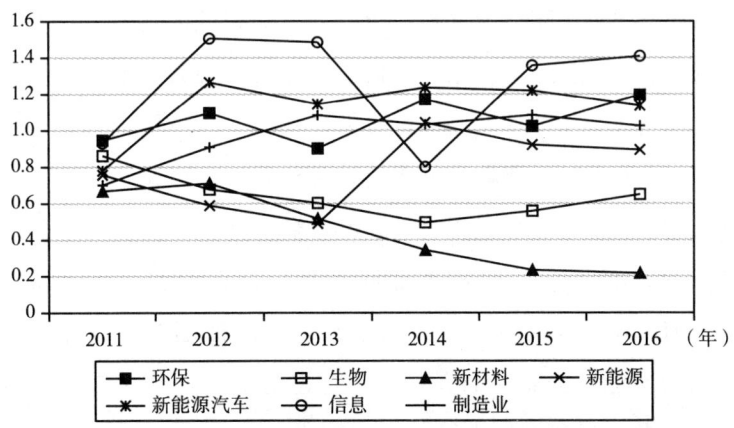

图 6-17 2011~2016 年深证新兴产业融资效率变异系数的产业比较

从生物产业融资效率的提升幅度来看，2016 年该产业的融资效率均值为 0.7745，相比 2011 年上升 0.4272。但是从图 6-17 来看整个产业的融资效率并没有明显的提升迹象，尽管效率值在 0.9~1 之间的公司数量有所增加，但是与其他产业相比，生物产业的融资效率还是相对较低的。

节能环保产业作为绿色产业的重要组成部分，尤其是 2015 年"美丽中国"首次被列入了国家"五年规划"，这种政策导向对节能环保行业来说无疑是一重大利好，从图 6-17 中的融资效率趋势中也可以看出。2016 年，节能环保产业融资效率均值为 1.7537，相比 2011 年提升了 1.5235。相比其他战略性新兴产业，节能环保产业的融资效率值相对较高。结合实际来看，目前国内节能环保行业创业项目数呈逐年攀升态势，且项目累计融资额已近千亿元。随着我国新型工业化和城镇化发展速度的加快、经济增长方式转变、产业结构优化升级的推进，环保产业的融资环境会进一步优化，发展空间广阔。

制造业是我国的传统优势产业，在国民经济发展中起着重要的作用。从国际比较来看，我国是制造业大国，但仍面临这"大而不强"的局面。高端装备制造业不仅是高技术水平的代表产业，更肩负着我国传统制造业的转型和升级使命。从产业融资效率来看，2011 年的融资效率均值为 0.4120，相比其他战略性新兴产业在 2011 年的数据要高，这说明其前期的融资基础相对好。从发展态势来看，2016 年融资效率均值为 0.9239，比 2011 年提升了 0.5119，但整个产业的融资效率并没有达到最优。综合来看，高端装备制造业的融资效率相对较好，但是仍有较大提升空间。

2016 年新能源产业的融资效率均值上升了 0.6076（相比 2011 年），在 2011~2016 年期间融资效率达到相对有效的公司数量提升明显。可以看出，样本内新能源产业的融资效率改进态势明显。从我国国情来看，目前我国的水资源、风资源、太阳能资源在世界上位居前列，特别是光伏产业的产能、出口等方面也是世界第一。在融资方面，我国 2016 年 4 月公布的《全球新能源发展报告2016》显示,2015年中国新能源产业融资额约为1 105.2亿美元,继续位居全球首位。对于新能源产业来说,在目前所面临的融资问题中,提高资金运用效率要比提高资金支持力度更重要一些。

从新能源汽车产业融资效率的结果来看,其均值来看位列七个产业之首,2016年的融资效率均值为3.9249,比2011年提升了3.4486,改进幅度明显。在深证新兴产业上市公司中,新能源汽车产业的上市公司数量只有3家,而这3家又都是国内新能源汽车的龙头企业。目前,国内政策驱动下消费者对新能源汽车的需求日益增加、产业发展市场广阔,但是制约产业发展的最大问题是该产业上游、下游的链条并不通畅,这也是国内新能源汽车企业发展缓慢的原因。因此,对于新能源产业融资问题的关注,应由单一的整车生产企业逐渐拓展为多元化的细分市场,如动力电池、客车、乘用车、充电桩等企业都应是产业的关注重点,提升新能源汽车产业融资效率的关键也在于此。

从新材料产业的融资效率统计来看,该产业的融资效率是最低的。从2011~2016年的融资效率提升幅度来看,仅为0.2839,但其2011年的产业融资效率均值并不是最低。从融资效率相对有效的公司数量来看呈递减趋势,2015年的数量为0。在战略性新兴产业中,新材料产业是基础性产业,与其他产业关系最为密切,新能源汽车、节能环保、高端装备制造业的发展和壮大,均离不开新材料产业的支持。随着我国新材料产业规模的逐步扩大,融资需求规模也在扩大,该领域以中小企业和创业企业为主,呈现"小、散、专"特征,自主创新能力薄弱,很多关键产品依赖进口,关键技术受制于人;整个产业发展缺乏科学规划、统筹规划和政策引导;大型材料企业创新动力不强,研发投入较少,新材料推广应用方面困难;整个行业的发展仍然处于高投入、高消耗、低效益的粗放型发展阶段。提升新材料产业的融资效率有利于推进产业结构调整的速度,促进产业由资源密集型向技术密集型转变。

6.5 战略性新兴产业融资效率的提升建议

6.5.1 优化政策性融资体系

政府在战略性新兴产业的发展中扮演着重要的角色,目前产业处于成长初期阶段,仍需要政府来"扶上马、送一程",而政策性融资就是解决如何"送一程"有效途径。通过政策性融资的导向作用,吸引更多的社会资本投入到产业中去,不仅使资金的持续性得到保障,还能够使产业的发展趋向市场化。因此,不断优化我国政策性融资体系是建立和完善战略性新兴产业融资体系的关键。从我国现有的政策性融资体系来看,可以尝试从以下三个方面的改进:

(1) 建立战略性新兴产业政策性银行

政策性银行是政府吸引商业性资金来调控宏观经济、实现经济社会协调发展的有力工具。我国目前已建立的政策性银行——国家开发银行、中国进出口银行和中国农业发展银行,虽然在近年来不同程度地加大了对战略性新兴产业的扶持力度,但由于自身的分工不同、职责不同、所承担的任务不同,都不会将战略性新兴产业作为其重点扶持的对象,它们在该领域所扶持的多为国家级重点项目或者初具规模的大型企业,而战略性新兴产业中数量众多的中小企业很难通过政策性银行获得资金支持。从国外经验来看,建立专门服务于产业的政策性银行已有先例,如 1954 年成立的韩国产业银行是由政府批准设立的国家政策性银行,自 1990 年开始担任企业金融作用开始培养高科技产业,而日本的国民金融公库、美国的进出口银行、德国的复兴信贷银行均是为科技型中小企业提供信贷融资的政策性金融机构。因此,可以借鉴国外的发展经验,设立以产融结合为出发点的战略性新兴产业政策性银行,从而打通社会资金流通渠道,扩大政策性资金对战略性新兴产业的覆盖面和规模。

(2)不断规范政府引导基金的运作模式

推动政府引导基金体系建设,有利于发挥政府资源在战略性新兴产业发展中的"四两拨千斤"的作用。我国巨大的社会资本之所以扎堆传统产业,受制于自身对新兴产业领域偏弱的投资能力和市场研判水平,传统产业资本持有者往往是不敢贸然进入新兴产业的。而政府引导基金就是增强战略性新兴产业吸引社会资本的向心力。通过政府出资吸引有关地方政府、金融、投资机构和社会资本,以股权或债权等方式投资于创业风险投资机构或新设创业风险投资基金,以支持创业企业发展,尤其是投向高新技术行业和新兴产业。目前,我国政府入股的引导基金进入了快速的发展时期,尤其是2015年国家层面设立的总规模为400亿元的新兴产业创业投资引导基金备受关注,引起社会各方面资金参与超过1 800亿元。可以认为,政府引导基金是今后一段时间内战略性新兴产业政策性融资的重要来源。如何用好政府引导基金才是关键,尤其是减少一哄而上、效能不高的现象发生。[①] 从基金的管理条例来看,涉及基金投后监督、考核机制的相关条款较少且较为笼统。因此,运作模式显得尤为必要。通过不断完善绩效考核和退出机制,将引导基金的社会效应和投资效益同时兼顾。只有不断完善和规范政府引导基金的运用模式,才能使其不断走向良性发展轨道,从而更好地服务于战略性新兴产业。

---

① 近年来,各地方政府纷纷积极主导设立政府引导基金。私募通统计显示,截至2016年12月底,国内共成立1 013只政府引导基金(包括创业投资基金、产业投资基金、基础设施基金等),基金规模达53 316.50亿元,平均单支管理规模为52.63亿元。而国家审计署于2017年6月23日发布的《国务院关于2016年度中央预算执行和其他财政收支的审计工作报告》显示,截至2014年年底,政府性基金预算收入总量4 178.12亿元,当年支出3 999.98亿元,结转下年178.14亿元。在审计中发现,一些政府引导基金出现闲置的状况,比如至2015年底,中央财政出资设立的13项政府投资基金募集资金中,有1 082.51亿元(占30%)结存未用。而地方政府投资基金也存在类似现象:如抽查地方设立的6项基金发现,财政投入187.5亿元中,有124亿元转作商业银行定期存款。

(3) 建立政策性融资担保体系

政策性担保机构在中小企业信用担保体系建设中有着特殊的作用，建立政策性融资担保体系会促进商业银行与融资担保机构的合作力度，从根本上改善战略性新兴产业的政策性融资环境。虽然我国目前已经建立了政策性担保公司，但是仍存在政策认识不足、定位不清等问题。因此，应在进一步深化金融改革基础上，加快构建政策性融资担保体系。各级政府要不断完善国有资本金对政策性担保公司的持续补充机制，可以考虑支持符合条件的政策性融资担保机构在多层次资本市场上市（挂牌），建立资本市场股权融资长效机制，不断提升担保能力。同时，应加大对政策性担保公司风险补偿比例，要加强信用信息体系建设、完善法人治理结构、加强人才队伍建设、建立完善考核评价机制，优化行业发展环境，加强风险防控，明确责任分工，促进政策性融资担保体系持续健康发展。

6.5.2 提升间接融资的科技创新功能和风险补偿机制

间接融资体系的主导地位在我国会长期存在、其对战略性新兴产业的影响不容忽视，由此，充分利用好间接融资资源、将战略性新兴产业在间接融资体系中的不利因素降到最低，是十分必要的。从目前来看，加强产业链金融业务、融资租赁业务的设计、鼓励保险业参与产业发展是可行的必要手段。在实际中可以通过以下四个方面不断改进：

(1) 加强产业链金融的产品设计与服务

战略性新兴企业的高风险特征与商业银行的风险偏好是天然矛盾的，绝不是简单的加大政策、资金扶持力度就可以解决，因此并需另辟蹊径。通过产业链金融来解决战略性新兴产业的融资问题是一个不错的选择。产业链金融的理念并不是新鲜事物，之所以没有成为商业银行金融服务的主导经营理念，是因为在传统业务发展模式方面仍然有利可图，由此导致主动改变经营思路的动力不足,与产业链金融的相关产品的市场占有率也并不高。如今来看,通过产业链金融来解决战略性新兴产业的间接融资需求、拓展商业银行业务领域现实可行。产业集群是产业链融资的基础条件。众所周知,产业集群的形成,是企业因为行业属性,或者产业属性天然的形成聚集形态,而在产业集群中,必然会有龙头企业、领航企业和从属企业的区别,呈金字塔形态分布,这种企业分布状态可以有效解决中小企业融资难问题。在产业链金融中,以核心企业来设计供应链融资产品,以其为基础和上下游的贸易关系总结供应链的需求特征,将客户需求创新、产品订制和产品设计进行融合,形成以供应链产品为工具了解客户的需求链,并以需求链为基础形成金融产业链,使金融机构在了解供应链需求的基础上根据整个供应链上下游的情况,从上、中、下游客户需求的角度出发为其设计综合金融服务方案,从而实现与整个产业链上金融需求的对接。[①]

(2) 推进融资租赁市场的规范发展

通过融资租赁机构广泛吸收国内和国外的金融资源,跟踪研究国内外的前沿技术和先进设备,配置到我国具有发展前景的战略性新兴产业中去,降低产业融资成本,避免金融资源的低效或无效配置。另外,由于融资租赁有着租赁物物权的保障,对资产的管理具备专业水平,能够有效控制承租人信用风险。因此,对战略性新兴产业的发展是极其有利的。我国融资租赁市场经过最近几年的快速发展,在企业数量和资产规模上都得到了巨大提升。然而整体来看仍存在着企业数量增多但良莠不齐、产品同质化、缺乏专业人才

[①] 例如,新能源汽车产业就可以通过产业链金融扩宽融资途径。新能源汽车产业链上游是以原材料、零部件为主的生产商,它们是主要的融资企业,向核心企业提供生产订单合同。而新能源汽车产业链下游则以各大汽车品牌运营商为主,下游产业运营服务商为核心企业提供真实相关的商务合同,产业链关系结转银票、结算清单及相关票据等。核心企业则扮演着以汽车产业链上的车辆为核心、为上下游企业所有相关的生产与现金结转中枢、为上下游企业进行融资借款进行相关融资结算担保的角色。充分利用产业链金融业务可以解决新能源汽车产业电池供应商和下游充电桩融资不足的局面。

等问题①，因此不断规范发展我国融资租赁市场，才能更好地服务于战略性新兴产业的融资需求。同时，战略性新兴产业的蓬勃之势也为融资租赁市场的发展带来契机，新能源汽车、医疗器械、机器人等领域值得融资租赁企业开拓和探索。在合适的切入点上，双方加强合作才能实现共赢。

(3) 健全风险防范体系及分散机制

战略性新兴产业的融资风险是长期并客观存在的，而其融资需求又必须着手解决，因此，金融机构需要做的，并不是对其避而远之，而是加强信贷风险管理，建立以市场化价值评估为基础，以专业第三方信用评估和担保体系为前提的风险防范体系及分散机制。例如，商业银行可以进一步加强与产业相关的部门合作，通过资源与信息的共享来弥补对产业认识的不足和信息的不对称性。同时，逐渐建立科技风险的防范体系，密切关注行业动态，并合理配置授信的规模。在担保体系建设方面，应逐步建立以政府出资为主的融资担保机构，引导民营融资担保机构规范发展，培育一批有较强实力和影响力的融资担保机构。战略性新兴企业发明专利、商标权、版权等无形资产是战略性新兴产业企业的重要财富。针对战略性新兴产业的特点，加强无形资产担保和评估体系建设，针对中小科技企业从原有的单一担保模式尝试建立产业集群的整体担保模式，将一家企业的担保风险分散来由数家中小企业承担。

战略性新兴产业是未来科技创新和产业发展的方向，保险业参与战略性新兴产业的建设，有利于二者的共赢共生。因此，保险业应抓住这一发展机遇，尽快出台保险资金支持和创新产品服务的规划纲要，在提升保险业整体竞争力的同时大力支持战略性新兴产业的发展。在保险资金运用方面，应以

---

① 截至2016年底，全国融资租赁企业（不含单一项目公司、分公司、子公司和收购的海外公司）总数约为7 120家，比2015年底的4 508家增加2 612家。其中，大部分新申请牌照的融资租赁公司尚未开展业务，行业风险隐患增加。诸多融资租赁公司面临怎么运营、怎么做业务、团队在哪里、钱从哪里来、怎么盘活现有租赁资产等现实难题。熟悉业务流程、风控、税收、财会、交易结构设计、实务操作的人才匮乏也严重制约融资租赁行业的健康发展。

多样化的投资形式支持战略性新兴产业的发展。保险公司要充分发挥机构投资者的作用，在当前宏观政策、产业政策和监管政策允许的情况下，选择多样化的投资方式，如基金、股权、债券等，探索保险资金服务战略性新兴产业的新路径和新模式，为产业发展提供长期资金支持。例如，对于实力雄厚的大型保险公司可以采取与商业银行、政府合作的方式，将保险资金投资于一批风险相对较低、收益性有保障的战略性新兴产业项目。对于中小型保险公司来说，可以参与大型保险公司牵头、以战略性新兴产业为投资对象的产业投资基金。另外，中国银保监会应进一步推出保险资金运用的相关政策和实施细则，从政策上引导保险资金投资战略性新兴产业，这一点也是至关重要的。在保险服务方面，不断提升服务意识，为战略性新兴产业量身定制保险产品。保险机构应充分发挥长期资金的优势，结合科技型、中小型企业的发展规律，有针对性地为战略性新兴产业提供专业的保险产品和服务。例如，对于科技型企业应加大对科技人员的保险服务力度，推出专业性的保险产品，分散科技人员在研发、生产过程中所面临的各类风险。对战略性新兴产业的中小微企业通过整合保险资源的方式扩大保障范围，从展业、承保、理赔到风险管理等多方位探索新的产品和服务，拓宽信用保险、贷款保证保险等产品的覆盖范围，为战略性新兴产业的企业提供更多的增信服务，提升企业获得外部融资的能力。在风险补偿方面，要充分发挥保险公司的作用。鼓励保险公司积极开发信贷类损失保险产品，不断提高工业保险服务水平，降低银行对战略性新兴产业信贷的损失风险。例如，尝试将某些重大技术装备、新材料、关键零部件等纳入保险保费补偿机制中，结合新能源汽车风险特征设计专属的保险产品。

6.5.3 推进多层次资本市场建设、提高产业直接融资比重

资本市场是战略性新兴产业成长的发动机，是战略性新兴企业融资渠道

和方式长期选择。因此，解决如何增强战略性新兴产业特性与直接融资的匹配性、提高产业直接融资比重这一问题的关键，就在于不断地推进多层次资本市场制度的建设。

首先，应不断完善股权投资基金的服务业态和运营机制。在科技创新和产业整合不断提速的背景下，关键技术创新能力已经成为世界各国之间科技竞争的核心，成为决定国际产业分工地位和全球经济格局的关键条件。在我国"大众创业、万众创新"浪潮下，股权投资基金是加快资本与科技产业对接的首选，是战略性新兴产业资本起步的关键，更是日后产业并购重组的资本保障。从目前我国股权投资基金市场的发展来看，仍存在着缺乏市场化运作、本土投资机构经验不足、政策和法律环境不成熟等问题。例如，我国已经出台《证券投资基金法》对证券投资基金进行规范，但股权投资基金在资金募集方式、投资理念、运作方式、治理结构、激励机制和风险控制等方面与证券投资基金完全不同，产生的社会风险方式也不同，相应的监管理念和手段也应该不同。由此，证券投资基金和股权投资基金应该分开立法、分开监管。而目前相应的管理暂行条例尚未出台，更没有层级比较高的专门立法。除此之外，不断规范、科学国内股权投资基金市场，优化创新服务模式，完善现有创业服务机构的服务业态和运营机制，为股权投资企业营造发展的优良环境也十分必要。

其次，创新股票市场制度、提升上市融资的包容性。在我国的股票市场中，创业板市场和新三板市场将是战略性新兴企业上市融资的主要阵地。其中，创业板市场适合于已经具有一定规模、处于发展期的新兴企业，而新三板则应是初创期企业的首选。从创业板来看，应不断优化上市条件，淡化以盈利为单一指标的估值理念，设计更加贴近战略性新兴产业的发展规律和现实需求的绩效评估指标，为那些目前尚未盈利但具有较大前景、投资者认可其价值的企业上市提供便利。除此之外，大量海外上市的科技型红筹企业也应该是创业板市场争取的对象，通过相关制度的完善力争以更高的包容度吸引它们的回归，使国内投资者能够分享这些企业高速成长的红利。从新三板市场来看，首先要解决的就是市场流动性问题，这就需要不断完善现有的分层制度，使更多的优质企业被投资者挖掘出来。目前，新三板市场的参与方仍以传统的证券公司为主，这就会导致在牌照的约束下，更多地考虑自身的利益，这将不利于新三板市场活跃度的提升。因此，应放开更多的金融机构，如财务公司，来参与到市场中来，同时完善新三板监管体系，使新三板市场在公平透明的交易环境下，吸引更多的金融资本涌入，提高市场对战略性新兴产业的服务能力。

总之，战略性新兴产业成长中的融资问题不单是一个技术性的金融支持问题，而是涉及市场、企业、金融机构、政府多方参与的综合体。

第7章

文化产业融资分析及效率评价

7.1 文化产业的内涵与发展

7.1.1 文化产业的内涵

"文化产业"这一术语产生于20世纪初。最初出现在霍克海默和阿多诺合著的《启蒙辩证法》一书之中。它的英语名称为 Culture Industry,可以译为"文化工业",也可以译为"文化产业"。文化产业作为一种特殊的文化形态和特殊的经济形态,影响了人们对文化产业的本质把握,不同国家从不同角度看文化产业有不同的理解。联合国教科文组织关于文化产业的定义如下:文化产业就是按照工业标准,生产、再生产、储存以及分配文化产品和服务的一系列活动,分别从文化产品的工业标准化生产、流通、分配、消费的不同角度进行界定。

2003年9月,中国文化部制定下发的《关于支持和促进文化产业发展的若干意见》(文产发〔2003〕38号),将文化产业界定为:从事文化产品生产和提供文化服务的经营性行业。文化产业是与文化事业相对应的概念,两者都是社会主义文化建设的重要组成部分。文化产业是社会生产力发展的必然产物,是随着中国社会主义市场经济的逐步完善和现代生产方式的不断进步而发展起来的新兴产业。2004年,国家统计局对"文化及相关产业"的界定是:为社会公众提供文化娱乐产品和服务的活动,以及与这些活动有关联的活动的集合。在《文化及相关产业分类(2012)》中把文化产业分为两大部分十个大类。两大部分分别是文化产品的生产和文化相关产品的生产,十个大类包括新闻出版发行服务、广播电视电影服务、文化艺术服务、文化信息传输服务、文化创意和设计服务、文化休闲娱乐服务、工艺美术品的生产、文化产品生产的辅助生产、文化用品的生产和文化专用设备的生产。所以，中国对文化产业的界定是文化娱乐的集合，区别与国家具有意识形态性的文化事业。①

在现实生活中，不同国家对文化产业的称谓不尽相同，如美国说的是版权产业，欧盟说的是内容产业，英国说的是创意产业，日本说的是感性产业等。这也体现出各国文化产业发展的侧重点有所不同。尽管世界各国对文化产业从不同角度进行了不同的定义，但文化产品的精神性、娱乐性等基本特征不变。因此，文化产业是具有精神性、娱乐性的文化产品的生产、流通、消费活动。

7.1.2 文化产业相关概念的辨析

（1）文化产业与文化资源的区别

文化产业与一般性文化资源不同，主要体现在：第一，二者间是包含与被包含的关系。文化产业是能够产业化、规模化的文化资源，如流行音乐。文化资源只有符合市场要求，实现规模化发展才能成为文化产业；否则，更宜作为一般文艺活动或文化事业存在，如传统地方曲艺。第二，一部分文化资源可以作为文化产业发展，但是其发展规模并非越大越好。这里涉及文化产业发展和文化资源保护的权衡问题，比如文物、历史遗迹的保护和旅游业开发之间的关系协调。若是强制性大规模开发历史遗迹，势必会对史迹资源造成破坏，这是由该类文化资源的不可再生性决定的。第三，部分可产业化发展的文化资源，又可划分为公益性部分和盈利性部分。公益性部分代表公民享有的文化权利，不可产业化，比如教育，九年义务教育存在强制性不可产业化；而民间办学、职业技能、一般继续教育等非义务类经营办学则作为

---

① 胡晓明、肖春晔. 文化经纪理论与实务 [M]. 广东：中山大学出版社，2009：12-19.

重点产业扶持,如新东方、新航道等英语培训机构。该类文化资源兼具公益性和盈利性,分属文化事业和文化产业范畴。

(2) 文化产业化的发展条件

文化的产业化发展,是指以文化企业为载体,参与市场化经营,将可产业化的文化资源转化为产品和服务推向市场。该过程需要具备的条件有:文化企业以企业的形式经营,追求利润,不同于文化事业单位;文化企业经营在政府宏观政策指引下,以市场需求为导向,优化产品结构,提升服务质量,参与市场竞争;文化企业经营运作实现规模化,共同构成规模产业;文化企业发展需要的资金需求能够得到保证和支持。

7.1.3 我国文化产业的成长性分析

如果说中国在过去的经济发展是专注于解决人们的衣食住行等刚性需求,那么未来对文化产业的投资,将聚焦于解决人们喜怒哀乐等精神方面的需求。习近平总书记在党的十九大报告《决胜全面建成小康社会、夺取新时代中国特色社会主义伟大胜利》中强调:"中国特色社会主义进入新时代,我国社会主要矛盾已经转化为人民日益增长的美好生活需要和不平衡不充分的发展之间的矛盾。""美好生活的需要"换言之是消费升级催生的新需求,人民美好生活需要日益广泛,多元、高质、跨界的文化产品是未来经济结构调整升级的刚需。可以预见,未来十年文化传媒行业将进入快速发展通道,传媒类公司轻资产的特点为国民经济提质、转型、增效提供有效支撑。

(1) 文化产业快速增长,在经济结构中地位显著提高

党的十六大以来,随着文化体制改革的深入推进,合格文化市场主体数量不断增多,社会各方面投入文化产业的热情高涨,各项扶持政策不断出台,我国文化产业正进入发展的黄金期,文化产业增加值逐年提升。"十一五"时期是我国文化产业发展速度最快,产业规模迅速扩大的时期。中国国家统计局公布的数据显示,2016 年全国文化及相关产业增加值为 30 785 亿元,比

上年增长 13.0%（未扣除价格因素），比同期 GDP 名义增速高 4.4 个百分点；占 GDP 的比重为 4.14%，比上年提高 0.17 个百分点。文化及相关产业保持平稳快速增长，比重稳步上升，从图 7-1 可以看出，文化产业增加值占 GDP 比例逐年提高，并且文化产业增加值的增长率高于 GDP 增长率，我国文化产业对促进经济转型升级、平稳健康可持续发展发挥了重要作用。

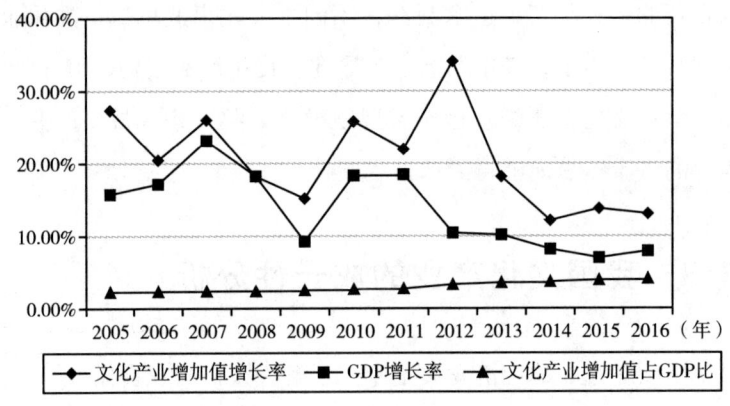

图 7-1　2005~2016 年我国文化产业增长态势

数据来源：中国国家统计局网站（www.stats.gov.cn/）。

从产业结构来看（如图 7-2），2016 年文化制造业增加值为 11 889 亿元，比上年增长 7.6%，占文化及相关产业增加值的比重为 38.6%；文化批发零售业增加值为 2 872 亿元，增长 13.0%，占比 9.3%；文化服务业增加值为 16 024 亿元，增长 17.5%，占比 52.1%。文化服务业增加值超过了文化制造业创造的增加值。我国文化产业向高端化、内容化方向发展的趋势十分明显，产业结构不断优化。与此同时，我国文化产业与国民经济相关产业加速融合，文化元素日益融入相关产业发展，丰富产业文化内涵，提升产业附加值。

从文化与经济的关系看，世界经济发展经历了从产品经济到服务经济再到文化产业经济逐步提升的过程。文化产业的巨大经济潜力已被许多国家和主要经济体所认同，世界文化产业呈现群雄并起、千帆竞发的局面。尽管近年来我国文化产业的规模迅速扩大，但比较来看，世界西方发达国家的文化产业在整个国内生产总值所占的比例平均在 10% 左右，美国达到 25%。美国

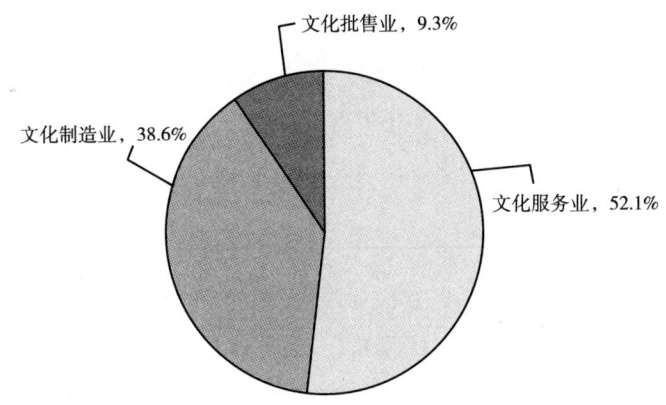

图 7-2　2016 年文化产业增加值构成

数据来源：中国国家统计局网站（www.stats.gov.cn/）。

和欧盟等发达经济体的文化产业已经成为支柱产业，其增加值超过其他产业，增长率普遍高于经济总量的增长率。俄罗斯、巴西等新兴市场经济体的文化产业正朝着支柱产业的方向发展，其增加值所占比重也在迅速增加。作为发展中国家、新兴市场经济体，我国文化产业进一步发展必须打破行业、地域、专业、部门和所有制壁垒。这对于调整经济结构、增强文化原创力、破解制造业产能过剩难题、打造中国经济升级版意义重大。

（2）文化企业的发展活力和市场竞争力增强

近年来，我国积极推进文化产业资源整合，优化产业布局和结构，文化企业数量逐年增加，企业规模持续扩大，对文化产业发展的贡献程度不断提高。中国国家统计局公布的数据显示，2017 年，全国规模以上文化及相关企业实现营业收入 91 950 亿元，比上年增长 10.8%。尤其是以"互联网+"为主要形式的文化信息传输服务业增长速度连续两年位居十大行业之首，2016 年增速为 30.3%，2017 年增速再度提高至 34.6%，全年营业收入为 7 990 亿元。这是因为在互联网快速发展的带动下，无论是从文化消费的终端到文化产品的生产，还是从消费者对网络的依赖到文化产业的大数据分析，都被互联网深深地影响着。增长速度紧随其后的是文化艺术服务业，2017 年营业收入增速达到了 17.1%，文化艺术服务业属于文化产业的核心层，通过对演艺、动漫、艺术品、非物质文化遗产生产性保护等领域文化资源的整合开发、生产经营，提供满足群众精神文化需求的文化艺术服务。除此之外，实现两位数增长的还有文化休闲娱乐服务业 1 545 亿元，增长 14.7%；文化用品的生产 33 665 亿元，增长 11.4%。

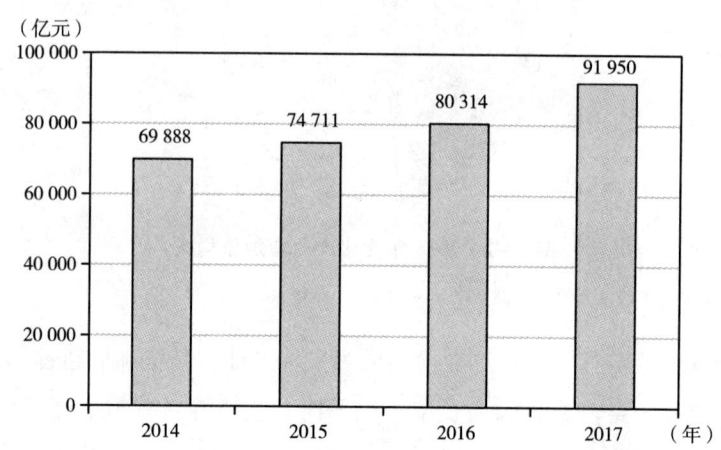

图 7-3　2014～2017 年我国规模以上文化及相关产业企业营业收入

数据来源：中国国家统计局网站（www.stats.gov.cn/）。

企业是市场主体，发展文化产业靠文化企业。但目前我国文化系统内真正具有国际竞争力的大型国有文化骨干企业还比较少，尤其是具有原创内容、国际竞争力的文化企业还不够强大的问题。与发达国家相比之下，我国文化企业竞争力不足的主要原因有内容创新不够，产业规模化、集约化程度低，市场营销和品牌建设能力较弱等，有影响力和辐射力的龙头企业和知名品牌不多。虽然已涌现出一批快速发展且已具备一定规模的文化出口企业，但尚缺乏具有国际竞争力且带有鲜明中国文化特色的品牌，无法将我国丰富的历史文化资源转化为具有市场吸引力的文化产品和服务，文化企业的海外市场营销渠道有限，难以进入海外主流市场。因此，我国文化企业只有在这些方面不断提升和完善，才有可能更好地参与国际竞争。

（3）文教娱乐消费支出快速增长

随着我国经济社会发展和居民收入提升，文化消费越来越成为居民消费的重要内容。从图7-4可以看出，2016年我国城镇居民的人均文教娱乐消费支出为2 638元，比2013年增加了650元；2016年我国农村居民的人均文教娱乐消费支出1 070元，比2013年增加了315元。

从消费支出占比来看（如图7-5），近年来我国居民文化消费支出占总消费支出比例不断提高，其中城镇居民从10.75%（2013年）提高到11.43%（2016年），农村居民从10.09%（2013年）提高到10.56%（2016年）。另外，随着新型城镇化的推进尤其是城乡一体化进程的加快，我国城乡居民收入和消费支出不断提高，城乡居民在文化消费上的差距进一步缩小。其中，农村居民文化娱乐消费支出与城乡居民文化娱乐消费支出之比由2013年的2.64∶1，减少到2016年的2.47∶1。

但是，从图7-6可以看出，我国居民文化消费指数，尤其是娱乐类居民消费价格指数在近年来总体上呈稳定而下降趋势，这说明消费动力不足，在文化消费快速增长的同时，我国文化产品和服务的供给质量还有待提升，不能满足城镇居民日益增长的精神文化需求，尤其是农村居民文化消费能力仍有待提高。

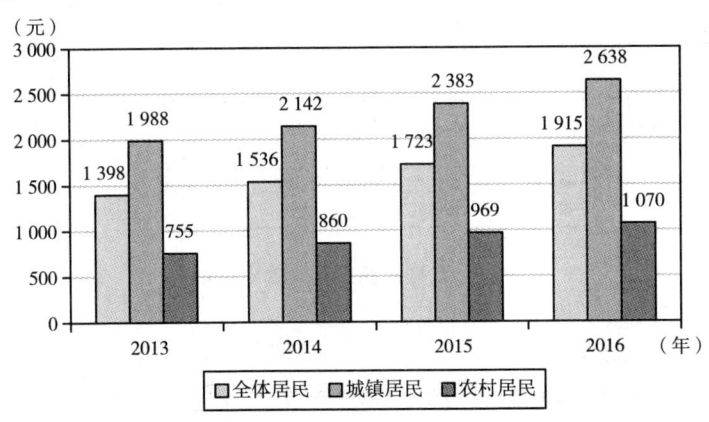

图7-4　我国居民人均教育、文化和娱乐消费支出

数据来源：中国国家统计局网站（www.stats.gov.cn）。

注：从2013年起，国家统计局开展了城乡一体化住户收支与生活状况调查，2013年及以后数据来源于此项调查。与2013年前的分城镇和农村住户调查的调查范围、调查方法、指标口径有所不同。

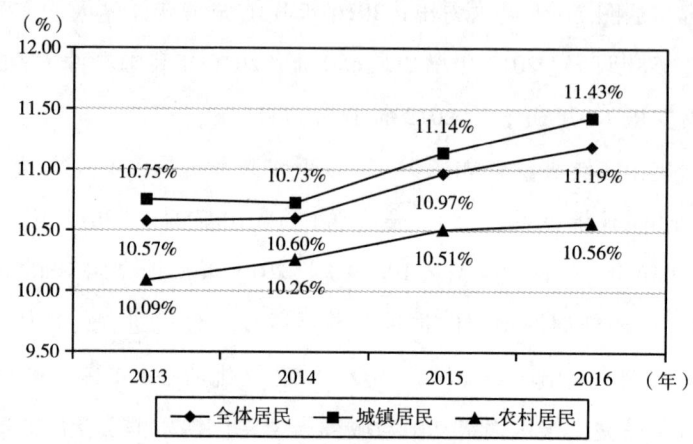

图 7-5 我国居民文化消费支出占比

数据来源：中国国家统计局网站（www.stats.gov.cn/）。

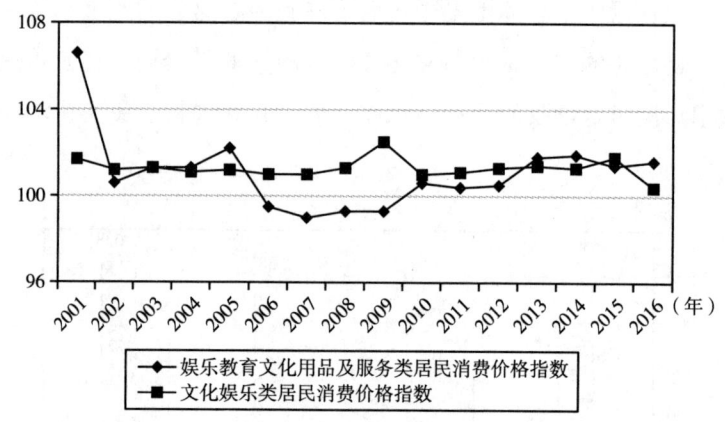

图 7-6 我国居民文化消费价格指数

数据来源：中国国家统计局网站（www.stats.gov.cn/）。

(4) 文化产业"走出去"取得新进展

近年来，我国文化产业发展注重统筹国际、国内两个市场，尤其是国务院《关于加快发展对外文化贸易的意见》颁布后，政策支持力度加大，文化产品贸易规模不断扩大，贸易结构得到优化，我国文化贸易迈上新台阶。在文化产品出口方面，主要以视觉艺术品（工艺品等）、新型媒介（游戏机等)、印刷品、乐器为主。根据商务部发布的数据显示，2016年我国文化产品进出口总额885.2亿美元，其中出口786.6亿美元；文化体育和娱乐业对外直接投资39.2亿美元，较2012年增长18.6倍。从产业门类上看，我国对外文化贸易已涵盖新闻出版类（实物产品、数字产品、版权输出等）、广播影视类（电影、电视等）、文化艺术类（杂技、戏曲、歌舞、武术等演艺项目）和综合服务类等各大门类。其中，文化产业的综合服务类包括游戏、动漫、网络文化服务、文化相关会展服务等内容，产品时代性强，迎合了数字化、跨国经营等方面的要求，是文化产业中增速最快的部分，也是目前中国市场化、国际化程度最高的文化产品，国际竞争力相对较强，已成为中国文化产业"走出去"的领头羊。

与发达国家和地区相比，我国文化产业的国际竞争力仍然较弱，缺乏具有国际影响力的文化品牌是国际竞争力差的主要体现。第一，我国文化出口产品和服务档次低。文化产品输出仍以有形商品为主，设计服务、版权等文化服务出口相对较弱，而发达国家则占据了高附加值领域的贸易主导地位。第二，文化企业"走出去"的水平较低。在文化产业"走出去"的过程中，企业是主体。一大批规模大、实力强，同时具有全球视野、国际化理念的文化企业是我国文化产业"走出去"的根本保证。目前，我国大型文化企业多数是由原来的事业单位转制而来，相当一批单位还处在转制过程中，既缺乏开拓国际市场的意识和经验，又没有参与市场竞争的机制和营销手段，"走出去"的水平还很低，在国际市场竞争中明显处于劣势。第三，"走出去"的目的地过于集中。从地域分布来看，目前我国文化产业"走出去"主要集中在一些发达国家和地区，文化产品主要贸易伙伴是美国、欧盟和东盟，三者进出口总额合计占我国文化产品贸易总额的60%左右。由此可以看出，目前我国文化产品的出口区域较为集中。目的地过于集中的主要风险在于对个别发达国家的市场依存度过高，抗风险性能力较差，而且不利于进一步扩大中国文化在全球范围内的辐射力、渗透力和影响力。

7.2 文化产业的融资需求分析

7.2.1 文化产业的资金需求特征

文化产业发展最终靠文化产品去实现，文化产品走向市场需要经历研发设计、生产、销售环节，各环节都需要资金支持，这是文化产业发展的内在要求，而文化产业期限长、投入大、风险大，在资金需求方面有其独特之处。

一是文化产业资金需求一般集中在前期，即产品、项目研发设计阶段，如影视剧制作，在该阶段企业基本上没有资金回笼，对于一些投入期较长的项目如游乐场项目，资金的投入会持续数年，而且项目预算也很难把控，往往会有追加资金的需求。

二是项目、产品研制成形后，其销售情况又会受许多不确定因素影响，如消费者的预期、同类产品的竞争等，这就涉及市场操作的问题，企业需借助广告公司、宣传媒体的合作，如电影发布会，会产生后期资金需求。

三是文化产品一旦被市场接受，产品链条会被无限延伸，如迪士尼公司设计的卡通形象被广泛运用在影视、游戏及食品广告等周边消费品中，产品资金回报链会很长，在该阶段资金需求相对产出而言很小。

7.2.2 金融支持对文化产业发展的必要性

文化资源分为显性资源和隐性资源两种。显性资源指的是可直接利用获得经济效益的那部分资源，不需要另外开发，存在资源的有限性和使用的排他性特点。显性资源不可再生，一旦过度开发利用会造毁坏，如山东秦皇台风景区免费开放后，景区遭到人为破坏，秦始皇雕像被盗就是一个显性文化资源被过度使用后造成毁坏的例子。隐性资源相对于显性资源而言，最显著的特点是需要开发，包括市场、人才和文化。从这个角度讲，该类资源积聚于经济发达地区。如美国，虽然仅有200多年的历史，但目前是全球文化产业发展最好的国家，其产业的发展主要依赖于其隐性文化资源。又如我国的西部地区，虽然有丰富的历史文化资源，但还需国家的西部大开发战略扶持发展，这主要归咎于其经济基础差，对人才、资本的吸引能力弱进而造成隐性文化资源欠缺，所以在强调文化强国战略时，更需要关注隐性文化资源的力量。文化资源的开发利用是通过显性文化资源的利用和隐性文化资源的开发共同实现，而无论是显性资源的利用还是隐性文化资源的开发都离不开金融资本的支持。

（1）金融支持协助文化企业满足高涨文化需求

文化产品和服务的供给增加会刺激居民相关消费需求，而居民文化产品、服务消费需求的提升又会激励文化企业加大相应的供给量，该机理的最终结果是促进经济结构优化，推动社会整体发展。这一点由美国的经验得到了充分证实。作为世界第一大经济体，美国早在20世纪20年代就颁布了一系列以文化产业为中心的政府法令，给予文化产业发展以政策和经费支持。目前其文化产业已占到国内生产总值的20%左右，为美国综合国力的提升贡献了极大力量。所以，金融支持能使文化企业获得了更多的生产资本，只有冲破了资本瓶颈的文化企业才能更好地为经济增长方式转变贡献力量。

（2）金融支持助力文化"走出去"战略实施

从国际经验来看，无论是美国的迪士尼动画，还是日本的漫画或是韩国的娱乐，这些文化产品都是作为一种媒介将本国的文化传播向世界，用于提升国家文化在世界范围的影响力。中国的文化企业要走出国门，挺进国际文化市场，借助金融的力量，通过资本运作进行海外并购是一条重要的途径。尤其是在2008年金融危机爆发后，国外的文化企业因市场参与程度较高，受危机的冲击较大，经营难以为继的不在少数，这些企业成为国内文化企业的收购对象。如2009年，北京西京集团收购英国本土卫星电视台PROPEILER，北京天创公司以 354 美元收购美国布兰森市白宫剧院。2012 年万达集团出资 31 亿美元收购了美国第二大院线 AMC 成为中国文化资本走出去的标志性事件。所以说，通过文化产业"走出去"来实现文化强国，落脚点是推动文化企业"走出去"，而企业走出国门，进行海外拓展离不开资本的运作，离不开金融支持。原因在于：第一，我国文化企业发展还处于初级阶段，产业链条完整程度和品牌影响力均有待于进一步提高。同时，由于文化企业大都是轻资产企业，在发展过程中普遍面临资金短缺、融资困难的问题。第二，文化企业"走出去"面临较大的汇率风险和投资风险。由于目前的文化企业缺乏通过市场运作实施"走出去"的手段和经验，文化产品和服务在海外市场规模小，影响力有限。以影视作品、艺术演出、图书等为例：美国、韩国等国家多利用广告、营销、票房分成等进入他国市场，我国的文化企业缺少这方面的经验和能力，电影输出大多是一次性买断版权，究其原因主要是文化企业对国外市场不够了解，担心票房分账会面临较大的汇率风险。

（3）政策推动金融支持文化产业发展

目前我国文化产业增速高于同期国内生产总值的年均增速，中国正加速勾绘"文化兴国"战略蓝图，文化产业将成为中国经济持续发展的一个支点。我国的文化强国战略是在党的十七届六中全会上提出的。2010 年 4 月 8 日，中宣部、中国人民银行、财政部、文化部、广电总局、新闻出版总署、中国银监会、中国证监会和中国保监会联合发布了《关于金融支持文化产业振兴和发展繁荣的指导意见》（银发〔2010〕94 号），作为文化产业金融支持的首份政策，"金融机构要推动多元化、多层次的信贷产品开发和创新；主动向文化企业提供优质的金融服务"。之后，文化部、中国人民银行、财政部发布了《关于深入推进文化金融合作的意见》（文产发〔2014〕14 号），财政部办公厅、文化部办公厅发布《关于推动 2014 年度文化金融合作有关事项的通知》（财办文资〔2014〕6 号），商务部、文化部、广电总局、新闻出版总署、进出口银行发布《关于金融支持文化出口的指导意见》（商服贸发〔2009〕191号），文化部《关于鼓励和引导民间资本进入文化领域的实施意见》（文产发〔2012〕17号），中国资产评估协会《关于印发〈文化企业无形资产评估指导意见〉的通知》（中评协〔2016〕14号）。2016年以来，国家层面已多次出台有利于文化传媒行业健康发展的政策。电影产业在整个文化产业中的重要性和价值高度凸显，一系列政策支持助推影视行业进入加速发展期。影视行业相关政策不断出台，国务院办公厅、财政部、中国人民银行等主管部门的配套支持和实施条件补给，有利于电影业的产业化经营和规模化发展，其中资金和资本条款是重点，电影专项基金、人才培养计划、金融产品设计等涉及资金和市场的手段更加多样。伴随一系列利好政策出台，我国文化产业迅猛发展，其资金来源越来越广泛，融资方式不断创新。

7.3　文化产业的融资效率分析

7.3.1　信贷融资

（1）特点

银行信贷是文化产业发展资金的主要来源之一，我国各商业银行对文化产业的贷款呈现出以下特点：

第一，各银行信贷投放总量不断增加。早在2012年，文化部先后与中国进出口银行、国家开发银行、中国银行、中国工商银行、中国农业银行、中国建设银行、北京银行等建立了部行合作关系，将政府部门的组织协调优势和政策引导功能与金融机构积极开拓文化产业市场主动性结合，搭建企业与银行机构之间的公共服务渠道。中国银行业协会发布的《2014年度中国银行业社会责任报告》指出，2014年，我国商业银行文化产业贷款共计5 328.1

亿元。一些股份制商业银行先后通过无形资产抵押等创新金融产品，支持了国内大量电影的拍摄工作。以中国工商银行为例，2010年中国工商银行为文化产业提供的贷款余额为519.54亿元，到2016年末对文化产业累计提供表内外融资超过6 000亿元，其中，近3年文化旅游行业贷款平均增幅超过30%。中国工商银行也成为国内支持文化产业融资余额、贷款增量最多最大的商业银行之一。

第二，商业银行业信贷投放集中于大企业、大项目，文化产业主体的中小文化企业信贷需求很难满足。目前，国内银行机构中仅中国工商银行、北京银行明确提出重点支持中小文化企业，并将其纳入战略规划，且北京银行主要支持北京地区的文创企业，其他银行机构仍主要侧重同大型文化企业建立合作关系，信贷资金也主要投向大型文化项目。其原因在于中小文化企业已拥有或将拥有的版权、专利等无形资产，不仅存在资产估值困难、专业性要求高以及后续监管乏力、变现困难、产权交易市场不活跃等问题，也给企业贷款带来了极大困扰。

第三，银行业服务文化产业发展的模式得到优化，银行机构一般采取"银政""银企"战略合作的方式为文化企业提供专项服务。"银政"合作指的是银行总行或分支机构与各级文化主管部门签署合作协议，如中国农业银行北京分行同北京文化创意产业促进中心签署合作备忘录，约定每年向北京文化创意产业提供200亿元融资额度。"银企"合作指的是银行机构同大型文化企业建立战略合作关系。2008年以来，交通银行与中南传媒集团，国家开发银行与上海文广集团、出版传媒、电广传媒等企业签署了银企战略合作协议，其中，仅国家开发银行与电广传媒签署的意向性授信额度就达197亿元。

第四，信贷产品创新力度加大。近年来，各商业银行在文化产业信贷产品设计上做出突破、不断创新。例如在无形资产质押方面做了许多有益的探索，推出了应收账款质押、版权质押、收视费权益支持等权益类质押贷款。2009年9月，潍坊银行率先试水艺术品质押贷款业务，是国内商业银行首次发放以书法绘画为质押物的贷款。针对横店影视基地，2010年中国银行浙江省分行推出的"影视通宝"，开启了商业银行与文化产业的合作之路。截至2016年末，影视通宝贷款余额2亿元，各银行纷纷效仿，不断推出特色金融产品。国家开发银行推出知识产权做抵押、北京银行的"创意贷"和华夏银行的以软件著作权为质押担保的创新融资方式贷款等。

（2）问题

虽然在国家政策的支持下，各银行加大对文化产业的扶持力度，然而在金融与文化产业实现有效对接的进程中依然存在着一些问题。

第一，银行贷款要求抵押物，降低了文化产业抵押担保能力。各银行提供贷款主要是以抵押物为主，然而具有"轻资产"特点的文化企业，缺乏充足的抵押担保能力。文化产品及服务具有较大的不确定性，我国缺少文化产品或服务的评估标准及价值评估机构，商业银行难以确定其无形资产的价值。商业银行现行的抵押担保条件，限制了文化抵押贷款。同为亚洲国家的日本，以无形资产做抵押对文化产业进行融资的渠道已经非常畅通，还实现了知识产权证券化，使日本文化产业的发展有了充足的资金供给。就难以估价的艺术品而言，在西方国家设有权威的估值机构，并且估值工作的从业人员必须通过考试获取估值师专业证书。而我国具有估值资格的人员大部分就职于公共部门，并不从事商业性质的鉴定估值工作，制约了文化产品融资质押的发展。

第二，银行信贷融资门槛偏高，小微文化企业融资遇阻。我国文化产业组织结构不完善，80%的企业属于初创期的中小微企业，企业组织结构和经营模式还不成熟，文化企业在信用等级、抵御风险能力和经营效益等方面与大型企业之间还存在着很大的差距。由于银行运营的商业性质，贷款的安全性与效益性是其需要考虑的重要因素。银行提供的信用贷款，要求贷款单位经营状况良好、还款能力强等定性的条件，成为小微型文化企业贷款的一道门槛。在进行信贷融资的时候，大型企业因其较强的资金实力与品牌优势，易获得银行的青睐。大多数的小微型文化企业，缺乏组建文化产业圈的意识，致使产业集群效应低,无法通过形成一定的规模效应来降低还款风险,进而导致信贷融资变得困难重重。

7.3.2 资本市场股权融资

(1) VC 和 PE

文化产业的本质是内容创新与科技创新的融合,是一个典型的高风险领域。文化产业中承载创新及其伴随性风险的小微文化企业或项目则很难得到银行融资,这就需要风险偏好型的资本来支持。VC 与 PE 投资文化产业能够提供更多的退出渠道,对于中国文化产业的未来发展举足轻重。投中集团旗下金融数据产品 CVSource 统计显示,2016 年度文化传媒 VC/PE 融资规模为 38.37 亿美元,同比上升 26.75%;融资案例数量 241 起,同比上升 15.86%。融资案例的数量规模反映出整体市场逐渐升温(如图 7-7)。从细分领域来看,影视音乐成为 2016 年度 VC/PE 的重点关注领域,以 102 笔融资案例、11.78 亿美元融资规模居于首位,融资案例数量和规模占比分别是 50.75% 和 65.08%(见图 7-8)。

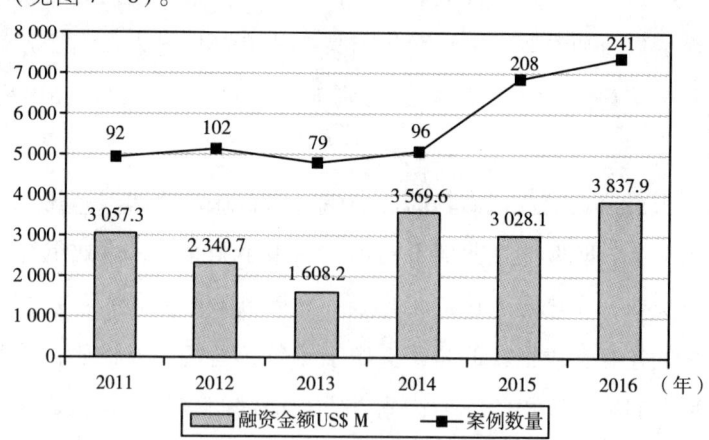

图 7-7 2011~2016 中国文化传媒行业 VC/PE 融资情况

数据来源:投中网(www.chinaventure.com.cn)。

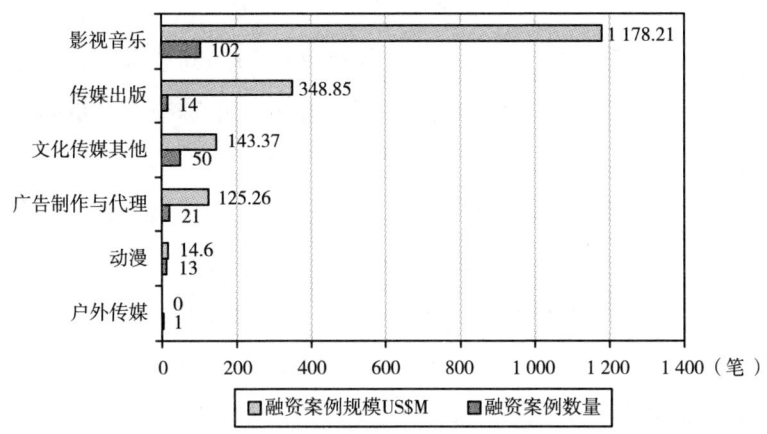

图 7-8　2016 年国内文化传媒行业细分领域 VC/PE 融资分布

数据来源：投中网（www.chinaventure.com.cn）。

从行业融资分布上可以看出，主要集中于影视音乐，而其他领域关注度并不高。这实际上是当前文化产业市场化程度不足及市场规范缺失造成的。由于文化产业的发展需要大量的资金，而且风险比较高，在发展文化产业的初级阶段，主要依靠大量的政府主导，导致政府投入文化产业的时间太长就会形成局部垄断，陷入市场低效物质循环。长期以来，由于中国的风险投资本身发展不够充分，加上文化产业也是方兴未艾，风险资本进入文化产业总体上很谨慎，规模很小。当前，国家明确了文化创意与科技、旅游等相关行业融合发展的战略思路，这会进一步提升和完善文化产业的商业模式及其价值实现方式，加上风险投资的信用环境、退出机制等进一步改善，VC 与 PE 对于文化及相关产业的投入会更有信心，这非常有利于创新型文化产业的发展。

（2）文化企业 IPO

随着我国市场经济的快速发展与日益完善，越来越多的文化企业谋求上市融资。2009 年 7 月，深圳证券交易所设立创业板，开启了民营文化企业上市的高潮。在各大交易所中，深圳证券交易所上市的文化企业数最多，如万达院线、华谊兄弟等。此外，在香港资本市场（如腾讯）、美国纳斯达克上市的文化企业也有很多。文化部早在 2011 年就下发了《关于推进文化企业境内上市有关工作的通知》（文产函〔2011〕440 号），并联合中国证监会、上海证券交易所、深圳证券交易所建立了文化企业上市辅导培育机制，定期举办文化企业上市辅导培训，建设文化企业上市资源储备库，形成了"储备一批、培育一批、申报一批、发行一批"的梯次格局，有序搭建了资本市场的"文化板块"。但是在资本市场日益强化的监管审查力度与紧张的宏观经济条件下，文化产业上市 IPO 近年来融资规模有所下降。以文化传媒行业为例，CVSource 投中数据终端显示，2016 年度文化传媒 IPO 融资规模为 10.98 亿美元，同比下降 22.52%，案例数量 6 起，较 2015 年度下降 50%（见图 7-9）。

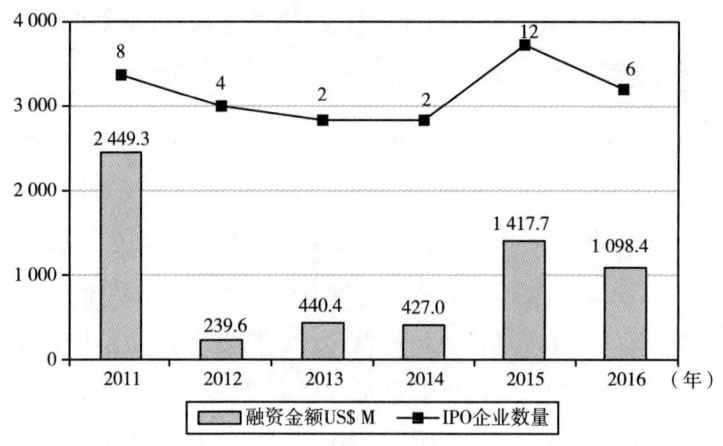

图 7-9　2011～2016 中国文化传媒行业 IPO 融资规模

数据来源：投中网（www.chinaventure.com.cn）。

从融资规模看，在纽约交易所和纳斯达克市场上市的文化上市公司融资占总规模接近一半，其次是 A 股市场，其比例约占总规模的 30%，可以看出，国外资本市场为上市文化企业提供了 70% 的融资，这也证明国外资本市场支持文化产业发挥了重要作用。国内文化企业上市融资步伐虽然加快，但是总体规模较国内其他行业还偏小，目前，国内 A 股市场传播与文化产业的总市值仅占上市企业总市值不到 1%。从新三板市场来看，截至 2016 年末共有挂牌文化企业 228 家，占比 2.24%。从上市（挂牌）文化企业所在领域看，传统媒体领域和网络新媒体领域上市的企业数量最多，行业集中度较高，作为文化产业新兴业态的动漫和网游业上市融资规模明显偏低。

由上述分析可发现，当前我国文化企业上市随着创业板的设立和资本市场的开放，融资渠道得到拓宽，但是融资规模较其他行业还明显偏低，且上市企业的行业集中度较高，动漫、网络游戏等文化产业的新兴业态企业上市融资规模较小，这部分领域的企业以民营企业居多，因此满足这部分企业的上市需求是未来资本市场的主要努力方向。

（3）文化产业投资基金

近年来，文化产业不仅得到国家政策的大力支持，同时快速成长的文化消费市场也越来越有吸引力，各种资本对文化产业的投资热情不断高涨，文化产业资本运作越来越活跃。各种文化产业投资基金纷纷成立，募集资金的额度快速增长。我国文化产业基金的首轮尝试最早发生在2002年，是由中国卡通委员会和湘财贯通投资管理公司联合成立的中国文化产业基金，但因那时中国资本市场尚不发达而最终失败。2008年金融危机后，随着国家对文化产业战略价值认识提升及国内文化企业海外并购步伐加快，文化产业基金有较快发展，并具备了一定的规模。政府、传媒集团、券商、金融机构、专业的创投团队等陆续进入文化产业领域，利用各自的优势设立文化产业基金，并且相互合作，资源优势共享，在文化大发展的背景下相继成为文化产业发展必不可少的一股推动力。前瞻数据库数据显示，2016年文化产业基金新增241只，募集规模达38.4亿美元，同比增长27%。

文化产业基金可分为文化产业专项基金和文化产业投资基金两类。文化产业专项基金由政府财政出资，用于投资公益性文化项目和扶持性的文化投资项目。文化产业投资基金可被定义为股权投资基金，"入股——上市——退出"是其基本的运作模式，与专项基金相比，更具逐利性，且政府财政投资金额有限，融资渠道多元化的产业投资基金更是文化产业基金的重要补充。不过鉴于我国文化产业发展特征和现状，政府牵头仍是文化产业投资基金设立的主要方式。2011年募集规模最大的中国文化产业投资基金，由财政部、中银国际控股有限公司、中国国际电视总公司和深圳国际文化产业博览交易会有限公司共同发起设立，首批募集 60 亿元，全部来自国家财政拨款，是我国首只国家级文化产业投资基金，该基金计划募集总规模达 200 亿元，是典型的政府主导、市场运作的文化产业基金。已投部分项目包括新华网股份有限公司、中国出版传媒股份有限公司、万方数据股份有限公司、《绝地逃亡》、芒果 TV 等。

我国文化产业投资基金除政府牵头设立这一种模式外，还存在"行业龙头+金融巨头"和内外资结合两种重要模式。如 2011 年设立的建银国际文化产业投资基金，是由中国建设银行股份有限公司旗下的建银国际（控股）有限公司和国家级大型出版发行集团中国出版集团、国内一流大型电影集团中国电影集团联合设立的，募集资金规模达 20 亿元。采用同样模式设立的还有广东文化产业投资基金和华人文化基金，分别由中国工商银行和国家开发银行联合大型文化企业设立。最典型的内外资融合型投资基金是 2011 年由摩根斯坦利合作基金亚太金融资本、擎辉基金与无锡滨湖区金源投资三方出资设立的大摩华莱坞基金，同类型的基金还包括由新加坡华映资本入资的华映苏州文化产业基金和华映东南文化产业基金。从资金的投资领域来看，专项投资资金主要投资于电影、艺术品和网游领域，股权私募型的文化产业基金则倾向投资于 IPO 上市的文化企业，以及大型国有企业转体改制的深入。如国有文化企业中南传媒在上市前获得达晨创投等 5 家股权投资机构 4.55 亿元的注资，为促进国有企业改革发展提供了有益探索。

从我国政府牵头文化产业投资基金运作的现实情况看，在基金规模迅速增长、有力推动文化产业发展的同时，也暴露出一些发展初期存在的问题，需要进一步加强理论引导，明晰基金定位，更好发挥改善资源配置、推动转型升级、加快供给侧结构性改革的制度功能。

第一，资本供需之间存在结构性失衡。由于国内文化产业整体不成熟，具备投资潜力的企业数量有限，同时创新不足、产品生命力较短、企业盈利模式不够清晰，使得国内文化产业基金与可投项目之间整体处于供大于求的局面。投资基金仍然青睐经营较为稳定的文化企业或"短、平、快"项目，追求短期利益。现阶段我国文化企业以中小企业为主，能达到上述要求的企业较少，结果是真正需要资金支持的中小型文化企业难以得到产业基金扶持，而相对成熟、间接融资渠道便利的大中型文化企业易于得到产业基金，导致资源错配。

第二，基金防范与化解公共融资风险的作用未充分发挥。目前规模较大的文化产业投资基金多为政府牵头、财政和国有企业出资的基金，具有广泛的人脉和渠道，能够为投资项目后期运作带来更多资源，容易被垄断的、政府主导设立的、较成熟的文化企业接受。而小规模基金的民间资本较多，其风险承担能力弱，在项目竞争中处于弱势，不得不接受那些不太成熟、风险较高的产业投资项目，导致需要国家资本支持的具有较大外部性、投入巨大、高风险的基础性和公益性文化投资项目乏人问津，文化产业基金的支持、引导功能没有充分发挥出来。

第三，基金内部治理机制不健全。体现在三个方面：首先，政府牵头文化产业投资基金设计结构不够科学合理，利益绑定机制不健全，执行中有时变形走样，政府严重"越位"导致行政权力层层审批干预基金管理，破坏基金市场化运行基础。其次，基金缺乏合理退出机制，目前退出渠道较为单一，主板市场对上市公司要求严格，处于产业成长阶段初期的中小型文化企业很难达到条件，且往往受资本市场不景气影响，面临明显的退出障碍。由于成本较低的退出方式缺乏，也阻碍了文化产业投资基金的发展。最后，国内文化产业投资基金起步较晚，发起人大多以政府为背景，管理层也多是原行政机关"下海"人员，或是仅有文化专业知识而无管理才能和金融知识的科技型投资家，难以适应高素质文化产业投资队伍需要。

第四，基金运行的外部环境不够完善。实践先行与制度建设滞后矛盾突出，自20世纪90年代以来，对产业投资基金相关法律法规的制定始终没有取得突破，甚至对产业投资基金的概念还未形成一致，影响了政府牵头文化产业投资基金的健康发展。从发达国家经验看，通过政府和市场共同推进，目前已形成比较完善的市场体系及一整套法律、法规，为股权投资蓬勃发展奠定了坚实的基础。同时，当前文化体制改革正在进行，不少优质文化资源仍未能进入市场，产业投资基金对象仍有扩大空间。支持文化产业投资基金发展的财政、税收政策体系也有待进一步建立健全。

（4）文化产权交易所

文化产权交易所是文化物权、股权、债权、知识产权等各类文化产权流转的集合交易场所，除产权交易外，文化产权交易所还为文化产业提供政策咨询、投资引导、项目推介、项目融资、权益评估、并购策划等专业服务，是重要的文化与资本对接服务平台。文化产权交易所高效便捷的信息发布和电子交易系统，提高了文化产权交易的效率，突破了原有的分散市场交易（如画廊）和集中竞争交易（如拍卖行）二元交易模式。此外，文化产权交易较传统交易资金要求门槛低，引导小额资金流入，为创作者提供了以文化产权为依托的全新融资途径。

近年来，各类文化产权交易所风起云涌，但并不具备成为重要的文化产业投融资平台的潜质。2009年6月，上海文化产权交易所揭牌，这是国内首家成立的文化产权交易所。2009年11月，深圳文化产权交易所挂牌，试图打造面向全国及全球的文化产权交易平台、文化产业投融资平台、文化企业孵化平台与文化产权登记托管平台。2010年11月天津文化艺术品交易所在天津成立，推动艺术品份额化交易迅速火爆。

按业务侧重点不同，这些文化产权交易所又可划分为两类：一类是专业化综合性服务平台，如上海文化产权交易所；一类是发行上市分拆、非实物艺术品份额合约交易平台，如天津文化产权交易所。

在艺术品证券化方面，深圳文化产权交易所于2010年推出的"深圳文化产权交易所1号艺术品资产包"——杨培江美术作品，是我国首个基于"权益拆分"模式的资产包。该资产包配置了杨培江的12幅画，被分为1 000份，总发行价200万元。"权益分拆"的另一种模式是"份额化交易"。"份额化交易"对权益的分拆更细，每份价格更低，采取连续竞价交易，与资产证券化更接近。2014年，中国文化产权交易所市场规模为3.43万亿元；2015年达到3.95万亿元；2016年，中国文化产权交易所行业发展极其迅猛，其市场规模为4.75万亿元；文化产权交易市场交易规模的迅速扩张、参与交易者人数大幅增加，作为新兴交易市场，入市门槛低，缺乏严格监管政策约束等因素，导致文化产权交易市场风险集中。典型案例是2011年1月由天津文化产权交易所以画家白庚延的画作《黄河咆哮》和《燕塞秋》为标的的份额化交易，两幅作品的定价分别为600万元和500万元，均按1元/份进行份额申购，"上市"后价格高涨，在30个交易日内，单份价格分别升至17.16元和17.07元，《黄河咆哮》更是创出1.8亿元天价，远超其本身价值。这种份额化交易所带来的高回报，曾在一定时期内刺激部分文化产权交易所偏离经营正轨，专注于份额化交易，掀起国内文化产权交易市场投机热潮，导致金融风险的聚集。

因为我国目前缺乏权威性的文化产品价值评估机构，还未达到便捷自由的交易程度，加之相应监管机制缺失，文化产权份额投资者权益得不到保障，导致整个文化产权交易市场的发展乏力，而短期的投机高涨会加深市场萎靡程度，抑制文化与资本的长效对接。随着互联网＋时代的来临，机会从来都是与挑战并存，作为一枚硬币的两面，几乎每个传统行业都孕育着"互联网＋"的机会，也面临着如何与互联网更深度融合的挑战。作为促进文化与资本、市场对接的交易平台，文化产权交易所在这个新的时代也在与"互联网＋"相融合，互联网参数的加入不仅缩减了时间成本，同时还提高了资金和信息的流通效率。

综合以上分析来看，目前我国金融支持文化产业还存在以下几个突出问题，融资效率有待提高：第一，金融机构资金多流向大型文化企业和项目，且行业、地域集中度高，中小文化企业尤其是从事新兴业态的文化企业多数得不到有效的金融支持，而政府对此尚未做出全局性政策安排。第二，金融机构提供的文化产业相关金融产品种类较少，而融资风险评估、担保等配套服务也较滞后。第三，文化产业领域投机现象严重，资金利用效率低。

7.4 金融助力文化产业成长的建议

7.4.1 逐步完善多元化的文化产业融资体系

近年来，金融为文化产业发展提供了巨大的支持，一个多层次、多渠道、多元化的文化产业融资体系已经初步形成，但是与成熟的资本市场体系相比仍需要不断完善。今后，可以对符合上市或发债条件的文化企业，有针对性地开展重点培育，积极推动管理规范、业务成熟的大中型文化企业在主板、中小板、创业板、新三板等资本市场上市融资、再融资和开展并购重组，推动其发行企业债券、公司债券、短期融资券、中期票据，为小微文化企业拓宽信贷空间；鼓励符合条件的中小文化企业发行集合票据，形成科学合理的文化产业融资结构。同时，引导社会资本以多种形式投资文化产业。落实放宽文化市场准入政策规定，在项目备案（核准）、信用贷款、申请专项资金等方面给予支持，鼓励民间团体、企业和个人等社会投资主体以独资、合资、合作、参股、兼并、收购等形式参与文化企业和文化产业项目经营，完善新型文化产业投融资体系。

7.4.2 银行信贷产品和服务的创新仍是主体

目前，银行对文化产业的信贷规模不断扩大，越来越多的银行在体制机制上积极探索，多种文化金融创新模式不断推出。现在，许多银行设立了专门的文化产业事业部，研究并探索银行开展文化产业投融资的合理模式。对于文化产业投融资兴趣浓厚的一般是民营银行和中小城市商业银行，比起大型商业银行，相对缺乏稳定的大客户和大项目，这些银行的业务创新诉求更强烈，风险较高的文化产业因此也被视为很重要的战略性业务增长点。随着银行业对文化产业的认识越来越深入，银行的文化产业投融资会日益活跃，尤其是在利率市场化以及互联网金融的挑战下，中国银行业介入文化产业的热情会不断高涨。

今后，商业银行要积极推动文化产业发展，将其作为拓展业务范围、培育新的盈利增长点的重要方向，将信贷资源向文化产业倾斜，推动文化产业快速发展。一是建议加强专业化的人才队伍建设，加大培训力度，提升信贷人员对文化产业环境和政策的了解程度，合理评估信用等级。二是制定差别化信贷管理政策。根据文化产业资金需求特点，制定信贷管理制度和授信审批机制，不断规范简化信贷审批流程，提升金融对文化产业的服务水平。三是创新文化金融产品和服务方式。针对文化产业传统抵（质）押物较少、知识产权资产丰富的特点，探索推出知识产权质押、收费权质押、著作权质押、应收账款质押等无形资产质押贷款业务，缓解文化企业融资压力。

7.4.3　金融助力文化企业"走出去"

在全球化和市场化的国际氛围中，中国文化软实力离不开文化产业的发展繁荣，文化产业国际竞争力的强化关键在于国际化的文化资本运作能力。影响世界的大型文化传媒集团都是有全球资本运营能力的跨国公司，比如美国的时代华纳、迪士尼、新闻集团等等。中国的文化产业要真正实现"走出去"的战略目标，必须建立国际化的投融资体系，融入世界文化产业的资本运作系统中，构建网络全球的文化产业链。与全国各类自由贸易区的发展相适应，文化产业走出去以及文化资本国际化无疑会成为中国政府大力扶持的发展方向，也会成为中国文化产业发展的重大机遇。

文化企业要走出去，离不开现代金融的支持。从政策上看，要鼓励并支持文化企业更广泛地参与国际市场竞争，积极并购海外优质文化资产，提升我国文化产业国际竞争力。从金融机构来看，要对文化出口企业的综合授信提供优惠利率，满足文化出口企业在经营发展中对资金、结算、外汇等方面的需求，在重大项目评估、资金供给、优惠贷款、海外项目推进过程中的金融支持、国家优惠政策的争取等方面开展深层次合作，支持国内大型出版集团文化"走出去"、海外并购、国际贸易、旅游投资、文化教育等板块发展。

| 第8章 |

金融产业化及效率分析

8.1 金融为什么要产业化

8.1.1 深化金融改革的迫切需要

（1）政策背景——深化金融改革

金融在现代经济中的核心地位和重要性毋庸置疑。什么才能支撑金融、使其作用充分体现出来呢？答案是现代金融体系。现代金融体系的建设和健全对进一步深化我国金融改革、不断提升金融业整体实力和服务水平、促进经济持续健康发展、实现全面建成小康社会奋斗目标具有重要指导意义。2007年10月，党的十七大报告提出，推进金融体制改革，发展各类金融市场，形成多种所有制和多种经营形式、结构合理、功能完善、高效安全的现代金融体系，提高银行业、证券业、保险业竞争力。2012年11月，党的十八大报告提出，深化金融体制改革，健全促进宏观经济稳定、支持实体经济发展的现代金融体系，发展多层次资本市场，稳步推进利率和汇率市场化改革，逐步实现人民币资本项目可兑换。加快发展民营金融机构，完善金融监管，推进金融创新，维护金融稳定。2013年11月，十八届三中全会的《中共中央关于全面深化改革若干重大问题的决定》，涉及社会、政治、经济、文化和生态文明等多个领域，但最为核心和最主要的组成部分仍然是经济改革。在众多的经济改革措施中，金融改革又占据着非常重要的地位。其中，金融改革将主要包括完善金融市场体系、健全金融市场价格机制和完善金融监管体系三个基本方面。2017年10月，党的十九大报告提出，金融是现代经济的核心，金融服务实体经济的能力是解决我国经济发展"不平衡不充分"问题的关键因素。解决"不平衡不充分"问题，必须深化金融体制改革，增强金融服务实体经济的能力，提高直接融资比重，促进多层次资本市场的健康发展。可以看出，随着时间的推移，中央政府对现代金融体系的功能和作用做出了新诠释，也对今后推动金融发展与改革、健全现代金融体系指明了新方向。

（2）深化金融改革的根本原因——助力实体经济发展

改革开放以来，我国金融改革大体经历了三个阶段，每个阶段的改革背景、目的都不相同。如果以1979年开始的"拨改贷"作为金融改革的起点，到1994年政策性银行设立，可视为金融改革的第一阶段。1994年到2003年国有商业银行股份制改革之前，是金融改革的第二阶段。从2004年启动国有商业银行改革至今，是我国金融改革进一步发展的重要时期。我国金融改革最大的成功之处在于，通过30年的银行和资本市场改革，几乎从无到有地建立起了一个现代化的金融部门，且在这个过程中没有出现大的金融动荡！我国是一个人口大国，任何金融动荡都有可能造成严重的社会经济后果，而且很可能使已开始的改革进程被迫中断甚至出现倒退。

那么，目前我国金融业的发展为何与服务于实体经济的发展导向相悖？

第一，商业银行的高额垄断利润。2011年，中国银行业利润总额超过1.1万亿元，在民营经济哀鸿遍野的环境下，金融业钵满盆满。沪深两市3 204家上市公司年报的数据显示，2016年我国全体A股公司合计归属母公司股东净利润2.75万亿元，同比增长11.22%，其中15家银行的净利润达到1.2万亿元，占比44%。由于国内理财渠道狭窄，居民储蓄长期处于实际负利率，实体经济的利润过度向金融业转移。与此同时，大量社会资本以很低的成本流向国家扶持的低效率国企，而民营企业却无法通过合理的风险溢价获得生产经营所需要的资金，社会资源配置出现逆向选择。

第二，银行市场集中。金融市场体系的形成必须有足够数量的市场主体存在，否则这个市场将不具效率，也无法具有竞争性的价格水平。目前，我国银行市场的集中程度明显偏高。根据中国银保监会统计口径，国内银行业金融机构主要分为大型商业银行、股份制商业银行、城市商业银行、农村金融机构和其他类金融机构等。表8-1列出了2016年末中国银行业金融机构资产负债情况。

表8-1　　　　2016年中国银行业金融机构资产负债情况

项目	总资产		总负债	
	金额（万亿元）	占比（%）	金额（万亿元）	占比（%）
大型商业银行	86.60	37.29	79.93	37.21
股份制商业银行	43.47	18.72	40.80	18.99
城市商业银行	28.24	12.16	26.40	12.29
农村金融机构	29.90	12.87	27.72	12.91
其他银行业金融机构	44.05	18.97	39.97	18.61
合计	232.25	100.00	214.82	100.00

数据来源：中国银保监会网站（www.cbrc.gov.cn）。

大型商业银行是指工商银行、农业银行、中国银行、建设银行、交通银行，其在我国银行业中扮演了重要的角色，是企业、机构及个人客户的主要融资来源。截至2016年12月31日，五家大型商业银行资产总额占我国银行业金融机构资产总额的37.29%，负债总额占我国银行业金融机构负债总额的37.21%。相比之下，美国8 000多家银行中的最大10家，仅占30%份额。这表明，推出降低金融机构市场准入门槛、允许民营金融机构设立的相关改革措施迫在眉睫。

第三，融资结构不合理。在中国人民银行发布2016年社会融资规模增量统计数据报告中，社会融资规模增量为17.8万亿元。从结构看，对实体经济发放的人民币贷款占同期社会融资规模的69.9%。尽管我国近年来直接融资比例有所提升，但间接融资为主导的融资结构并未从根本上发生改变。在资本市场上，由监管部门主导的核准制在很大程度上限制了上市公司这一证券交易主体的形成，进而制约了我国证券市场的发展规模。长期以来，由于新股发行体制不合理，加上其他一些因素的制约，我国上市公司总量在数量上的增长远远低于发达国家,这也是导致我国直接融资比例过低的一个重要根源。中国资本市场要做大做强,上市公司数量是一个非常重要的指标。没有一定的数量,资本过度向少数上市公司集中,势必将影响中国经济的整体发展。

8.1.2 金融产业化的作用

金融产业,常简称为金融业,是指以经营金融商品和服务为手段,追求利润为目标,市场运作为基础的金融组织体系及运行机制的总称。从产业属性看,金融产业是第三产业的重要构成,是国民经济的一个组成部分,具有产业的一般特征,诸如有自己的产品与服务,有专业技术和基本的运营规则。同时,金融产业又是特殊的产业,货币和金融工具构成了金融产业运营的物质内容。一般来讲,金融业占国内生产总值的比重随经济发展而呈逐渐上升之势(如图8-1所示)。

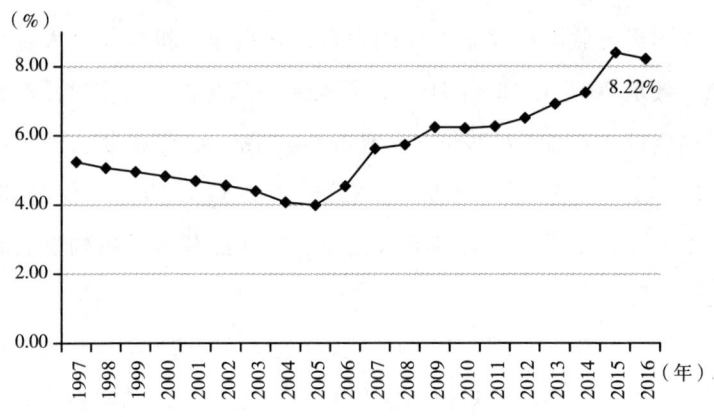

图 8-1　1997~2016 年我国金融业增加值占 GDP 比例

数据来源:中国国家统计局网站(www.stats.gov.cn/tjsj/)。

金融产业化是指将金融作为一个独立的国民经济产业部门,金融企业以市场为导向,以提高效率、改善资源配置为中心,以实现自身利润最大化为目标,并最终推进国民经济发展的过程。金融产业化的发展最终是要建立起更加系统、综合的产业,从金融的各个方面实现金融的最优配置,实施金融产业的可持续发展,使金融充分的融入整个社会中,形成金融社会化。具体表现为:金融服务、产品、工具市场化、专业化;发展趋势是:金融业分工愈来愈细,区域合作范围越来越广,金融产品、工具不断创新,这也是金融发展的一种期望最佳状态——"和谐金融"。

金融产业化的基本特征如下:第一,明晰的产权关系。明确各经济当事人对金融资产的责权关系,从而形成的金融资产的有效管理机制,这是先决条件。我国金融资产中国有商业银行所占比重较大,许多国有金融机构是采取行政化而不是市场化的经营管理模式,产权不明晰。第二,市场化的运作方式。市场机制是社会资源配置的最有效的方式,能够提高金融运作效率。第三,多元化的金融主体。多元化的金融机构能够提供多元化的金融服务。第四,合理的市场结构。当一个产业的市场集中度过高时,大企业操纵市场以谋求更高的利润回报,从而降低经济效率。因此,大中小金融机构并存的格局有利于金融效率的提高。第五,有效的金融监管。金融产业是特殊的产业部门,在社会经济生活中发挥着支配作用。有效的金融监管目标是保证金融产业运行有序、保证国民经济安全运行。

由此可以得出金融产业化的目标是:通过推动金融产业化的发展,促进我国经济结构调整和经济发展,构建新型的现代化金融支撑体系。

8.2 我国金融产业化的发展现状

8.2.1 金融产业化水平

金融业是现代服务业的重要组成部分,是服务业的龙头和支柱。从全国来看,我国金融业与实体经济的发展不匹配。从融资规模来看,社会融资总量与经济之间应保持相对稳定的关系,融资规模过大或者过小都不利于经济发展。这一指标过大说明实体经济发展特别是企业自有资金不足,对外部融资的依赖程度过高,而且有可能引起物价上涨、经济泡沫甚至是金融风险;如果这一指标过小,则意味着经济缺乏活力,或政策偏紧,或经济金融结构不合理。国际经验表明,一个成熟健康的经济体,经济发展与社会融资规模之间一般保持大体稳定的关系。图 8-2 显示了我国社会融资规模与 GDP 之间的比例关系。可以看出,除个别年份波动较大外,我国社会融资总量与当年 GDP 之比,大致稳定在 20% ~ 30%。这一比例略低于发达国家水平,这是由我国经济、金融结构和发展水平决定的,短期内这一稳定关系不会发生根本改变。

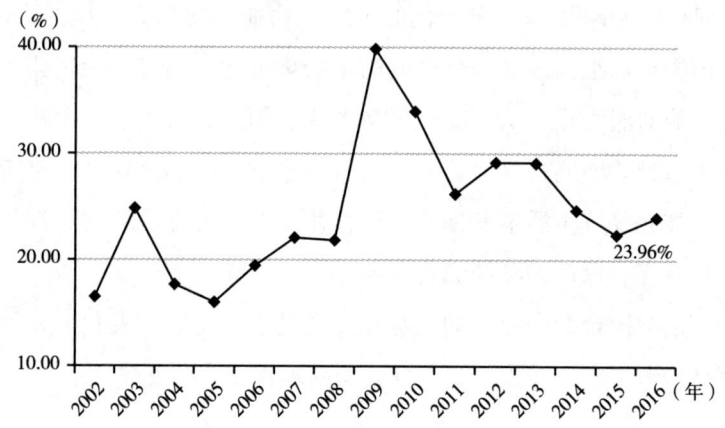

图 8-2 2002~2016 年我国社会融资规模与 GDP 之比

数据来源:中国国家统计局网站(www.stats.gov.cn/tjsj/)。

8.2.2 金融产业结构

(1) 直接融资与间接融资比例不协调

我国金融业畸形发展的一个显著标志是直接融资与间接融资的比例失调,直接融资发展滞后。由于我国直接融资渠道不畅,企业的外部融资渠道长期依赖于银行尤其是国有银行体系，导致融资风险过度集中于银行体系，不利于金融风险的有效化解以及经济的健康运行。图 8-3 可以看出，尽管近年来我国直接融资比例有了大幅提高，从 2002 年的 4.95% 提升为 2016 年的 23.82%，但总体上来看仍需进一步提高。企业融资需要兼顾直接融资和间接融资，并随市场不同融资成本的变化而调整自己的比例分配。当间接融资成本过高时，企业应当选择直接融资。一旦直接融资较容易时，也会相应拉低间接融资成本。不过，中国目前不仅间接融资困难，直接融资难度更加离谱。作为企业直接融资的渠道之一，近几年新三板和地方股权交易市场发展迅猛，但它们的融资功能尚未充分实现，且挂牌企业总数量在中国全部企业总数量占比非常小。中国绝大多数的企业是不可能通过向公众融资的方式直接融资的。国家统计局数据显示，2016 年末，全国规模以上中小工业企业（以下简称"中小企业"）37.0 万户。其中，中型企业 5.4 万户，占中小企业户数的 14.6%；小型企业 31.6 万户，占中小企业户数的 85.4%；中小企业合计占企业总数比例为 97.5%。中国大多数股份公司与有限责任公司并无本质不同，除了三四千家境内外上市公司和 1 万多家新三板、地方股权交易市场挂牌企业外，股份公司并不具有直接向数量众多的股东或者向公众募集资本的能力。尽管中国的小微企业是蓬勃发展的，对国民经济具有重要意义，但是中国的中小企业受限于直接融资的困局，很难利用社会资本继续发展壮大，其直接表现为中小企业向股份公司的"转化率"很低、非上市股份公司向外发行股份较为消极、缺乏活跃的场外流通市场。

另外，近年来盛行的股权众筹，实质上就是企业资本的公开募集。即便不考虑其合法性问题，其健康发展的可持续性也是质疑的。不少中小企业无奈地采取股权众筹模式，而那些优质企业则苦等在 IPO 的大门外，直接表现为企业直接融资比例过低。同时，中国广大的投资人无法找到适合自己的投资标的，以至于最终只能选择投资股市、楼市。居高不下的房价以及中国股市上亿的有效账户，都说明在中国的直接融资市场上，并不缺乏需求和供应，而是缺乏制度安排。

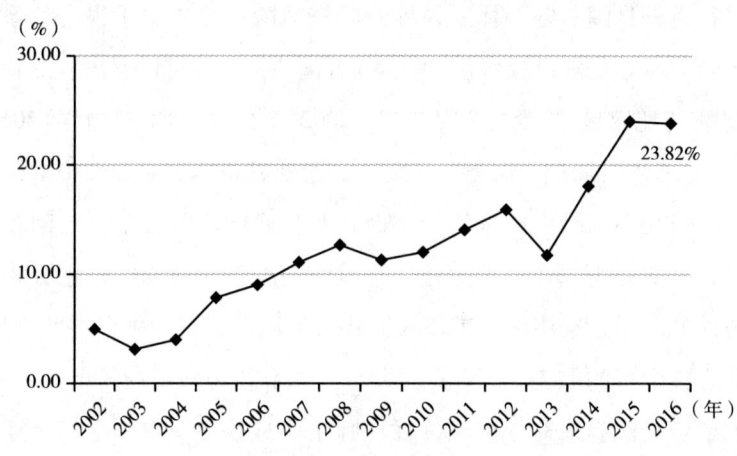

图 8-3 2002~2016 年我国直接融资比例

数据来源：中国国家统计局网站（www.stats.gov.cn/tjsj/）。

(2) 银行业寡头垄断特征明显

我国银行体系在整个金融体系中占有举足轻重的地位，各类银行储蓄存款是居民首选和最重要的金融资产，虽然我国股份制商业银行、城市商业银行外资银行等非国有的商业银行在改革开放后有了较大的发展，但四大国有商业银行仍是我国商业银行的主体。单从区域经济与金融的发展来说，银行业寡头垄断的格局是弊大于利的。主要原因在于这种格局下不利于银行业的良性竞争，也不利于区域金融风险的分散。在中国，工、农、中、建四大国有股份制银行垄断了绝大部分的银行业务，各家银行除了在吸收储蓄方面有很激烈的竞争外，在贷款方面并没有明显的竞争，不同的银行所提供的贷款条件都大同小异。银行业寡头垄断使中国的资金借贷市场一直是作为卖方市场而存在的，借款人处于非常不利的市场地位，只能被动接受在既定价格下银行提供的金融服务。

在我国无论是金融机构数量还是资产总额，大型商业银行都占据着绝对的比例。这种银行业的寡头垄断格局正是造成我国金融市场化水平较低的重要原因之一。其形成根源在于制度问题，而我国银行市场的准入制度决定了这种格局。我国银行业市场完全是体制内掌控，民间资本被边缘化。民营银行的市场准入受限，使市场严重缺少创新和活力，这也是当前银行业市场缺乏竞争的一个主要因素。资本市场发展落后以及产权制度都决定了这种银行业格局在我国出现的必然性。在这种格局下，银行业的金融风险大部分集中于大型商业银行，金融市场的竞争程度较低，金融效率低下，各参与者之间的竞争力差别很大，不利于金融业的可持续化发展。

8.2.3 产业聚集与金融中心

（1）金融产业聚集

在经济金融全球化、市场化及信息化不断发展的背景下，金融机构的空间集聚现象日益凸显，金融产业集聚成为现代金融产业组织的基本形式。20世纪70年代以来出现的这种新现象不仅发生在发达国家，而且出现在一些发展中国家和地区。美国的纽约、佛罗里达、迈阿密、奥兰多、亚特兰大，加拿大的多伦多，英国的伦敦，爱尔兰的都柏林，印度的孟买等地区，金融产业聚集的趋势十分明显。英国金融服务业是产业集群现象的一个典型案例。英国大部分的金融服务业都集中在总面积不到2.59平方公里的伦敦城。伦敦城是英国金融市场所在地。随着第二次世界大战后纽约国际金融中心地位的确立，伦敦国际金融中心地位受到了一定程度的挑战，但是伦敦仍然是当今最为重要的全球性金融中心。

所谓金融产业集聚，就是指一国的金融监管部门、金融中介机构、跨国金融企业、国内金融企业等具有总部功能的机构在地域上向特定区域集中，并与其他国际性（跨国）机构、跨国公司、国内大型企业总部之间存在密切往来联系的特殊产业空间结构。到目前为止，中国金融业的格局已经发生了相当大的变化，具体表现在：（1）东部沿海地区在金融产业的发展上占有绝对的竞争优势，大部分省份都处于第一类和第二类。（2）从南到北来看，南方各省总体上比北方各省的金融竞争力要强。（3）中部地区各省的金融产业发展差异较大，其分布范围包括了第三类、第四类和第五类，并且大体来看中部地区的北方省市属于第三类的较多,而南方省市属于第四类、第五类较多。因此,中部地区的北方省市要比南方省市更具竞争优势,这和东部地区的情况刚好相反。西部地区面积广阔,但是金融业除了四川省属于第三类以外,其余都在第四类和第五类当中。整体来看,我国金融产业向东部地区集中明显,东北部地区和西部与东部地区的差距变大。

金融产业在某一区域的集聚,可以形成规模效应、技术外溢效应及网络效应等,这些效应都对实体经济产生深远的影响。这一点体现在两个方面:第一,金融集聚的规模效应。在金融集聚区内集聚了各种层次、各种类型的金融机构及金融服务机构,例如银行、证券、保险、会计、资产评级等。这些机构彼此之间的空间距离较近,便于交流和合作,如此便可节约周转资金余额,提供融资和投资便利,商业银行与投资银行之间、商业银行与保险公司之间、保险公司与证券公司之间都可以开拓出众多的跨专业业务合作关系。同时,集聚区规模经济的发挥,会吸引更多的投资人和借款人,大量资金的需求和供给迅速转移到这个市场,这就为资金需求和供给双方提供了投融资便利,有效降低投融资成本。第二,技术创新是经济增长的源泉,而金融业的集聚可以有效促进技术创新。在行业之间,很多知识是隐性的,而这种隐性知识的传播,更需要面对面地接触和交流以及资源的共享。金融产业的集聚便提供了这种便利,金融创新产品的不断推出、人力资源的流动都有效降低了金融机构的学习和创新成本,为企业的创新活动创造了基础;同时,集聚企业形成的有效竞争,将这种创新热情推至高潮。

(2)金融产业中心

关于金融中心的形成、发展和竞争等问题国内外已经有大量的机构和学者进行了从金融学、地理学和现代经济学等各方面的研究,并形成了关于金融中心形成及发展的诸多理论。综合开发研究院(中国·深圳)(CDI)在进行多年区域金融学研究的基础上,根据我国金融中心发展以及我国统计体系的实际情况,编制了我国金融中心竞争力评价的指标体系,即"CDI 中国金融中心指数"(China Financial Center Index,CFCI),利用已经公开的统计数据，对我国金融中心的发展状况进行客观的评价，旨在为我国金融中心更好更健康的发展提供一定可借鉴的线索。

2017 年，中国金融中心指数（CDI·CFCI）评价结果显示，上海、北京和深圳的金融中心综合竞争实力遥遥领先于国内其他金融中心城市，在全国 31 个金融中心中分列前三位。这三个金融中心都具有全国性的影响力和辐射力，上海和深圳是中国的金融市场中心，而北京是全国性的银行中心、金融监管和决策中心。

从金融产业绩效来看，一般用金融业增加值、增长速度、占 GDP 的比重、金融从业人员数量等统计指标衡量。北京、上海和深圳在金融产业绩效方面分别排名全国第 1 位、第 2 位和第 3 位。从金融市场规模比较分析来看，金融市场主要包括货币、股票、债券、外汇、衍生品和黄金以及中国特色的产权市场等。中国绝大部分的金融市场集中在了上海和深圳两地，而北京缺乏全国性集中交易市场，仅在地方产权市场方面有一定规模。

从分类排名结果来看，上海金融市场继续保持一枝独秀的局面，排名全国第 1 位。上海在金融市场方面的比较优势是十分明显的。一方面，上海拥有货币、债券、股票、外汇、期货、黄金和金融衍生品等在内的各类市场，是全球金融要素市场最齐备的城市之一；另一方面，上海各个金融要素市场发展较为全面，在国际上也具备了较强的竞争实力。深圳金融市场的比较优势主要体现在股票市场。深圳股票市场当前形成了主板市场、中小企业板市场、创业板市场以及 OTC（非上市公司股份报价转让系统）市场协调发展的多层次资本市场体系架构。北京在产权交易市场发展方面走在全国前列，建立了包括物权、债权、股权、知识产权、环境排污权等在内的综合产权交易体系，形成了较为成熟的商业模式和业务品种体系。

从金融机构实力来看，北京的金融机构实力是最强的，无论是金融机构整体实力还是银行、保险分行业机构实力均远超过上海和深圳。大量的金融机构总部集聚在北京，产生了信息的"外溢效应"，进而吸引更多的总部机构集聚，包括外资金融机构和跨国企业，从而使北京的总部经济优势不断得到加强。上海尽管在金融机构整体实力上落后北京,但其各分行业机构实力全面均衡,其中在机构国际化方面具备较为突出的比较优势。得益于曾经作为远东地区国际金融中心的发展积累以及当下国家对其打造国际金融中心的战略支持,上海吸引了来自海内外的各种金融机构,形成了数量众多、门类齐全的金融机构体系。深圳金融机构的整体实力在三个全国性金融中心中是相对最弱的,深圳的比较优势主要体现在地方金融机构实力上。以地方银行业为例,如果抛开国家性金融机构带来的影响,仅比较地方金融机构的发展情况,深圳将具备一定的比较优势,招商银行、深圳发展银行、平安保险等地方金融机构发展迅速,在国内外形成了广泛的影响力和知名度。2017 年"全球金融中心指数(GFCI)"显示,中国内地上榜城市依然只有上海、北京和深圳三个城市,三者在全球 80 个金融中心中综合实力分别排名第 6 位、第 10 位和第 20 位。其中,上海被归类为全球级的多元金融中心,北京被分类为全球级的专业金融中心,深圳则被分类为国际级的专业金融中心。

8.3　金融产业化的发展建议

8.3.1　建立明晰的金融产权关系

明晰的金融产权关系是金融资源优化配置和金融产业可持续发展的基本前提。建立明晰的金融产权关系,必须采取以下措施:一要健全经济金融法规;二要深化产权制度改革;三要加快金融产权交易市场的建设。金融资源的产权界定形式有三种,即法律界定、政府界定、市场交易界定。单纯依靠法律界定和政府界定是不够的,必须通过市场化的产权交易对金融产权的界定进行补充。因此,要加快金融产权交易市场建设,通过产权交易完成闲置金融资产或低效配置金融资产的收购,充分利用金融资源,提高金融资源的配置效率。

8.3.2 培育多元化金融产业主体,构建合理的金融产业结构

单一组织形式的金融组织体系无法充分有效满足各类经济部门多样化和多层次的金融服务需求,单一的产权结构会阻碍金融资源流动,降低金融资源的配置效率,而多元化的金融产业主体则能够适应多类型、多层次金融资源配置的需要。因此,应制定大、中、小并举的金融产业发展战略,大力扶持中小金融企业,规范金融机构的市场准入管理。

在产业结构方面,第一,建立以中小金融机构为主体的产业组织体系,尽快培育一批中资中小银行,为具有比较优势的劳动密集型中小企业和民营经济提供金融服务。同时,大力培养一批符合市场经济发展要求的中资非银行金融机构。第二,积极创造条件扶持和培育经济落后地区金融机构的发展。在我国地区金融中,西部地区金融机构数量不足,结构不合理,应该在扶持现有金融机构发展的前提下,培育一批结构合理的中小金融机构。第三,完善农村金融产业组织体系,优化农村金融产业结构。第四,在加入 WTO 的背景下,应采取中外合资方式引进外资金融机构,成立中外合资金融机构,同时,限制外资金融机构进入的速度,确保我国金融机构在金融产业中的主体份额。

8.3.3 强化金融产业的有效监管,创造良好的金融产业环境

第一,参阅国标监管标准,制定中国的金融产业监管制度和政策;第二,改进监管方式;第三,建立金融风险预警、防范、处理与补救机制。如实施存款保险制度,提高金融机构资本充足率,妥善处理外资流入,加强外资外

汇的管理，优化外汇外资的结构，适度调整汇率制度，适当加大汇率的浮动范围。在金融风险的处理中，应采取多种形式进行风险规避和转移，减少金融风险带来的各种损失。

金融产业的健康发展要依赖于良好的外部环境。这主要包括：稳定的政治环境、高效的市场经济环境、健全的制度环境。金融产业的健康运营要依赖于良好的制度基础，包括金融制度、信用制度、法律制度、内控制度等。金融产业组织体系必须加快自身的内控制度建设，按各行业组织经营范围与特点建立起适应风险防范与发展要求的内控制度，促进金融产业内各金融企业能协调健康发展。

8.4 金融效率专题——多层次资本市场背景下新三板的融资效率

8.4.1 多层次资本市场的重要成员——新三板

有人说，新三板是打开了大门的创业板。中国证券市场最大的问题在于企业上市难，而上市难的原因不在于门槛高，而在于门缝窄。比如创业板成立 8 年多才上了 691 多家企业（截至 2017 年 10 月），平均每年 80 多家，平摊到一个省平均每年才上两家。有人说，控制上市节奏是为了确保上市企业质量，而确保质量是为了保护投资人利益。有人认为这种观点是错误的，真正保护投资人的做法是让投资人以合理的价格买到股票，而如今创业板控制发行节奏，直接的后果就是几乎所有的股票都高估，投资人被迫无奈只能高抛低吸，不再以分红为目的而投资。但炒股是一个零和游戏，有人赚钱就意味着有人赔钱，就中国实际来看，只能是庄家赚钱，而散户赔钱。以上便是主板、创业板的问题所在。正是由于主板基于一些原因不能完全放开，所以才有了新三板。由于新三板没有挂牌节奏限制,继二次扩容和几度改革后,迎来了一次史无前例的高速扩张。因此,将新三板称为"打开了大门的创业板"。当然,新三板火爆的原因还在于不对企业财务指标设限,只要存续期满两年,主业清晰即可。

与成熟的资本市场相比,中国目前资本市场结构仍不稳健:大市值的主板上市公司与家数较多,而包括中小创业板在内的中小市值公司及新三板挂牌公司的比例仍有待提高。从企业领域来看,中国企业结构呈现正金字塔形,多层次资本市场对实体经济的覆盖严重不足。新三板的出现,填补了中国公开资本市场底座和基础的空白,为中小微企业借力资本市场、搭建全国性的平台,为中国企业走进资本市场打开了方便之门。中国新三板市场自2006年成立以来,为国内众多新兴中小型企业提供了有效的融资平台,挂牌门槛低、成本低、审核效率高等优势是成长型、创新型中小企业选择新三板市场进行股份转让、定向融资的主要原因。全国中小企业股份转让系统的统计数据显示,截至2016年12月末,在新三板市场挂牌的企业数量为10 163家,涵盖高端制造、软件信息、生物制药、新材料、文化传媒等新兴行业,总股本5 851.55亿股。

然而,与同期日均成交金额近千亿元的主板市场相比,新三板市场无论从规模、流动性还是市场资源配置效率上都远远不及。2016年,整个新三板市场每天的平均总交易额来看只有2亿元,还不及一只普通A股股票的交易额,仍有2 000家左右的挂牌企业挂牌之后尚未有一笔成交,成为名副其实的"僵尸股",这一数字与新三板一万多家的企业总数相比并不低。从私募通数据库的统计数据来看,我国新三板市场呈现出挂牌企业增加速度快、定向融资增长缓慢的特点,例如2016年4月新三板市场总体成交金额162.23亿元,环比下降3.89%,完成定增301次,完成股票发行20.92亿股,募集金额125.30亿元,环比3月的121.24亿元仅上涨3.24%。这主要是由于相关市场制度的完善有待落地,投资者们大都持观望态度。

为了促进新三板市场进一步发展,国务院于2013年12月14日发布《关于全国中小企业股份转让系统有关问题的决定》。这一政策的出台意味着新三板正式扩容至全国，成为真正意义上的全国性场外市场。2014年8月2日，中国证监会正式引入做市商制度，40余家企业成为试点接收做市企业，引入多家券商开展做市业务，提升了交易的活跃度和市场的流动性。2014年10月9日，中国证监会《支持深圳资本市场改革创新意见》允许符合一定条件的未盈利的互联网和科技创新企业在全国中小企业股份转让系统挂牌满12个月后到创业板发行市场，进一步提升了新三板公司转板预期。2015年3月18日，三板成指（899001）与三板做市（899002）两只指数正式在全国中小企业股份转让系统发布。2016年5月27日《全国中小企业股份转让系统挂牌公司分层管理办法（试行）》推出，自6月27日起实行分层管理（基础层和创新层），当年挂牌企业数量破万。

目前，新三板市场流动性和交易量明显不足。对中小企业来说，融资规模也许并不大，但是融资效率非常重要，新三板目前的流动性显然不能满足企业的需求，市场配置效率过低。流动性是新三板市场长足发展的重要保证，提高新三板市场流动性和资源配置效率是眼下必须着手解决得难题之一。

8.4.2　新三板市场与沪深交易所市场的比较

（1）新三板市场与主板市场的融资效率的比较

交易制度是证券市场的运行的基础，是交易能够顺利进行资源配置的前提。交易制度的合理性决定了市场运行的质量。证券交易制度的效率越高，证券市场达成交易的时间越短，交易成本越低，意味着市场融资效率越高。本部分从流动性角度对两个市场的融资效率进行比较，研究对象为沪深两市主板市场股票（不包括中小企业板）以及新三板市场已挂牌企业的股票，样本区间为2006年1月1日至2016年12月31日期间的有效交易日，统计数据来源于Wind资讯数据库和全国中小企业股份转让系统，所有指标的时间统计频率均为年。

证券市场的最基本要素就是流动性,如果市场交易的流动性差的话,买卖双方不能尽快地满足各自的交易需求,这样的市场是低效率,证券交易制度也是不健全的。从目前实际来看,与主板市场相比,新三板市场的流动性较差。本部分通过成交量占比这个指标将两个市场进行对比。图 8-4 为历年来市场成交量与流通股数的比例,该指标越高说明市场的交易越活跃,流动性越好。由于新三板市场的规模远远小于主板市场,因此两个市场的年成交量不具有可比性,取而代之的是成交量与流通股数之比这个指标。从图 8-4 中可以看出,该指标在新三板市场要低得多。具体来看,2006~2016 年主板市场的年成交量与流通股数之比在 2 倍左右,也就是说平均每一股都转让两次以上。其中最高的年份为 2015 年(3.885 倍),最低的年份为 2012 年(0.87 倍)。相比之下,新三板市场的年成交量与流通股数之比的平均数仅为 0.01 倍,也就是说 99% 的流通股都没有发生转让交易。具体来看,其中最高的年份为 2015 年(0.272 倍),最低的年份为 2006 年(0.009 倍)。

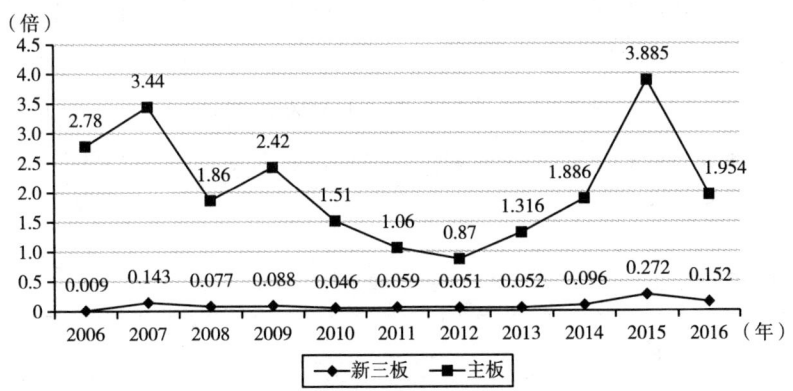

图 8-4　2006~2016 年新三板市场与主板市场成交量与流通股本之比

数据来源:深圳证券交易所网站(www.szse.cn/)、全国中小企业股份转让系统(www.neeq.cc/)。

新三板市场流动性差的主要原因之一是受到某些交易规则的限制。例如,新三板挂牌企业的股东人数不能超过 200 人,这种规模的限制使整个市场的交易不会特别活跃。挂牌企业在股东人数接近 200 人时,就会面临停盘整顿的不利局面,如果再引入新的投资者,就非常困难。另外,新三板交易制度规定,每笔委托数量的最小单位为3万股,远远大于沪深股市的100股/手。由于新三板挂牌企业信息披露的内容少于主板上市公司,因此投资者对新三版挂牌企业的了解程度就相对较低,在这种规模的限制下,投资者不会轻易购买新三板挂牌企业的股票,从而会降低整个新三板市场的流动性。

(2) 新三板市场与创业板市场融资效率比较

• 企业行业分布对比。从行业分布角度看,创业板对拟上市企业的行业属性有相对明确的要求,重点选择"两高六新"(高成长、高科技与新经济、新服务、新农业、新能源、新材料、新商业模式)企业。新三板的行业定位是高新园区中处于初创期的企业,这些企业行业分布广泛,行业分布方面主要集中于信息技术、制造业、生物医药、新能源、新经济、新材料、新农业、节能环保、文化传媒、咨询服务等,在行业分布上更具有包容性。

从表8-2、图8-5可以看出,2016年,新三板挂牌企业和创业板上市企业都侧重于信息技术行业企业,新三板中信息技术业加上计算机业所包含企业占到所有挂牌企业的近一半,而在创业板上市的信息技术企业占到所有创业板上市企业的21.73%;制造业行业企业占创业板上市企业的61.87%,而制造业企业占新三板挂牌企业总数的50.57%;同时,新三板、创业板均出现新兴行业企业,诸如传播和文化。另外,在创业板中保留的传统行业企业要比新三板中多一些。

表8-2　　　　　　　　新三板市场挂牌企业行业分布

行业分类	2016年末		2015年末	
	公司数(家)	占比(%)	公司数(家)	占比(%)
制造业	5 153	50.70	2 744	53.50
信息传输、软件和信息技术服务业	2 003	19.71	1 015	19.79
租赁和商务服务业	507	4.99	210	4.09
科学研究和技术服务业	459	4.52	219	4.27
批发和零售业	436	4.29	169	3.29
建筑业	330	3.25	157	3.06

续表

行业分类	2016年末		2015年末	
	公司数（家）	占比（%）	公司数（家）	占比（%）
文化、体育和娱乐业	228	2.24	104	2.03
水利、环境和公共设施管理业	199	1.96	78	1.52
农、林、牧、渔业	173	1.70	119	2.32
交通运输、仓储和邮政业	163	1.60	59	1.15
金融业	126	1.24	105	2.05
电力、热力、燃气及水生产和供应业	101	0.99	33	0.64
教育	72	0.71	19	0.37
房地产业	67	0.66	26	0.51
卫生和社会工作	47	0.46	24	0.47
居民服务、修理和其他服务业	40	0.39	13	0.25
采矿业	30	0.30	24	0.47
住宿和餐饮业	29	0.29	11	0.21
合计	10 163	100.00	5 129	100.00

数据来源：全国中小企业股份转让系统（www.neeq.cc/）。

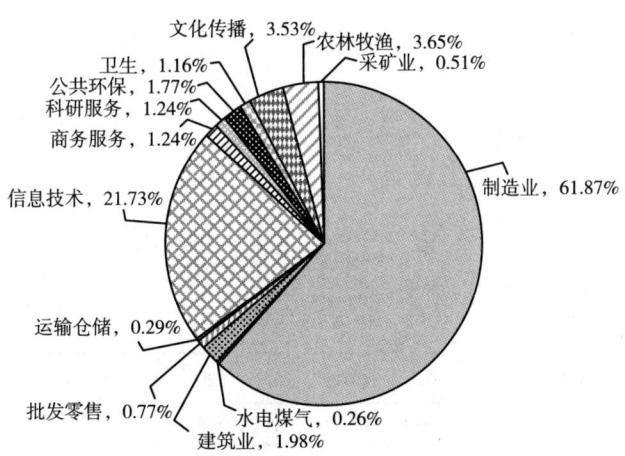

图8-5　2016年创业板上市股份市价总值分布

数据来源：深圳证券交易所网站（www.szse.cn/）。

从行业整体对比的角度来看，虽然新三板和创业板都是创新性、成长性企业的聚集，但是在新三板挂牌的创新性、新兴行业企业更集中，业界将新三板企业誉为创业板企业的"蓄水池"并不为过。

• 新三板市场与创业板市场的市盈率对比。从新三板市场来看，根据全国中小企业股份转让系统公布的的数据显示，截至2016年末挂牌企业共实现营业总收入17 447.39亿元，同比增长为54.43%，高于创业板上市公司营业总收入的增速（34.46%）。但从市场估值来看，新三板明显低于创业板。图8-6显示了Wind资讯数据库中新三板市场和创业板市场在2006年至2016年的市盈率对比，可以看出，2016年新三板挂牌企业的平均市盈率为28.71倍，而创业板上市公司市盈率为73.21倍。通过对比可以看出，创业板上市公司的市盈率总体高于新三板挂牌企业。两个市场最大的区别在于，创业板的上市公司大多处于企业成长周期中的快速成长期，有些可能已经接近成长期尾部、接近成熟期。而新三板基本上就是中小企业，普遍处于成长起步阶段。在中国的企业中，中小企业数量占比在99%以上，也就是说新三板服务的对象将是大大超过交易所上市公司的数量。另一方面，由于交易不活跃，新三板挂牌企业的估值有所抑制。因此，新三板市场呈现出"高增长、低估

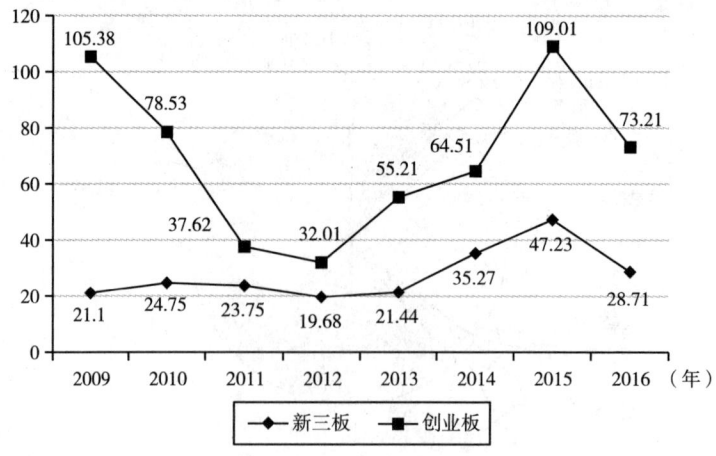

图8-6　新三板市场与创业板市场的市盈率比较

数据来源：Wind资讯数据库。

值"的特点。从未来发展来看，政策红利的推动以及交易平台体系的日益健全，必将吸引更多的中小企业挂牌新三板进行 IPO，从而推动新三板挂牌企业估值的上升。因此，对新三板企业的估值不能仅看其市盈率。在该市场上挂牌企业的交易中，很大一部分是以兼并收购为目的。所以企业的盈利水平并不是产业资本的第一评价要素，应更多地考虑其行业地位、技术实力、未来成长性及其他因素。

总体而言，相对于新三板挂牌企业，创业板上市公司除个案而外，大部分企业保持较为稳定的经营业绩，新三板挂牌企业表现出更活跃、更为生动的发展趋势，但是资本运作存在一定的不确定性，投资风险较大。

（3）新三板市场与中小企业板市场融资效率比较

由于中小板和新三板市场的服务对象都是中小企业，因此，将两个市场的融资效率进行对比，可以发现二者的共性，并通过比较分析二者的差异特点，有所侧重，对未上市以及未挂牌的中小企业提供参考。企业融资过程不仅是筹资者选择融资方式、利用融资工具吸引社会资源流入的过程，也是资金的重新配给过程。本部分在对新三板挂牌企业和中小板上市公司的融资效率比较时，从融资规模角度对二者进行对比，并通过发行费用进行融资成本的比较。

● 融资规模对比。融资规模是以货币形态表示的一定时期投资主体筹集资金的总额。由于企业融资需要付出成本，因此企业在筹集资金时，首先要确定企业的融资规模。过多的筹资会造成资金闲置浪费，而如果企业筹资不足，则又会影响企业融资计划及其他业务的正常开展。这一点对自有资金相对不足的中小企业尤为重要。因此，无论是新三板挂牌还是中小板上市的中小企业在进行融资决策之初，要根据自身对资金的需要、实际条件以及融资成本等情况，量力而行来确定合理的融资规模。

近年来，中小板市场融资总额逐年递增，如表 8-3 所示，2016 年融资规模为 4 702.2 亿元。新三板目前主要采用定向发行的方式进行股权融资，定向融资规模逐年增长。2016 年新三板市场融资总额为 1 390.89 亿元。虽然这一数字与中小板上市公司的筹资总额有差距，但对新三板挂牌企业来说，已经是迈进一大步。

表 8-3　　新三板与中小板上市（挂牌）公司融资总额对比　　单位：亿元

年份	2004	2005	2006	2007	2008	2009	2010
新三板	—	—	0.81	2.32	2.95	4.86	4.22
中小板	91.08	29.09	179.27	448.58	428.98	577.12	2 350.00
年份	2011	2012	2013	2014	2015	2016	
新三板	5.60	5.84	10.02	132.09	1 216.17	1 390.89	
中小板	1 482.15	770.93	536.63	1 699.32	6 689.02	4 702.20	

数据来源：深圳证券交易所网站（www.szse.cn/）、全国中小企业股份转让系统（www.neeq.cc/）。

● 融资成本对比。对于中小企业来说，融资渠道主要包括外部融资和内部自有资金融资。其中，内部融资的成本可以忽略不计；外部融资主要包括发行股票、债券的直接融资和银行贷款的间接融资。本部分从外部融资的角度对新三板挂牌企业和中小板上市公司的融资成本进行比较。

一般来说，企业从改制到发行上市需要支付一定的费用，主要包括中介机构费用、交易所费用和推广辅助费用三个部分。其中，中介机构费用包括改制设立财务顾问费用、辅导费用、保荐与证券承销费用、会计师费用、律师费用、资产评估费用等；交易所费用系企业发行上市后所涉及的费用，主要包括上市初费和年费等；推广辅助费用主要包括印刷费、媒体及路演的宣传推介费用等。上述三项费用中，中介机构费用是发行上市成本高低的主要决定因素，其金额的变化直接决定了上市成本的高低，其余两项费用在整个上市成本中所占的比例不大。从目前实际发生的发行上市费用情况看，我国境内发行上市的总成本一般为融资金额的6%～8%。根据 Wind 资讯数据统计，2009 年 6 月以前的中小板 273 家上市公司总发行费用平均为 2 015 万元，占融资额的比例约为 6%，远低于境外 10%～25% 的标准。2009 年 7 月，中国证监会启动新股发行体制改革。据统计 2012

年新上市的中小板公司大部分发行费用集中在 3 000 万~5 000 万元之间，共 33 家公司。不同公司发行费用差距较大，其中最低的为 898 万元，最高的有 8 802 万元。此外，对于中小企业来说，优质企业在发行上市前会有一定的优惠政策和支持。例如，深圳市规定，深圳市民营及中小企业发展专项资金应每年安排一定的资金额度，对中小企业在改制、辅导、上市不同阶段，给予资金资助。其中，在国内中小板上市的，资助总额每家最高为 310 万元。

与中小板相比，企业申请在新三板挂牌转让的费用要低得多（如表 8-4 所示）。首先，简洁、明了、快捷的审核程序可以让很多中小企业在短时间内实现融资需求。目前，国内主板、中小板及创业板的上市门槛较高，审核制度较严，大量中小企业很难达到上市要求。在准入条件上，新三板挂牌不设财务门槛，申请挂牌的公司可以尚未盈利，只要股权结构清晰、经营合理规范、公司治理健全、业务明确并履行信息披露义务的股份公司均可以经主办券商推荐申请在全国股份转让系统挂牌。其次，中介结构对各项发行费用提供优惠。各大证券公司为了争取市场份额，对新三板挂牌企业的收费均采取一定优惠，其费用低于中小板上市的中介费用。平均来看，在辅导上板时，平均备案费 3 万元、委托备案费 1 万元、券商改制与推荐费 70 万~100 万元、会计师审计费 25 万~35 万元、律师费 15 万~30 万元。目前三项费用的打包价为 130 万~160 万元。例如，光大证券公开资料显示，其新三板推荐费在 90 万~120 万元。最后，政策支持力度很大。例如，中关村科技园区管理委员会规定，中关村科技园区内注册的高新技术企业，可以根据《中关村科技园区企业改制上市资助资金管理办法》的规定，申请企业改制上市资助，每家企业支持 20 万元，企业进入股份报价转让系统挂牌的可获得 50 万元资金支持。主办券商推荐的园区企业取得《中国证券业协会挂牌报价文件备案确认函》后，每家券商可获得 20 万元资金支持。据公开资料显示，北京中关村科技园区的补贴在 90 万~140 万元，上海张江高新区在企业挂牌成功后补贴 160 万元，天津滨海区补贴 100 万元，武汉东湖区补贴挂牌成功者至少 175

万元。同时,各地方政府为鼓励该地区企业挂牌新三板,对于挂牌企业给予相当高的补贴,补贴标准也在 70 万~290 万元之间。

表 8-4 新三板与中小板市场企业上市(挂牌)发行费用对比

项目	费用名称	收费标准	
		中小板	新三板
改制设立 上市(挂牌) 前辅导	财务顾问费用	200 万~300 万元	70 万~100 万元
	辅导费用		
发行	承销费用	800 万~1 600 万元	
	评估费用	10 万~50 万元	
	路演费用	100 万~300 万元	
	会计师费用	80 万~200 万元	25 万~35 万元
	律师费用	70 万~120 万元	15 万~30 万元
上市(挂牌) 及其他	保荐费用	200 万~300 万元	3 万元左右
	上市(挂牌) 初费/年费	总股本——费用 2 亿元以下(含):15 万元 2 亿~4 亿元(含):20 万元 4 亿~6 亿元(含):25 万元 6 亿~8 亿元(含):30 万元 8 亿元以上:35 万元	总股本——费用 2 000 万元以下(含):3 万元 2 000 万~5 000 万元(含):5 万元 5 000 万~1 亿元(含):8 万元 1 亿元以上:10 万元
		总股本——费用/年 2 亿元以下(含):5 万元 2 亿~4 亿元(含):8 万元 4 亿~6 亿元(含):10 万元 6 亿~8 亿元(含):12 万元 8 亿元以上:15 万元	总股本——费用/年 2 000 万元以下(含):2 万元 2 000 万~5 000 万元(含):3 万元 5 000 万~1 亿元(含):4 万元 1 亿元以上:5 万元
	股票登记费	在深圳证券交易所上市,发起人股、国家股、国有法人股免费;流通股按股本面值3‰收取;其他非流通股按股本面值1‰收取	券商持续督导费 5 万~10 万元/年 股份登记费 1 000 元/年 分红手续费为(红股面值+现金股利)×0.035% 名册登记费 100 元/年
	信息披露费	500 万~1 000 万元	1 万元/年

资料来源:根据深圳证券交易所网站(www.szse.cn/)、全国中小企业股份转让系统(www.neeq.cc/)整理。

通过以上对比可以看出，新三板挂牌企业虽然融资规模偏小，但由于其顺应新经济、新产业的行业特点，整体上盈利能力较强，且可持续性好，成长性高。同时，对于起步阶段的中小微企业来说，挂牌新三板的融资成本相对较低，市场融资效率较高，可以拓宽融资渠道，有利于满足其融资需求。因此，具有高技术、高成长性的中小企业在起步阶段应积极参与新三板市场，以满足其融资需求。当发展一定规模之后，可以通过转板的方式进入中小板市场，从而进一步增加融资规模，为企业可持续发展提供资金保证。

8.4.3 提升新三板市场融资效率的建议

在多层次资本市场体系中，新三板具有明显的区位优势，起着承上启下的作用。建立和完善沪深交易所、区域市场与新三板的转板机制有着重要的现实意义。从资本市场建设角度看，转板制度所带来的降级和升级使资本市场资源配置和价格发现功能得以充分发挥，使多层次市场成为有机互动的整体，有利于调整产业布局和优化资本结构，鼓励挂牌公司并购重组、调整产品方向、完善产业链、培育新的增长点进而提升整体竞争力，从而提高整个社会的资源配置效率。多层次资本市场是一个有机联系的整体，处于每个层次的市场有着各自不同的功能定位。企业根据自身需求，可以自主选择市场层次。作为多层次资本市场中不可或缺的一部分，新三板坚持开放、发展的市场化理念，充分尊重企业的自主选择权，不做"跑马圈地"的强制性规定，且在制度设计上充分做好本职工作，积极创造便利条件，主动吸纳那些有转板需求的企业。

大力发展多层次的资本市场是必然趋势，新三板市场的作用不容忽视。而流动性不足、流动性风险较大将限制新三板市场的可持续发展。事实证明，扩容政策的提出使新三板市场的规模急剧扩张，而扩容并不能从根本上改变市场的流动性。流动性问题非常复杂，不是改变交易方式、不设涨跌幅限制就能解决的。长远看，应从交易规则、交易制度、信息披露、转办机制方面进行改革。

(1) 创新层继续扩充,进一步推出"精选层"

对比美国纳斯达克市场多层次资本市场体系,2016年新三板市场创新层推出后,当年超过9%的挂牌企业进入创新层,到2017年,已近12%的挂牌企业进入创新层,达到1 376家。预计2018年新三板市场创新层将超过1 700家,更多优质企业将获得类似发行可转债等差异化的制度性红利。

另外,目前新三板市场"精选层"的推出已达成共识。"精选层"会有相对应的配套制度安排,例如"精选层"上实行竞价交易,适度的降低投资者投资门槛,引入公募基金入市等。建立完善的资本市场体系,实现风险分层,为后续完善交易制度政策的出台"铺路"。

(2) 面向不同层级企业出台差异化交易制度

流动性不足始终是新三板最大的问题。目前,上万家的新三板挂牌企业增加了投资机构的筛选成本,致使流动性严重分化。新三板市场存在着大量"零成交"企业,新三板虽然规模庞大,但优质企业的数量其实并不多,因此市场机构投资者可选择的标的相对少。此外,做市商的数量太少,也无法满足市场交易的需要。美国纳斯达克市场5 000多家挂牌企业,500余家做市商;而中国1万多家挂牌企业,目前仅有不到100家做市商。新三板做市商的比例远低于纳斯达克,市场结构需要平衡。随着新三板交易制度的建设完善,新三板与A股间估值水平、流动性等差异将被缩短。

(3) 推出摘牌制度,退市步入常态化

自2014年以来,新三板迎来了真正意义上的大扩容,由于挂牌门槛偏低,部分企业虽然已经挂牌,但规范意识较差,不能适应后续的监管规则,严格化的信息披露要求和高压式的监管成为企业的负担。2016年10月21日,全国股转系统发布《挂牌公司股票终止挂牌实施细则》,对终止挂牌规定进行了细化,并对强制摘牌和自主摘牌两种不同终止挂牌类型提出了具体规定。今后,应进一步完善新三板挂牌企业的摘牌制度,并不断将制度落到实处,有奖有惩、优胜劣汰,激发挂牌企业的竞争意识和经营活力。

（4）完善转板制度，实现新三板市场"苗圃功能"

新三板市场的转板制度虽提出时间较早，但在具体实施层面推进缓慢。到目前为止，新三板挂牌企业若要在 A 股上市，需要先从新三板摘牌再重新申报 IPO，转板渠道并不畅通。2016 年 12 月 19 日，国务院发布了"十三五"发展规划中提及新三板的转板制度，要求研究推出全国股份转让系统挂牌公司向创业板转板试点，建立全国股份转让系统与区域性股权市场合作对接机制。新三板将是中国多层资本市场的基础，新三板既要有苗圃功能，又要发挥土壤功能，鼓励一批创新能力强、诚实守信、市场前景好的企业转板到创业板市场。

中国的新三板市场经过近年来的快速发展，已成为服务创新创业型中小微企业的重要融资平台，是中国多层次资本市场的重要组成部分。随着中国经济的转型换挡，新三板市场也走完了自己的一个经济周期。对比纳斯达克市场，站在过去看，其发展速度也曾难以想象。可以预见，未来的新三板在各方面不断完善下，融资效率会逐渐提高，在我国多层次资本市场中起到重要的作用。

参考文献

[1] Akira Goto, Corporate Structure, Liquidity, and Investment: Evidence from Japanese Panel Data [J], Quarterly Journal of Economics, 1982: 21.

[2] Banker R. D. Estimating Most Productive Scale Size Using Data Envelopment Analysis [J]. European Journal of Operational Research, 1984 (17).

[3] Barth. Emerging Challenges for the International Financial Services Industry [M]. America: JAI Press, 1992: 33 - 42.

[4] Beneinenga, Valerie R, and Bruce D Smith, "Financial Intermediation and Endogenous Growth," Review of Economics Studies, 1991, 58 (2), April, 195 - 209.

[5] Beston . Universal Banking [J]. Journal of Economic perspectives, 1994 (6): 8.

[6] Crook C. Expectations Come Down to Earth, Financial Times November 17, 2008.

[7] Gary R. sax on house: Structural Change and Japanese Economic History: Will the 21th century Be Different? The American Economic Review, February 1998.

[8] Gereffi G. International Trade and Industrial Upgrading in the Apparel Commodity Chain [J]. Journal of International Economic, 1999 (48), pp37 - 70.

[9] Gerschenkron Alexander, Economic Backwardness in Historical Perspective [M]. Harvard University Press, 1962: 302 - 304.

[10] Hongan, Hutson. Capital Structure in New Technology Based Firms:

Evidence from the Irish Software Secto [J]. Global Finance Journal, 2005, 3 (15).

[11] Hashimotoa, Hanedab. Measuring the Change in R&D Efficiency of the Japanese Pharmaceutical Industry [J]. Research Policy, 2008, 10 (37).

[12] KLAPPER VIRGINIA, SULLA. Small and Medium Size Enterprise Financing in Eastern Europe [J]. Policy Research Working Paper, 2002.

[13] Maddison. World Economy in the 20th Century [M]. America: Washington Press, 2002: 35 -46.

[14] Mester. A Study of Bank Efficiency Taking into Account Risk-preferences [J]. Journal of Banking and Finance, 1996 (20).

[15] Myers. The Capital Structure Puzzle [J]. Journal of Finance, 1984, 39 (3).

[16] Robeson. Deutsche Bank Research [M]. England: EU-Monitor, 2003: 12.

[17] Ronald Harry Coase, The Nature of the Firm [J]. Economic 1937 (10): 386 -405.

[18] Santas, J. A. C. Mixing Banking with Commerce: A Review [J]. Bank for International Settlements, 1998 (10): 88 -98.

[19] Saunder. Banking and Commerce: An Overview of the Public Issues [J]. Journal of Banking and Finance, 1994 (3): 231 -54.

[20] Suyanto, Salim. Sources of Productivity Gains from FDI in Indonesia: Is It Efficiency Improvement or Technological Progress? [J]. The Developing Economies, 2010, 4 (48).

[21] Talley, S. H. Activity Deregulation and Banking Stability [J]. Issues in Bank Regulation, 1985 (9): 10 -12.

[22] Timothyw Guitmane, World Economy in the 20th Century [M]. America: Washington Press, 2002: 35 -46.

[23] White, The Proper Structure of Universal Banking: Exam inability and Super visability [M]. America: JAI Press, 1996: 283 – 330.

[24] (英) 彭罗斯 (Penrose, E. T.) 著, 赵晓译. 企业成长理论 [M]. 上海人民出版社, 2007.

[25] [美] 迈克尔·波特, 李明轩、邱如美译. 国家竞争优势 [M]. 华夏出版社, 2002.

[26] 曹宇, 耿成轩. 基于灰关联的节能环保产业上市公司融资效率研究 [J]. 合肥工业大学学报 (社会科学版), 2016 (1).

[27] 陈心宇. 产业成长的动力机制与产业成长模式 [J]. 太原理工大学学报, 2008 (09): 27 – 29.

[28] 菲利普·阿吉翁, 彼得·霍依特. 内生增长理论 [M]. 北京: 北京大学出版社, 2004.

[29] 郭静红. 产融结合的商业模式分析 [J]. 金融发展评论, 2014 (11).

[30] 何德旭, 王朝阳. 民营资本进入银行业: 效应、问题与策略 [J]. 上海金融, 2006 (6): 4 – 7.

[31] 何婧和徐龙炳. 产业资本向金融资本渗透的路径和影响——基于资本市场"举牌"的研究 [J], 财经研究, 2012 (2): 81 – 90.

[32] 何丽娜. 我国科技创新型中小企业融资效率研究——基于创业板上市公司的 DEA 分析 [J]. 金融理论与实践, 2016 (3).

[33] 胡宝清. 模糊理论基础 (第 2 版) [M]. 武汉: 武汉大学出版社, 2010.

[34] 胡晓明, 肖春晔. 文化经纪理论与实务 [M]. 广东: 中山大学出版社, 2009: 12 – 19.

[35] 黄强. 中国银行业产融结合的目标模式 [J]. 金融理论与实践, 2002 (10).

[36] 李斌, 韦传勇. 基于产融结合视角的产业金融发展模式研究 [J].

河北金融，2012（2）.

[37] 李秀萍. 中国企业集团产融结合绩效分析 [D]. 辽宁大学，2012.

[38] 李杨. 金融合并浪潮下美国的银行业 [J]. 中国城市金融，1997（5）.

[39] 李扬，王国刚等. 产融结合：发达国家的历史和对我国的启示 [J]. 财贸经济，1997（9）.

[40] 李有吉，金红. 国外企业产融结合研究 [J]. 集团经济研究，2005（12）.

[41] 李衍霖，孙海涛. 科技型中小企业集群融资效率研究——以中关村科技园为例 [J]. 财务与金融，2016（2）.

[42] 凌文. 大型企业的产融结合战略 [J]. 经济理论与经济管理，2014（2）.

[43] 刘彪，王东京. 企业信贷约束软化研究 [J]. 经济研究，1992（11）.

[44] 刘国光，国有商业银行与国有企业协调改革问题 [J]. 经济研究，1995（10）.

[45] 卢萍. 我国大型企业成长与产融结合之研究 [J]. 科技管理研究，2007（11）.

[46] 罗军. 中国现代产融结合耦合研究 [M]. 西南财经大学出版社，2014：12-13.

[47] 马占新. 广义数据包络分析方法 [M]. 北京：科学出版社，2012.

[48] 迈克尔·波特，陈小悦编译. 竞争优势 [J]. 北京：华夏出版社，1998：12.

[49] 潘玉香，强殿英，魏亚平. 基于数据包络分析的文化创意产业融资模式及其效率研究 [J]. 中国软科学，2014（3）.

[50] 苏坤，张俊瑞和杨淑娥. 终极控制权、法律环境与公司财务风险——来自我国民营上市公司的证据 [J]. 当代经济科学，2010（5）：80-87.

[51] 孙源, 吴娜. 防范产融结合的潜在风险 [J]. 中国社会科学学报, 2012 (4).

[52] 孙源. 我国企业集团产融结合的有效性研究 [D]. 西南财经大学, 2012.

[53] 万亿, 傅维, 古晓慧. 国有大型企业产融结合发展道路的选择 [J]. 企业管理, 2008 (9).

[54] 汪翠翠. 关于价值链理论与产业成长的文献综述 [J]. 赤峰学院学报 (自然科学版), 2014 (6): 96-98.

[55] 王芳. 经济民营化和民营经济金融化: 经济结构研究的新视角 [J]. 学习与探索, 2004 (04): 72-75.

[56] 王凯伟, 周波. 基于模糊综合评价法的地方政府依法行政监督实施效果评估 [J]. 中国行政管理, 2011 (6): 105-110.

[57] 王莉, 马玲等. 产业资本与金融资本结合的相关理论综述 [J]. 宏观经济研究, 2004 (6).

[58] 王松华, 胡敬新. 我国产融结合的发展现状及实证分析 [J]. 金融理论与实践, 2007 (5): 50-52.

[59] 王玮. 我国金融业混业经营的利弊分析与发展模式建议 [J]. 金融管理, 2007 (1).

[60] 王小刚, 鲁荣东. 库兹涅茨产业结构理论的缺陷与工业化发展阶段的判断 [J]. 经济体制改革, 2012 (3).

[61] 王新红. 我国高新技术企业融资效率研究 [D]. 西北大学博士论文, 2007.

[62] 魏梦杰. 产融结合再升温: 133家制造企业逾半涉足金融业 [J]. 上海证券报, 2010 (1): 10-12.

[63] 吴越, 赵守国. 金融危机背景下加强产融结合管理若干思考 [J]. 经济研究导刊, 2009 (12).

[64] 伍装. 中国中小企业融资效率的灰色关联分析 [J]. 甘肃社会科

学，2005（6）．

[65] 肖冰．效率分析对我国转轨时期融资方式发展思路的启示［J］．财经理论与实践，1999（4）．

[66] 向吉英．产业成长及其阶段特征——基于"s"型曲线的分析［J］．学术论坛，2007（05）：83-86．

[67] 向君．产业结构调整中的金融模式与政策选择［J］．经济金融观察，2007（1）．

[68] 谢杭生．产融结合研究［M］．北京：中国金融出版社，2000．

[69] 谢雄标，严良．产业演化研究述评［J］．中国地质大学学报（社会科学版），2009（6）：97-102．

[70] 徐丹丹．国有商业银行产融结合的路径选择［J］．经济理论与经济管理，2006（4）．

[71] 杨莲娜．产融型企业集团：中国的实践及发展对策探讨［J］．现代管理科学，2005（4）．

[72] 姚建华，陈莉銮．产业生命周期理论的发展评述［J］．广东农工商职业技术学院学报，2009（2）．

[73] 尹江亭，马哗华，逄诗伟．我国金融混业经营模式选择问题研究［J］．经济纵横，2005（2）．

[74] 尹明．汽车产业成长影响变量的实证研究［D］．吉林大学，2011．

[75] 于刃刚．配第—克拉克定理评述［J］．经济学动态，1996（8）．

[76] 于尚艳．金融产业的形成条件及成长因素分析［J］．东北师大报（哲学社会科学版），2015（2）：48-52．

[77] 张春梅．产融结合——中国企业的快速发展之道［M］．经济日报出版社，2013（3）：14-20．

[78] 张庆亮，杨莲娜．产融型企业：德国的实践及其对中国的启示［J］．经济与管理，2005（7）．

[79] 张瑞芹．罗斯托经济发展理论的本质追问与当代困境——由"中

等收入陷阱"引发的思考 [J]. 河北学刊, 2016 (5).

[80] 赵文广. 企业产融结合理论与实践 [J]. 经济管理出版社, 2004.

[81] 赵晓冬, 郑涛. 基于 FUZZY-AHP 评价方法的个人信用等级评价模型指标体系 [J]. 数量经济技术经济研究, 2003 (6): 97–100.

[82] 赵玉林, 徐娟娟. 创新诱导主导性高技术产业成长的路径分析 [J]. 科学学与科学技术管理, 2009 (9): 123–129.

[83] 郑文平, 苟文均. 中国产融结合机制研究 [J]. 经济研究, 2000 (3): 47.

[84] 曾康霖. 怎样看待直接融资与间接融资 [J]. 金融研究, 1993 (10).

[85] 朱冰心. 浙江中小企业融资效率的模糊综合评价和实证分析 [J]. 浙江统计, 2005 (10).